教育部人文社会科学研究"社交媒体对城市新移民社会融入的影响机制研究"项目资助（批准号：19YJC860020）

新迁移：
城市新移民社交媒体使用
对社会融入的影响研究

李思思　著

九 州 出 版 社
JIUZHOUPRESS

图书在版编目（CIP）数据

新迁移：城市新移民社交媒体使用对社会融入的影响研究 / 李思思著 . -- 北京：九州出版社，2022.10
ISBN 978-7-5225-1239-6

Ⅰ.①新… Ⅱ.①李… Ⅲ.①互联网络—传播媒介—影响—移民—社会管理—研究—中国 Ⅳ.① F249.2

中国版本图书馆 CIP 数据核字（2022）第 189384 号

新迁移：城市新移民社交媒体使用对社会融入的影响研究

作　　者	李思思　著
责任编辑	李　品
出版发行	九州出版社
地　　址	北京市西城区阜外大街甲 35 号（100037）
发行电话	（010）68992190/3/5/6
网　　址	www.jiuzhoupress.com
印　　刷	北京亚吉飞数码科技有限公司
开　　本	710 毫米 ×1000 毫米　16 开
印　　张	13.5
字　　数	214 千字
版　　次	2023 年 6 月第 1 版
印　　次	2023 年 6 月第 1 次印刷
书　　号	ISBN 978-7-5225-1239-6
定　　价	80.00 元

前　言

　　在南半球的冬天，为寻找哺育幼崽的温暖水域，座头鲸们会从南极一直迁徙到热带的太平洋海域，并在夏天到来之前经历漫长的旅程重返南极，如此反复，循环不息；为了追逐湿润气候带来的丰沛水草，角马每年要在非洲大草原上按顺时针方向快速地奔跑两千多公里；为了躲避寒冷漫长的冬季，北极燕鸥在南极与北极之间年年往返，行程长达数万公里。更不要说用生命进行迁徙的黄蜻，它们往往要历经四代才能完成一次从印度到非洲南部再回到印度的漫长旅程。如同这座星球上的其他生物一样，迁移是人类与生俱来的本能。人类学史上，有一种观点认为，整个地球的人类最早都是以非洲为起点的，他们于大约十万年前到达了亚洲，然后又用六万年的岁月完成了对于欧洲的探索，继而由1492年哥伦布那场著名的远航开启了人类对于美洲的征途，由此奠定了当今全球的生存格局。

　　在原始时代，为了获得更多的食物和更好的居住环境，人们逐水而居，从而形成了部落；在封建时代，受限于落后的生产技术与匮乏的交通设施，人们依田而栖，逐步建造起村庄，直至工业时代，现代社会的大规模迁移才真正拉开序幕。远航的游轮上拉响了鸣笛、蜿蜒的铁轨上奏起了乐章，飞机划过蓝天留下一道道云痕，空间无法再束缚人类，来自世界各国的人们聚集在同一片土地上，现代化城市开始诞生。于是，人们社会开始进入前所未有的流动之中，每一个地方对个体来说都似乎变得触手可及，一场超越过去人类所有经验的大迁移开始了。

　　对于中国而言，这场大迁移的开场要略晚一些。在这个世界上最为古老的国度，数千年的时光里中国人与故土紧紧地捆绑在一起，须臾也难以分离，由此诞生了中国特有的乡土社会——基于地缘与血缘形成的社会关系成为漫长时光长河里中国人最为宝贵的财富与资源。直到现代化的车驾将市场经济的大门直接撞开，中国历史上第一次由农村向城市的自发的、大规模的人口迁移开始了，一个新的社会群体开始形成，他们被统称为"农民工"。这一称谓从诞生之初就预示了农民工群体的身份困境，一方面，他们无法摆脱乡土社会给他们的深刻烙印，难以真正地转化为城市工人；另一方面，都市向他们展现的另一个五彩缤纷的世界又让他们很难彻底地与城市生活告别、回归农民身份，于是，在很长一段时间内，农民工成为城市与农村两地的双重边缘人，他们的城市融入问题成为三十多年里我国人文社科领域所关注的最重要的议题之一。

随着时代的变迁与经济的快速发展，中国的人口迁移不再仅限于从农村到城市，城市之间、从城镇到城市，甚至从城市到城镇、到农村的迁移均开始增多，多元化流动格局开始形成。由此，迁移人口内部也逐渐复杂化，受教育程度低、工资水平低的老一辈农民工已被在教育、工作、收入等方面表现多元化的新移民们取代，城市新移民成为这一群体新的称谓。与父辈们不同，城市新移民们似乎更聪明、更自信、也更加游刃有余，更重要的是，他们几乎每一个人都在媒介所浸染的世界中长大，在探索真实的世界之前，他们就已经能够熟练地运用媒介来认识这个世界，同时，也被媒介影响和重塑。可以说，对于城市新移民而言，数字媒介已经成为他们的一部分，帮助他们构建对于陌生城市的想象、维系已有的社会关系、拓展全新的社会网络、加深对于地方的认知了解，甚至于构成他们城市生活的主要内容。在所有的数字媒介中，社交媒体是最为特殊的一种，它强化了媒介对个体的联结属性，使人与人之间的交往成为一切传播活动得以开展的基石。因此，对于"人生地不熟"的城市新移民们来说，它也显得尤为重要，这种重要不是对是否使用所产生的某种效用的简单对比，而是对在持续的城市适应过程中如春草生发一般，安静沉稳却巨大而不容忽视的某种力量的细致考察，因此它也决定了本书的重点不在于社交媒体对城市新移民的城市融入有没有影响，而在于它是如何影响和发挥作用的。

不论是从乡村向城市的流动，还是城市之间的移动，迁移从来都是人类文明发展进步的动力。当数字技术扑面而来，传统社会的一切似乎都发生了细微或巨大的改变，以至于人们就像五百多年前面对浩瀚大海的航海家们那样，兴奋而又忐忑。但可以确定的是，人们有着相同的目标：更加美好的未来。

就是这样，一场有别于此前人类经验的新迁移再度开始了。

目　录

第一章　导　论

一、研究背景

（一）流动中国

流动人口是当前中国城市化的主要推动力量。国家统计局第七次人口普查数据显示,2020 年我国流动人口总数已达 3.76 亿,较 2010 年增长了 69.73%,其中,流向城镇的流动人口达 3.31 亿,占全部流动人口的 88.12%。[①] 同时,流动人口向大城市聚集的速度加快,北上广深等一线城市的外来人口未见显著减少,杭州、成都、武汉等新一线城市的外来人口持续增多。中国社会已从"乡土性的"[②] 转向"流动性的"。

然而,近年来随着流动体量达到巅峰,中国人口大迁徙的整体增长速度有所放缓。相较于增长的数量,发展的质量成为政府关注的重中之重。2012 年中国经济工作会议即提出,"要积极稳妥推进城镇化,着力提高城镇化质量"。城镇化的速度发展过快,极可能导致大城市过度集聚、小城市发展无序、地区发展失衡、城市之间关系不协调的问题,甚至影响社会秩序和国家稳定。因此,如何快速有效地实现流动群体从"移民"到"市民"的转变对中国的经济发展和社会和谐都具有非常重要的影响。《国家人口发展规划(2016—2030 年)》指出,未来 15 年,特别是2021—2030 年,我国人口发展将进入关键转折期,人口流动仍然活跃,城市群人口集聚度加大。经济的快速发展与社会结构的深化变革使流动人口问题的综合性和复杂性不断增强,因此,如何尽可能全面深入地理解这一社会现象是当前不可回避的重要议题。

---

① 第七次全国人口普查公报（第七号）——城乡人口和流动人口情况：http://www.stats.gov.cn/tjsj/tjgb/rkpcgb/qgrkpcgb/202106/t20210628_1818826.html.
② 费孝通. 乡土中国 [M]. 上海：上海人民出版社，2006.

1. 户籍制度与城乡二元结构的松动

事实上，国家内部乃至国家之间的劳动力转移在世界范围内都不是一个新鲜的议题，甚至在中国数千年的封建王朝历史上也不鲜见。然而，作为一类全新的社会群体，"流动人口"这一概念及其所附带的社会、文化内涵却为中国所特有。[①]

要厘清中国流动人口的变迁脉络，就不得不提及我国的户籍制度。为了便于管理，早在周朝时期，统治者就将土地与家庭人口直接挂钩，对流动人口进行严格管控。到了宋朝，开始出现了我国历史上最早的城市居民户口"坊郭户"，与"乡村户"对应，标志着城市市民阶层已然成型。新中国成立以后，尤其是在 20 世纪 50 年代初乡村人口向城市流动出现了快速增长，到 20 世纪 50 年代中期，这种人口流动甚至成为了一个严重的社会问题。[②]Seldond 的研究更进一步指出，从 1949 年到 1957 年，有大约两千万农民涌入了城市，但他们中的大多数无法从城市工业部门获得合适的岗位，这严重影响了城市的社会与经济秩序。[③] 对于移民问题可能导致的极端后果，西方社会早有认知，乃至到今天，国际移民的处理仍然是很多欧洲国家的头号政治难题，世界范围内的移民现象及其所衍生的社会问题已经引起了广泛的关注，对于彼时新生的中国而言，户籍管理制度的推出势在必行。户籍制度自诞生之日起，最重要的目的之一就是"将社会成员固定在一个位置上，这个位置是地理空间意义上的，同时也具有社会学的含义。"[④]

1958 年，《中华人民共和国户口登记条例》正式施行，明确规定每一个中国公民出生之日起都必须在当地政府登记，从而获得某一固定地理区域的城市或农村户口。这一制度的推行奠定了城乡二元结构的基础。此后二十年，乡村向城市的人口流动几乎绝迹。但作为一种权利体

① 张鹂.城市里的陌生人：中国流动人口的空间、权利与社会网络的重构 [M].南京：江苏人民出版社，2014：24.
② Dorothy J. Solinger D J. *Contesting Citizenship in Urban China：Peasant Migrants, the State, and the Logic of the Market*[M]. Berkeley：University of Clifornia Press，1999.
③ Seldon M. *The Political Economy of Chinese Development*[M]. Armonk，N.Y：M.E.Sharpe，1993.
④ 王嘉顺.城市居民与新移民的社会交往与社会态度研究 [M].长春：吉林大学出版社，2019：1.

系,户籍制度将中国社会成员按地区分为两个社会主体,农村居民在居住、教育、医疗、养老等方面无法获得与城市居民相等的权利。

20 世纪 80 年代以来,伴随着生产效率的提升和城市经济的迅速发展,人口流动政策有所松动。同时,邓小平启动的农村改革释放了大量的农村剩余劳动力,一场规模宏大的人口迁移再次拉开了序幕。面对急速飙升的流动人口,政府政策也经历了一个从压制到宽松的过程。建立社会主义市场经济是改革开放的基本前提,是实现中国特色社会主义的现实保障,这就需要打破旧的城乡二元结构,使劳动人口按照市场规则合理流动和配置。换言之,城镇地区需要大量的劳动力进行补充,农村地区则需要向外转移不断增多的剩余劳动力,人口流动已成为不可逆转的大势。

另一方面,官方话语中对于流动人口的界定,比如"外来人口"和"暂住人口"。在这些阐述中,流动人口被描述为:"一个性别比例严重失衡(严重的男多女少),青年劳动力高度集中,流动性极大的社会群体。"[①] 一些社会问题也往往会被归咎于流动人口,如超生、高犯罪率、卖淫嫖娼等。媒体和出版物中常常使用的"盲流""打工仔""外来妹"乃至后来通用的"农民工"等词也对流动人口的形象有所影响。李灵灵指出,"命名和称呼并不仅仅是一个符号,它还意味着新的主体蜕变和身份表征。"[②] 尤其是官方话语对于某一社会群体的称呼会直接塑造他们在人们心中的基本特质,于是,"流动"不再代表着自由与生机,反而开始与漂泊、危险等语义相勾连。流氓、流亡、流寇、流窜等负面词汇开始与流动一同进入人们的脑海,在很长一段时间内,本地居民对流动人口的警惕与疏离也大多源自于此。

此后,严格的城乡二元体制日益松动。进入 21 世纪以来,随着社会主义市场经济体制的逐步完善,农村劳动力进入城镇就业的一系列制度壁垒基本打通,人口流动障碍逐渐消除。2012 年,党的十八大报告提出,"加快改革户籍制度,有序推进农业转移人口市民化,努力实现城镇基本公共服务常住人口全覆盖"。此后,中央和地方加快推进户籍制度改革,推行了一系列改革措施,如全面放宽农业转移人口落户条件,进一步放

---

① 张鹂.城市里的陌生人:中国流动人口的空间、权利与社会网络的重构 [M].南京:江苏人民出版社,2014:31.
② 李灵灵.打工作家——珠三角都市新移民的文化身份建构 [M].北京:中国社会科学出版社,2016:7.

宽特大城市外来人口积分落户指标控制、探索推动在长三角、珠三角等城市群率先实现户籍准入年限同城化累计互认、试行以经常居住地登记户口制度等,都将进一步促进中国社会总体结构的城乡二元化转向。可以说,在近三十年里,中国的流动人口已经发生了巨大的变化,从最初的城乡迁移群体,到今天的多元化和复杂化的全国性迁移群体,从第一代流动而不留下的农民工,到今天流动性更强但定居意愿也更强的城市新移民,中国人口迁移的新特点、新趋势都无疑为我们提出了新问题和新挑战。

2."城市化"与"城镇化"

城市化是现代化的重要标志,也是一个国家发展的必由之路。第二次世界大战以后,生产力飞速发展,资本与人口在全球的流动日益加快,发达国家先后完成了城市化进程。在世界范围内,经济活动的主要场所悄然发生了变化,社会活动的空间也随之改变,人类以城市为主要生活空间的时代已然来临。联合国数据显示,自 2008 年起,全世界生活在城市中的人口已超过总人口的 50%,到 2030 年城市人口占全球人口的比例将增加到 60.4%,部分发达国家城市化进程有所放缓,但从整体来看,世界将继续推进城市化。①

城市化是一个复杂的多维概念,不同学科对其的界定均不相同。人口学将城市化视为农业人口向城镇人口转变的过程;地理学认为城市化即农村地区转变为城市地区;经济学从产业模式变革的角度来定义城市化;人类学指出城市化就是散居文明变为聚落文明的必然结果;社会学则主要从生产生活方式及社会关系的转变角度来理解城市化。②具体而言,城市化是指由于国家或地区生产力发展和产业结构调整的需求,人类社会由以农业为主、以乡村为地理依托的传统社会向以非农业为主、以现代城市为实践空间的新型社会转变的过程。

城镇化,是我国独有的一种表述方式,虽然它与城市化均来源于Urbanization 这一词汇,但两者却有所区别。在西方发达国家的传统城市化进程中,由于国土资源的相对稀缺和人口的稀少,无论是人口的迁移抑或非农产业的集聚,都是以大城市为空间终点的。与此相比,中国

---

① UN&HABITAT. *World City Report* 2020: *The Value of Sustainable Urbanization*.https://unhabitat.org/wcr/.

② 胡际权.中国新型城镇化发展研究 [D].重庆:西南农业大学,2005:26.

的情况则完全不同。作为一个拥有十几亿人口的发展中国家,中国的国情和经济发展速度都与西方城市化的产生条件不同。第一,在 20 世纪 80 年代中国现代化发轫之时,大城市的规模和数量有限,无法满足当时百业待兴的发展期待,因此出现了一大批具有中国特色的产业化小城镇,一方面为农村剩余劳动力提供了更加广阔的地理空间,另一方面也为乡镇企业的崛起提供了良好的环境。第二,套用西方城市化模板无法解决中国庞大农业人口的迁移问题,无论从时间上还是空间上,大城市都无法在短时间内平稳吸收如此多的农村剩余劳动力。中国是历史悠久的农业大国,农村人口基数大是中国的现实国情,不论是为应对人口压力下土地资源的紧张问题,还是为完成国家产业的合理转向,都需要在一定时期内将中国的农业人口比例大幅度降低,这也是社会各界对于中国社会结构转型的重要共识。但是,从国家统计局公布的历史数据来看,1949 年新中国成立之时农村人口的比例接近 90%,1978 年这一比例降到了 82.1%,[①] 但仍然占据我国人口的绝大多数,因此,要想以更快的速度实现中国社会转型,城镇化比城市化更能满足中国的国情和变革需求。第三,农业人口迁移所导致的人口流动对政府也提出了新的挑战。人口流动的规模越大、速度越快,导致的相关问题也就越多,而小城市和小城镇在很大程度上能够为城乡二元体制变革提供一个缓冲带。西方发达国家的高速城市化无一例外地带来了一些严峻的城市问题,如空间高度拥挤、环境恶化、资源过度消耗、治安混乱、社会失序等。因此,制定科学的城镇化发展规划是十分必要和重要的。

城镇化与城市化最大的不同在于,以兼顾中小城市以及小城镇的城市集群替代了西方社会的大都市,从而推进中国大中小城市、城镇和农村的共同发展。2000 年,《关于制定国民经济和社会发展第十个五年计划的建议》首次正式采用"城镇化"一词。2001 年,《"十五"规划纲要》首次将城镇化提升到国家战略高度。2002 年党的十六大提出"要逐步提高城镇化水平,坚持大中小城市和小城镇协调发展,走中国特色城镇化道路。"这一方针在此后得到延续和重视,尤其是十八届三中全会以来,提高城镇化质量成为新的战略重点。2014 年,《国家新型城镇化规划(2014—2020)》明确指出,中国的城镇化进程存在"大量农业转移人

---

① 《人民日报》刊发国家统计局报告:改革开放铸辉煌 经济发展谱新篇——1978 年以来我国经济社会发展的巨大变化:http://www.stats.gov.cn/tjgz/tjdt/201311/t20131106_456188.html.

口难以融入城市社会、市民化进程滞后"的问题。2020 年，国家发改委发布的《2020 新型城镇化建设和城乡融合发展重点任务》再一次明确提出，"督促除个别超大城市外的其他超大特大城市和 I 型大城市坚持存量优先原则，取消进城就业生活 5 年以上和居家迁徙的农业转移人口、在城镇稳定就业生活的新生代农民工、农村学生升学和参军进城的人口等重点人群落户限制"。换言之，为提升我国新型城镇化质量，当前城镇化进程的重中之重是解决流动人口的社会融入问题，这也是本书的关注焦点。

流动人口是我国新型城镇化发展的主要动力。随着中国政治体制改革的深入，流动人口的主要需求已经发生从"进城"向"入城"的转变，获得落户资格并完成市民化转型，成为流动人口的主要诉求。就落户资格而言，截至 2020 年底，中国常住人口城镇化率已达 63.89%，但户籍人口城镇化率仅 45.4%，[①] 流动人口想要获得在城市定居的资格仍然需要从政策层面上获得更多的支持。改革开放以来，尽管我国的户籍制度实现了重大的变革，但相较于飞速发展的经济社会现实还稍显滞后。虽然城市非户籍人口的重要性已经毋庸置疑，有西方学者甚至将他们称为"中国经济繁荣发展的活力之源"[②]，但现有户籍制度仍然无法保障他们及其亲属都能获得城市户口。[③] 这就意味着多数城市非户籍人口难以实现城市主流社会的融入，在社会权益与经济福利等方面无法享受与当地市民相同的待遇。[④] 即使对那些已经在当地顺利落户的原流动人口而言，完成市民角色的转型并融入主流社会也并不是一件轻而易举的事情。社会成员的城市迁移，在很大程度上意味着生活方式、文化观念、职业身份等多维的转型，他们不仅需要在新的环境中快速适应社会身份，还需要建立社会关系网络、建立社会认同。由于中国城镇化进程的独特性，中国的社会流动并不像其他国家那样由农业人口向城市人口直接转

---

① 第七次全国人口普查公报（第七号）——城乡人口和流动人口情况：http://www.stats.gov.cn/tjsj/tjgb/rkpcgb/qgrkpcgb/202106/t20210628_1818826.html.

② Kuhn A, Kaye L. Bursting at the seams: rural migrants flout urban registration system[J]. *Far Eastern Economic Review*，1994(10)：27-28.

③ Chan K, Zhang L. "The hukou system and rural-urban migration in China: Processes and changes" [J]. *China Quarterly*，1999 (160)：818-855.

④ Wang F, Zuo X, Ruan D. "Rural migrants in Shanghai: Living under the shadow of socialism" [J]. *International Migration Review*，2002，36 (2)：520-545.

换,而是走出了一条先由农民到农民工,再由农民工到市民的"中国之路"。

近年来,伴随着生产技术的进步,中国的社会流动也发生了一些相应的变化。由农村向城市的单向迁移,被农村、小城镇、中小城市和大城市之间的多元流动取代,但总体还是体现为农村、小城镇、中小城市人口向大城市的迁移为主。国家统计局数据显示,人口持续向少数核心城市聚集,近 10 年来,一线城市人口年均增速为 2.37%,人口持续流入但增速放缓;二线城市人口年均增速为 1.91%,人口持续流入且增速小幅上升;三、四线城市人口持续流出,据联合国预测,到 2030 年中国城市化率将达到约 71%,比 2020 年增长约 1.3 亿人口,其中约 0.7 亿人口来自于乡城迁移。① 换言之,从农村向城市的迁移仍然是中国现在乃至未来 10 年内的主要流动方式,但其他的迁移方式也在逐渐增多。但可以确定的是,实现非户籍人口融入城市生活,是当前中国新型城镇化质量工作的核心要点。

3. 崛起的"新一线":人才争夺战

一般当我们提到"一线城市",就是对北京、上海、广州、深圳四座国际型大都市的简称。但这并不是一个学术概念或官方界定,这一说法最早起源于房地产市场,指那些在商业活动中具有重要市场地位,从而导致房地产价格处于领先地位的城市,后来被广泛应用指代在全国政治、经济等社会活动中处于重要地位并具有主导作用和辐射带动能力的大城市,它们在城市发展水平、综合经济能力、科技创新能力等方面都遥遥领先。目前,我国公认的一线城市仍然是北京、上海、广州、深圳。这样一来,这四座城市对于人才的吸引力也毋庸置疑。根据第七次人口普查数据,截至 2020 年 11 月 1 日零时,北京市外来人口为 841.8 万,占全市常住人口的 38.5%;② 上海市外省来沪常住人口为 1047.9 万,占比42.1%;广州市非户籍常住人口 937.8 万,占总体的 50%;③ 深圳市外来

---

① 中国人口大迁移报告 2021:https://new.qq.com/omn/20211105/20211105A06JFE00.html.

② 2021 年北京统计年鉴:http://nj.tjj.beijing.gov.cn/nj/main/2021-tjnj/zk/indexch.htm.

③ 2021 年上海统计年鉴:http://tjj.sh.gov.cn/tjnj/20220309/0e01088a76754b448de6d608c42dad0f.html.

人口 1243.8 万,占总人口的比例更是高达 70.8%。① 可见,过去的流动人口研究,一般也集中于"北上广深"这四座一线城市,对其他城市的关注较少。

然而,随着城市人口超 2000 万后带来的一系列"大城市病",北京与上海相继提出了人口和产业疏解政策,我国城市发展战略随之进行调整。2005 年,原建设部提出"国家中心城市"一词,将北京、天津、上海、广州和重庆确定为五大国家中心城市。2016 年 5 月至 2018 年 2 月,国家发展和改革委员会及住房和城乡建设部先后发函支持成都、武汉、郑州、西安建设国家中心城市。于是,在国家政策支持之下,天津、重庆、成都、武汉等二线城市,也获得了发展的机遇,虽与"一线城市"仍有一定差距。正是在这一背景下,2013 年《第一财经周刊》提出"新一线城市"的说法,并开始被民间广泛使用。顾名思义,"新一线城市"即具有较好的社会经济基础和较大发展潜力,有机会发展成为一线城市的其他城市。本书无意对这一城市排名的科学性做评判,但仅在人口流动一项上,部分新一线城市对于外来人口的吸引力也不遑多让,甚至在一定程度上已赶超一线城市。根据第七次人口普查数据,一线与新一线城市新增人口数据如表 1-1 所示。

表 1-1　第七次人口普查部分城市人口数据(截至 2020 年 11 月 1 日零时)

城市	常住人口(单位:万)	10 年来新增人口(单位:万)	新增人口占比
北京	2189.31	228.07	11.6%
上海	2487.09	185.17	8.0%
广州	1867.66	597.58	47.05%
深圳	1756.01	713.61	68.46%
成都	2093.78	581.89	38.49%
重庆	3205.42	320.80	11.12%
杭州	1193.60	323.56	37.19%
武汉	1232.65	254.11	25.97%
西安	1295.29	485.07	52.97%
天津	1386.60	92.78	7.17%

① 2021 年深圳统计年鉴: http://tjj.sz.gov.cn/zwgk/zfxxgkml/tjsj/tjnj/content/post_9491388.html。

城市	常住人口(单位:万)	10年来新增人口(单位:万)	新增人口占比
苏州	1274.82	228.83	21.88%
南京	931.47	131.09	16.38%
郑州	1260.06	397.41	31.53%
长沙	1004.79	300.70	42.71%
东莞	1046.67	224.64	27.33%
沈阳	907.01	96.40	11.89%
青岛	1007.17	135.66	15.57%
合肥	936.99	191.29	25.65%
佛山	949.89	230.46	32.03%

数据来源:由各地区统计局2014年统计年鉴综合整理而成。

从表中数据,我们可以很清晰地看到中国近十年来人口流动的一些趋势和变化。首先,一线城市的人口变化出现了较为明显的区分:北京和上海的新增人口速度放缓、规模减小;广州与深圳的人口集聚大幅增长。其次,在人口迁移的空间特点上,中国人口南移的趋势已不可逆转,沈阳、天津、青岛等北方城市的新增人口率,在15座"新一线城市"中最低,远低于东莞、佛山等南方城市。最后,我国此前由中西部地区向东南部地区流动的人口迁移趋势发生了一些轻微的变化。部分中西部地区城市人口增长加速,如成都、西安、郑州、长沙四座中西部城市10年来人口增长均在30%以上,虽然总体人口仍然向长三角和珠三角方向流动,但中西部城市的崛起为我国区域的平衡发展提供了一些新的可能。

与此同时,当户籍制度改革的滞后无法满足中国日益高涨的人口迁移需求,变革开始转移到地方层面。2017年6月,武汉市推出"百万大学生留汉"政策,提出"落户敞开门、就业领进门、创业送一程、服务送上门"口号,拉开了各地"抢人大战"的序幕。紧随其后的是长沙、成都等多地推出了地区性人才引进政策,比如落户、租房补贴、安家费等,具体见下表。这些政策的出台,一方面是由于人才成为当前城市发展的核心动力,另一方面则是由于当年轻一代取代农民工成为流动人口的主要构成,学历成为各大城市吸纳人口的重要衡量标准(表1-2)。

表1-2　第一批二线城市人才引进新政策(2017)

城市	落户政策	租房帮助	就业创业
西安	在校大学生凭学生证、身份证可在线落户	毕业 3—5 年内可申请租住公租房	19 条政策帮助和保障大学生就业创业
南京	40 岁内本科生及以上学历可直接落户	3 年住房租赁补贴	一次性给予 4000 元创业成功奖励
武汉	40 岁内本科生、专科生可直接落户	提供上千套人才公寓	免费共享创业工位,提供见习岗位
成都	45 岁内本科生及以上学历凭毕业证即可落户	7 天免费入住青年人才驿站	对在蓉创业大学生贴息贷款支持
杭州	硕士及以上学历毕业生可先落户后就业	无	对在杭工作的硕博研究生一次性补贴 2—3 万
长沙	35 岁内本科生及以上学历可直接落户	对硕博毕业生给予购房补贴	对新落户并在长沙工作的大学生进行补贴
郑州	专科及以上学历在本地就业居住后可落户	对"双一流"高校毕业生及硕博研究生给予购房补贴	对引进的人才 3 年内每月发放补贴
济南	40 岁内大中专生交 1—2 年养老保险可落户	硕博研究生可获 3 年租房补贴	设立人才创新创业基金
天津	本科及以上学历应届毕业生可申请落户	3 年住房租赁补贴	无
青岛	本科及以上学历应届毕业生可直接落户	提高硕博研究生住房补贴	无

　　虽然各地的政策具体实施方式有所不同,但总体来说可以概括为"送房送钱送户口",因此,该类人才新政推出之初,确实获得了较好的效果,如武汉 2017 年留汉人数达到 30 万,比 2016 年增长了 2 倍,截至 2019 年 10 月,留汉大学生总人数已超百万,[①]西安、成都等地也不例外。于是,更多城市推出人才新政的升级版,在此前基础上进行"加码"。

　　在很长一段时间内,人口红利、外来资本和廉价土地是我国经济飞速发展的重要因素,伴随着劳动力成本的持续上升和产业结构的转型升级,人口红利逐渐消失,对于劳动力的知识水平要求变高。此外,随着中

---

① 楚天都市报：新一线城市吸引力不断增强 人才政策红利进一步释放 留汉大学生提前两年过百万：http://hbrbshare.hubeidaily.net/hbshare/news/detail_index.html?contentType=5&contentId=622830.

国老龄化的进一步加剧,吸纳更多的青年人口也成为多数城市发展规划的必然选择。在这样的背景下,具有本科及以上学历的大学生成为争夺的焦点。

然而,对于各新一线城市均下场参与的这场"没有硝烟的战斗"的批评也从未停止,尤其是伴随着一些三线城市的入场,人才标准一降再降。有学者指出,在国家对房地产进行严格管控的环境下,人才新政可以扩大购房人群,使人口流入城市对用地指标需求大幅度增加。[①] 换言之,新政不是为了吸纳人才,而是为了吸引购房者。不过,也有学者研究发现,人才政策对于大学生流动选择的作用其实有限,经济因素和城市舒适性才是移动和居留的关键因素。[②] 无论如何,如何吸引更多的移民并让他们能够乐于留下才是各地方政府首要考虑的问题,本书希望能在一定程度上为回应这一疑问提供一些数据和灵感。

（二）从"农民工"到"城市新移民"

1. 流动人口的主体：农民工

如前文所述,新中国以后建立的户籍制度,将中国人划分为两个权利不均等的社会群体,这就为"由下而上"的人口流动创造了现实动力。出生在农村的人们渴望通过向城市迁移,获得跟"城里人"一样的医疗、住房、教育等公民权利。改革开放和城市经济的飞速发展,使原本严苛的人口流动政策有所松动,从而为农业剩余劳动力从农村流向城市提供了可能,这就导致了一个前所未有的庞大社会群体——农民工的诞生。

农民工是指"从农民中率先分化出来,与农村土地保持着一定经济联系,从事非农业生产和经营,以工资收入为主要生活来源,并具有非城镇居民身份的非农业化从业人员"。[③] 自诞生之日起,农民工就构成了我国人口流动的主要组成部分。早期的农民工,普遍文化程度较低,往往只能通过贩卖体力在城市中生存,因而大多集中在建筑业、制造业和低端服务业等行业中。这就致使他们很难获得经济资本与社会地位

① 马智利，熊俊臣.城市用地指标市场化配置机制研究——以落户条件放开为背景 [J].中国房地产，2019（27）：52-57.
② 王一凡，崔璨，王强，等."人才争夺战"背景下人才流动的空间特征及影响因素——以中国"一流大学"毕业生为例 [J].地理研究，2021(3)：743-761.
③ 张龙.风险传播视角下的新生代农民工 [D].南京：南京大学，2018：1.

来完成市民身份的转变,在城市中体现出"边缘人"与"半城市化"特点,于是被迫一直处于一种流动的状态当中,无法在城市中定居,更遑论获得城镇户口。

作为中国经济发展与城镇化进程推进的主要动力,尽管农民工的规模已经极为庞大,且增长极为迅速,但他们却无法获得相应的回报,无法像城镇人口一样受益于此,始于1978年的这场中国史上最大规模的人口流动,到2020年已创造了2.86亿的农民工人口,但这一群体在城市中的话语权有限、社会地位较低,被城市主流群体排斥,逐渐成为了社会普遍关注的弱势群体。与城镇居民相比,他们在工作、住房、教育、医疗上都无法得到相应的保障,经历了过去集体排斥的"被边缘化"到当前群体自我隔离的"自我边缘化","相对剥夺感"不断增强。[①] 长此以往,不利于人民的团结和社会的稳定,不利于我国市场经济体制和城镇化进程的推进,也不符合我国发展特色社会主义道路的内涵。

基于此,农民工越发成为国家政策关注的重点。2003年开始,国家相继出台一系列措施和政策推进农民工社会融入。2012年,党的十八大提出有序推进农业转移人口市民化;2017年,党的十九大报告中明确提出农业转移人口市民化核心的实现、公共服务均等化、国家推进的力度逐渐加强、手段更加细化。农民工的社会融入成为农民工问题的核心议题。

伴随着农民工迁移从量到质的转变,农民工群体内部也发生了一些变化。《中国流动人口发展报告2018》指出,近年来我国新生代流动人口(1980年以后出生)的比重不断上升,2017年已达65.1%,呈现稳步增长趋势。[②] 王春光指出,当前的农民工流动人口相较于过去出现了一些流动动机上和社会特质上的变化,这一变化主要是由于代际而产生的,因此提出了"新生代农村流动人口"的概念。[③] 刘传江、许建玲则将计划经济时代与改革开放以后的农民工区分为第一代和第二代。[④]2010年中央一号文件《中共中央国务院关于统筹城乡发展力度进一步夯实

---

① 刘传江,董延芳.农民工市民化障碍解析[J].人民论坛,2011(26):42-43.
② 《中国流动人口发展报告2018》:http://www.gov.cn/xinwen/2018-12/25/content_5352172.htm.
③ 王春光.新生代农村流动人口社会认同与城乡的融合关系[J].社会学研究,2001(3):63.
④ 刘传江,许建玲.第二代农民工及其市民化研究[J].中国人口资源与环境,2007(1):22.

农业农村发展基础的若干意见》,将"新生代农民工"这一概念明确下来,用以指代 1980 年及以后出生,在城市从事非农产业,常住城市但拥有农村户籍的人口。这一群体对乡村的依恋之情远低于父辈,对于城市的向往之情更强,但由于受到经济收入等条件的制约,对城市依然缺乏归属感。王春光的研究进一步指出,新生代农民工已经占据当前农民工的主导地位,他们在城市的居住时间越来越长,"移民"的倾向更加明显。[①] 人力资源和社会保障部 2020 年对于北京市外来新生代农民工的调查数据也显示,这一群体的就业集中于劳动密集型产业,但从事信息传输、软件和信息技术服务业等"高薪"产业的占比也有所提升,他们的受教育程度和收入水平相较于父辈都更高,价值观和消费习惯也与城镇居民更为接近。

总体而言,相较于以职业进行划分的农民工群体,以年龄和代际进行区分的新生代移民正在成为我国流动人口的主要构成群体。

2. 新群体的诞生:城市新移民

与世界其他国家一样,我国大规模人口迁移的出现,是工业化和城市化发展的必然结果,但城乡二元体制的存在使我国的人口迁移模式存在一些特殊性,这直接导致我国学术界在外来人口研究上形成一种固定的"农民工"表述。然而,长期以来单一的城乡二元结构视角,可能导致这一问题的简单化趋势——将城乡二元结构视为一切问题的根源,从而忽略了移民群体本身的复杂性和多样性。事实上,当前我国的社会经济环境已经开始发生巨大的变迁——大城市外来人口不再以农村迁移者为主,城镇背景的外来人口所占比例日益增大,与此同时,外来人口的阶层分布和职业分布都愈加分散。在这一背景下,"城市新移民"视角的提出不仅有助于调整移民政策,将原本不属于城乡移民的外来人口也纳入政策范围之内,同时也突破了以往农民工概念的局限,将移民群体本身的复杂性、分化性与动态性也纳入考察,有助于形成一种更有效的社会发展阐释路径。

城市新移民是一个囊括了诸多群体的综合概念,它不像农民工概念一样受限于城乡身份区隔,更加强调的是迁移的过程。这一群体,在以

---

① 王春光. 对新生代农民工城市融合问题的认识 [J]. 人口研究, 2010, 34(2): 31-34.

贩卖劳力为主的农民工之外，更多以智力为基础进入城市，他们具有更高的学历和技能，增加了流动人口群体类型的多样性。景志铮与郭虹较早提出，城市新移民是指"迁移至一个新城市中工作、居住、生活，并在本城市有长期工作和生活下去的趋势或意愿的特定群体"。[①] 童星和马西恒将城市新移民界定为"20 世纪 80 年代中国改革开放以来通过正式或非正式途径实现自我或家庭的区域性迁移，已在移居城市中获得相当稳定的工作和住所并具有定居意愿的群体"，既包括有原农村户籍的原农村居民，即农民工群体，也包括拥有城市户籍但来自其他城市的居民和来自外地的大学毕业生。[②] 廉思将这一群体定义为"年满 16 周岁且 1980 年以后出生，在城市工作、生活但没有取得该城市户籍的居民。"[③] 在这一界定中，户籍成为一个最重要的衡量标准。在于志芳和王君的阐释中，"城市新移民是指 20 世纪 90 年代以来通过正式或非正式途径实现个体或家庭的区域性迁移，已在移居城市居住 1 年以上并获得相当稳定的工作和住所且有定居意愿的 80 后和 90 后群体。"[④] 钟瑛和邵晓的界定则将此前学者们所强调的年龄界限摒弃，认为"改革开放以来，随着经济社会转型实现了个体或家庭向新城市的迁移，且在新城市获得相当稳定的工作和住所，并具有长期工作和生活下去的趋势或意愿的个人及群体"[⑤] 均属于城市新移民。

基于这些已有的概念，本书希望从两个标准上来对城市新移民的基本定义展开探讨：第一，代际因素。城市新移民是伴随着中国户籍改革和流动人口结构变化而诞生的概念，它脱胎于农民工研究，但又具有极其鲜明的时代特点。根据前文所提及的数据，不论是农民工还是流动人口，群体的年轻化都是近年来一项十分重要的变化。因此，当我们谈及城市新移民时就不能忽视这一特点。青年流动人口有其特殊性，不同于年长者，他们的流动轨迹不确定性更强。有学者认为，青年流动人口的

---

① 景志铮，郭虹. 城市新移民的社区融入与社会排斥——成都市社区个案研究 [J]. 西北人口，2007，2(2)：33.
② 童星，马西恒."敦睦他者"与"化整为零"——城市新移民的社区融合 [J]. 社会科学研究，2008(1)：77-83.
③ 廉思. 中国青年发展报告 (2013)：城市新移民的崛起 [M]. 北京：社会科学文献出版社，2013.
④ 于志芳，王君. 城市新移民中的"老啃族"现象探析 [J]. 中国青年研究，2016(1)：70-74.
⑤ 钟瑛，邵晓. 新媒体使用对城市新移民与本地居民社会距离的影响研究——基于心理资本中介作用的分析 [J]. 新闻大学，2021(1)：75-120.

整体受教育程度和收入水平较高,能够获得更高的社会地位,因而他们的本地认同状况也要优于年长者。[①] 但更多学者指出,新生代流动人口虽然在消费观念与生活习惯上与迁入城市的同龄群体高度类似,但是他们在城乡夹缝之中,反而更容易陷入认同焦虑与迷茫,从而导致身份感的丧失。这是由于新生代流动人口在持续的城市化过程中丧失了对故乡文化的认同,但户籍约束和经济因素等原因又导致他们无法快速地完成本地的社会融入。[②] 这样一来,相较于老一代流动人口,新生代的居留意愿更弱。[③] 同时,刘春泽认为,由于青年人口具有更强的流动倾向,可能导致他们频繁地在各地辗转,反而不具有融合优势。[④] 因此,从代际视角考察当前中国的流动人口,不仅能够从学理上更有针对性地把握流动人口主体的基本特征,也有助于公共资源配置的调整和政府政策的优化,促进城镇化的有质推进。

第二,户籍因素。随着户籍制度的深化改革和地方户籍政策的逐渐放宽,户籍不再是束缚城市新移民的唯一标准。对于户籍的过度强调可能使城市新移民概念趋向底层化,无法与新生代农民工的概念区隔开来。从多地的人才引进新政标准来看,拥有硕士以上学位的外来人员可以在毕业时即获得当地户籍,但他们与本地居民仍然具有极大的不同,社会融入程度还有待提升,因此这些拥有本地户籍的原外来人口也仍然可以被纳入城市新移民的范畴。基于这样一种考量,本书对于城市新移民的界定不再将"是否取得本地户籍"作为考量标准之一。

二、研究问题

(一)人口流动与数字媒介

在很长一段时间内,城市新移民议题都更多被置于社会学和人口学的范畴之内。伴随着数字技术的飞速发展,社会学家们开始注意到大众

[①] 王春光.新生代农村流动人口的社会认同与城乡融合的关系 [J].社会学研究,2001(3):63-76.
[②] 宋辰婷,王小平.新生代农民工的社会关系与自我认同 [J].山西师范大学学报(社会科学版),2014(5):47-52.
[③] 扈新强.新、老两代流动人口居留意愿差异研究——以北京、上海、广州为例 [J].调研世界,2017(7):28-32.
[④] 刘春泽.代际差异中的新生代农民工政治认同研究 [D].长春:吉林大学出版社,2015.

媒介在移民融入当地社会过程中所发挥的重要作用。这种关注最早始于西方的跨国移民研究,早期的研究重点聚焦在跨国移民如何通过在本地建立自己的媒介(主要是报纸和电台)来建构社会认同与群体归属,以及当地的媒介如何建构移民形象以反之影响移民在本地的融入。可见,即使在传统媒体时代,报纸、电视等大众媒介对于移民融入本地社会的影响力都不可忽视,更遑论当人们进入被信息技术全面包裹的媒介社会,数字媒介已成为现代个体生存必不可少的工具和主要内容,甚至现实生活本身。互联网、手机、社交媒体、即时通讯无不构成了人们生活的方方面面,尤其对于出生于 1980 年以后的中国人而言,数字技术于他们而言,就如水于鱼、天于鸟、空气于人,虽然无形,却不可或缺。于是,传播科技的无限赋权不仅"正在加速重造社会的物质基础"①,更重要的是,它对主体的重塑——"改变我们思考的方式、我们的性取向、社区的形态及我们的自我认同"。②

进入大迁徙时代,人们需要借助媒介来提升自己对于自身和外界的感知能力,以做出正确的迁移选择。麦克卢汉曾经用"媒介是人体的延伸"来描述人类与媒介的紧密联系。但即便如此,在网络技术出现之前,媒介对于主体和社会的影响力依然是有限的。互联网的兴起大大加速了社会的媒介化进程,媒介开始对社会全方位渗透,人们的日常生活都无一例外地置于媒介的包裹之中,网络构筑的虚拟空间与现实世界逐渐重合,甚至开始取代乃至超越现实世界,李普曼提出的"拟态环境"已经成为现实。这样一来,基于媒介的生存与交往成为城市新移民"典型的生活样态和日常经验,解构和重构了他们的情感态度、价值观念和行为方式"③。

可以说,在媒介社会,要全面地考察任何一个社会群体都无法将媒介的作用完全摒弃在外,对于成长于网络时代的城市新移民来说更是如此。他们的迁移动机、居留意愿、社会交往、公共参与无不浸泡在信息环境之中,特别是伴随着社交媒体的快速发展,他们的信息获取渠道、人际交往方式、消费手段乃至生活方式,都深深受到媒介内容的高度浸

---

① [美]曼纽尔·卡斯特.网络社会的崛起[M].北京:社会科学文献出版社,2006:1.
② [美]雪莉·特克.虚拟化身:网路世代的身份认同[M].谭天、吴佳真译,台北:远流出版事业股份有限公司,1998:3.
③ 刘丹凌.新传播革命与主体焦虑研究[J].新闻与传播研究,2015,22(6):93-108,128.

染。相较于老一代流动人口,城市新移民的媒介融入要更加全面,也更加深入。

在很长一段时期内,媒介通过形塑流动人口的形象来影响他们的城市融入,直到今天也是如此。但本书关注的并不是媒介话语对于流动人口的文本再现,而是城市新移民作为身份主体如何利用媒介来完成自我赋权与社会融入,以及在这一过程中他们所遭遇的阻碍和媒介反作用于他们身上的那些影响。这就需要深入这一群体的日常生活实践,将媒介视为作用于他们城市适应完整过程的重要力量来看待。

（二）城市新移民与社交媒体

在现代社会的诸多媒介形式当中,社交媒体的地位不容忽视。微信后台数据显示,2020 年平均每天有 10.9 亿用户打开微信,7.8 亿用户进入朋友圈,3.6 亿用户阅读公众号文章,4 亿用户使用小程序,1.2 亿用户发布朋友圈。[①] 在遍及整个中国的流动浪潮中,社交媒体不仅仅是移民进行社会交往的通讯工具,更是建构社会认同和进行社会参与的中介物、平台与技术手段。一方面,社交媒体为移民实现了与家乡的亲人朋友"缺席共在"的可能,在虚拟空间中形成了齐美尔所设想的数字"聚居";另一方面,社交媒体也为移民群体理解本地文化、拓展新的社交关系提供了新的可能。值得注意的是,当我们从社交媒体的角度切入城市新移民的社会融入问题,我们就需要关注到他们在迁移的整个过程当中受社交媒体影响的各种城市适应指标。

首先,需要关注与城市新移民城市适应密切相关的指标研究,即社交媒体对城市新移民迁移前后的期望、想象、决策、行为、认同、情感等多方面的影响研究。其次,需要对城市新移民社会融入的不同层面来展开有针对性的探讨。城市融入是一个多层次、多元素、多维度的复杂过程,本书将从社会交往、社会认同和社会参与三个层面,来探讨城市新移民如何运用社交媒体来建构起新的关系网络、维系旧的情感联系,并建立起对迁入地的地域文化、本地居民、移民同伴和工作方式、生活方式的认同,最终通过城市性习得与各个层次的公共参与来完成从移民到市民的社会融入。最后,有必要突出城市新移民内部不同群体的区别研

---

① 中国青年报:每天有 10.9 亿人打开微信 微信十年"云开课":https://www.163.com/dy/article/G0T3KFBO0514CDBK.html.

究，对不同性别、文化程度、职业、地区或成长经历的移民群体的日常生活、社交网络和生存空间进行细致的描摹，从而塑造各类城市新移民的具体形象与生活实践，描绘他们在具体的社会融入过程中的实践逻辑。

从社交媒体切入探讨城市新移民群体的社会融入问题，就决定了这不是对于某种结果的静态观察，从二元论的视角来探讨社交媒体是否影响了城市新移民的社会融入问题已经显得不合时宜，因为这一影响是必然的，但不是瞬时的，相反，它是潜移默化的、一点一滴的、逐渐全面地浸入其中的动态过程。它是一种社交媒体与城市新移民社会融入互相影响、制约并重构的持续过程，一种各个主体不断体现出能动性、时间性和意义建构性的理性选择，还是一种城市居民跟城市新移民、城市新移民群体内部的情感交流与多方博弈的互动。

相较于上一代移民，城市新移民更善于也更惯于运用大众媒介，尤其是社交媒体，来完成他们的城市融入与认同建构。然而，此前的研究大多将重点置于互联网在移民迁移过程中的作用，对于社交媒体的探讨相对较少。从社交媒体切入探讨城市新移民的社会融入问题，不仅有助于拓展当代中国的人口迁移研究视角，是研究当前中国移民群体的有效路径，而且对加强流动人口的治理、稳定社会关系，以及促进新型城镇化建设，都具有重要的现实意义。

第二章　研究的展开

一、核心概念的界定

（一）城市新移民

相较于传统的"农民工"表述对于户籍制度和城乡二元体制的强调，"城市新移民"概念更为关注城市融入的迁移过程本身。学界对于城市新移民的界定并未形成统一的表述，但大体上存在一些共识。首先，这一群体必然"通过正式或非正式途径实现了自我或家庭的区域性迁徙"[1]；其次，他们几乎都在迁入地"获得相对稳定的工作和住所并具有定居意愿"。[2] 但对于是否对这一群体进行年龄界定，学者们意见不一。廉思认为，城市新移民中的"新"特指 1980 年后出生的青年人；[3] 于志芳与王君也将这一群体限定为 80 后和 90 后群体，[4] 但也有不少学者仅将"改革开放后"作为唯一的时间限定，而不对年龄群体做具体划分。[5]《2018 年中国流动人口发展报告》显示，在我国的 2.44 亿流动人口中，出生于 1980 年后的青年移民占总体的 79.1%。[6] 鉴于当前中国城市移

---

[1]　马德峰，李凤潇.近十年来我国城市新移民问题研究综述 [J].学术界，2010(11)：220–226.

[2]　童星，马西恒."敦睦他者"与"化整为零"——城市新移民的社区融合 [J].社会科学研究，2008(1)：77–83.

[3]　廉思.中国青年发展报告 (2013)：城市新移民的崛起 [M].北京：社会科学文献出版社，2013.

[4]　于志芳，王君.城市新移民中的"老啃族"现象探析 [J].中国青年研究，2016(1)：70–74.

[5]　钟瑛，邵晓.新媒体使用对城市新移民与本地居民社会距离的影响研究——基于心理资本中介作用的分析 [J].新闻大学，2021(1)：75–120.

[6]　国家卫生健康委员会.中国流动人口发展报告 [M].北京：中国人口出版社，2018.

民的年轻化倾向,本书将"城市新移民"定义为:1980 年以后出生,实现了个体或家庭向新城市迁徙,非本地出生但在本地获得了相对稳定的工作和住所,并有意愿长期在本地工作、生活的中国公民。

（二）社交媒体

社交媒体是一种涵盖各种功能的大众传播媒介。这一概念最早出自于安东尼·德菲尔德于 2007 年出版的《What is social media》,在该书中,安东尼将其界定为一种给予用户极大参与空间的新型在线媒体,它具有参与、公开、交流、对话、社区化和连通性的特点,赋予每个人创造并传播内容的能力。[①] 此后,"social media"一词被直译为社交媒体或社会化媒体,开始被国内学界广泛使用。

目前,各界对于 social media 的概念表述不一,曹博林甚至认为,其最显著的特点,"就是其定义的模糊性、快速的创新性和各种技术的'融合'"[②]。从这个意义上讲,社交媒体是一个具备多种类型的多元媒体形态,将其视为同质性极高的一种媒体形式已不再适用于当前的媒介语境。虽然微信在中国社交媒体中占据绝对优势地位,但近年来以抖音、小红书等社交媒体为首的多元矩阵迅速成型,并深刻影响着人们的生活。因此,本书无意对大量的概念进行梳理与评述,故而统一采用社交媒体的说法。

社交媒体类型的不同之处在于其识别用户并引导用户访问信息的方式不同。[③]Pallis 等人认为,社交媒体的一个重要区分是对共同兴趣和社会关系的不同关注。[④] 以内容为导向的社交媒体所建立的网络是由用户的共同兴趣决定的,而在以关系为导向的社交媒体中,网络更多的是由人们已有的社会关系决定的。这也是本书对社交媒体最重要的区分标准。

---

① Mayfield, A. *What is social media* [M]. http：//www. icrossing.com/sites/default/files/what – is – social – media –uk. pdf. 2017.11.07
② 曹博林. 社交媒体：概念、发展历程、特征与未来——兼谈当下对社交媒体认识的模糊之处 [J]. 湖南广播电视大学学报, 2011(3)：65–69.
③ Halpern D, Gibbs J. Social media as a catalyst for online deliberation? Exploring the affordances of Facebook and YouTube for political expression[J]. *Computers in Human Behavior*, 2013, 29(3)： 1159–1168.
④ Pallis G, Zeinalipour–Yazti D, Dikaiakos M D. Online social networks： Status and trends. In Vakali, A., &Jain, L, C. *New directions in web data management*[M]. Berlin：Springer, 2011：213–234.

（三）社会融入

社会融入是移民研究中最为重要的问题之一，也是一个复杂、多重的概念，对这一概念的含义、性质和目标学界尚未取得一致的理解。西方学界对于社会融入的基本观点主要从以下三条路径展开：第一种观点认为，这是一个移民适应当地的单向过程，是伴随着"社会排斥"概念的流行而产生的。这一观点始于19世纪90年代芝加哥学派的新移民研究，将社会融入作为移民发展的最终目标。在这一视角下，社会融入被理解为主体通过发挥主动性来促进社会参与，以进行流入地社会的同化与适应，学者们试图从不同层面与角度来还原移民进入新的社会后的融入状态与市民化过程。① 第二种观点起源于迪尔凯姆的社会团结理论和吉登斯等人的社会整合理论，认为社会融入是一个"个体或群体相互渗透、相互融合的过程"，在这一过程中，"通过共享历史和经验，相互获得对方的记忆、情感、态度，最终整合于一个共同的文化生活之中"②。第三种观点是多元文化共存论，倡导移民社群在保留本国文化的前提下实现当地的社会融入。不同视角下对社会融入的界定也大不相同。如吉登斯认为，社会融入意味着社会的所有成员享有同等的公民资格，不仅仅包括政治权利、义务还有公共参与。帕克则强调移民在城市适应中的竞争、冲突、适应和同化过程。我国的研究主导范式主要延续了移民市民化的理论路径，这与我国社会融入相关研究的主要概念对象是农民工群体密切相关。农民工的社会融入是一个多元的过程，朱力将此描述为一个持续社会化的历程，农民工在经济、社会、文化方面积极转变以适应城市环境；③ 丁宪浩认为，农民工的社会融入是指他们被本地社会真正接纳，享有与本地居民一样的权利和义务；并且本地居民和农民工双方彼此将对方视为与自己一样的平等公民；将农民工的社会融入视为他们实现向上流动，获取新的社会地位的过程；④ 赵莹等人指出，外来务工人员的社会融入，即他们"通过自身经济、社会、心理等各方面的再

① 刘建娥.从欧盟社会融入政策视角看我国农民工的城市融入问题 [J].城市发展研究，2010(11)：106-112.
② 陈成文，孙嘉悦.社会融入：一个概念的社会学意义 [J].湖南师范大学学报（社会科学版），2012，41(6)：66-71.
③ 朱力.论农民工阶层的城市适应 [J].江海学刊，2002(6)：82-88，206.
④ 李培林.流动民工的社会网络和社会地位 [J].社会学研究，1996(4)：42-52.

调整与适应,在思想观念和行为方式上逐步缩小与城市居民的差距,进而实现再社会化的过程"①。

虽然学者们对于移民的社会融入的理解各异,但也存在一些共同之处:(1)社会融入的目标是与本地居民享有同样的权利与义务;(2)社会融入是一个动态的过程,强调人们在融入过程中的主动性;(3)社会融入是一个多维度的概念,它包括了经济、社会、文化等多层面的融入。因此,本书将社会融入定义为:移民在经济、社会、文化上逐步适应,对当地产生强烈认同感,将自己视为与当地居民享有同等权利与义务的共同体的动态过程。

二、移民研究梳理

国外的移民研究,可以粗略地分为"跨国移民"和"本国移民"两大类,其中,基于全球人口流动而产生的跨国移民问题,成为西方学界关注的焦点。学者们最早将视野聚焦在人们做出迁移决定的原因上,并形成了推拉理论、二元劳动力市场理论等不同观点,从微观和宏观角度探讨人们为何会做出流动的选择。后来,学界焦点逐渐开始转移到移民迁移后的社会融入问题,并主要形成了三种经典理论:

(1)同化论。这一理论始于芝加哥学派针对从世界各地向美国迁移的移民群体而提出,因此在很大程度上带有西方霸权主义色彩。在这一理论下,移民社群被认为应该放弃原有的文化习俗,主动适应迁入地的主流文化,并最终实现同化。②Gordon 更详细地指出,移民需要经过文化适应、结构同化、婚姻同化、身份认同、价值认同、行为认同、市民身份七个阶段来完成完整的社会融入。③

(2)多元文化共存论。20 世纪 70 年代以来,全球化趋势下人口流动的规模迅速扩大,同化论受到了挑战,在此背景下,有学者指出,移民文化和本国文化并不是完全隔绝的,相反,两者正在相互交流、相互联

---

① 赵莹,林家惠,吕垠霏.城市移民的休闲涉入对社会融入的影响——以广州市外来务工人员为例 [J].旅游论坛,2020,13(4):9-19.

② Park R E, Burgess E W. *Introduction to the Science of Society*[M]. Chicago: University of Chicago Press, 1969.

③ Gordon M. *Assimilation in American life: The role of race, religion and national origins*[M]. New York: Oxford University Press, 1964.

结,从而相互影响、相互融合。① 因此,欧美国家的主流文化不再作为唯一的正确标准,移民社群与本地社群的共存与对话逐渐增多。

（3）社会融合论。伴随着移民研究的进一步深入,有学者发现多元文化共存的实际效果并不理想,② 不同文化社群之间的交流很难深入,③ 甚至可能因文化差异造成群际冲突。④ 在此基础上,社会融合论开始成为西方移民研究的主导范式。社会融合论强调移民与本地居民的相互作用,⑤ 既关注移民的文化适应,也关注他们在经济、社会等方面的社会融入。⑥ 一言以蔽之,社会融合论"不仅要考察移民的生活如何被世界城市及当地的居民、组织和制度塑造,也应该关注世界城市在国际移民社会融合的过程中如何被'反塑造'"⑦。

相较于西方学界,中国的移民研究很少关注国际移民,而将国内的城市移民作为关注焦点,这与我国的国情密切相关。作为一个正在进行着人类历史上最大规模城镇化进程的发展中国家,我国的城市移民研究经历了一个从剩余劳动力到城市新移民的研究转向。

20 世纪 80 年代初,农民工进入学界视野,并逐渐成为学界关注的热点。在 40 年的历程中,学术界对这一社会群体进行了大量、广泛、深入的研究,并基于农民工问题的现实演化形成了以下四种范式:

（1）剩余劳动力视角。20 世纪 80 年代,农民工首次进入学术视野,被视为解决当时农村劳动力剩余问题的一项有效途径。伴随着 20 世纪

① Morawa E, Erim Y. Acculturation and depressive symptoms among Turkish immigrants in German [J]. *International Journal of Environmental Research & Public Health*, 2014, 11(9): 9503-9521.
② Sim L L, Yu S M, Han S S. Public housing and ethnic integration in Singapore [J]. *Habitat International*, 2003, 27(2): 293-307.
③ Valentine G. Living with difference: Reflections on geographies of encounters [J]. *Progress in Human Geography*, 2008, 32 (3): 323-337.
④ Van Houtum H, Van Naerssen T. Bordering, ordering and othering [J]. *Tijdschrift Voor Economische En Sociale Geografie*, 2002, 93(2): 125-136.
⑤ Ellen I G. Race-based neighborhood projection: A proposed framework for understanding new data on racial Integration [J]. *Urban Studies*, 2000, 37(9): 1513-1533.
⑥ Sabatini F, Salcedo R. Gated communities and the poor in Santiago, Chile: Functional and symbolic integration in a context of aggressive capitalist colonization of lower-class areas [J]. *Housing Policy Debate*, 2007, 18(3): 577-606.
⑦ 黄旭, 刘怀宽, 薛德升. 全球化背景下国际移民社会融合研究综述与展望 [J]. 世界地理研究, 2020, 29(2): 397-405.

80 年代末期"民工潮"的出现,来自经济学和人口学的学者们主要关注农村人口迁移的综合情况,包括迁移原因、流动特质,以及由此产生的问题和对策。[①][②] 随着农民工迁移浪潮的逐渐高涨,学术研究开始从关注迁移行为本身转向职业流动和就业歧视。[③][④]

（2）流动人口视角。1984 年就有学者关注到了人口流动问题,[⑤] 但此类研究在很长一段时间内都属于简单的"现状介绍",很少从理论上、制度上和实证上来深入剖析流动人口相关问题的产生机制。[⑥]1992 年政府对于人员流动的限制放开后,农民工的社会融合问题开始成为研究热点,产生了三种解释视角,分别是人力资本、社会资本和户籍制度。其中,户籍制度成为此后很长一段时间内的主导解释路径。

（3）劳工阶层视角。自 2000 年开始,农民工形象发生了重大的转变,开始由原来的问题制造者转变为经济贡献者,于是学术研究也开始更多地关注起农民工所受到的歧视与不公平待遇等问题。这一时期,研究者们开展了深入的调研来揭示和描述农民工艰难的生存处境。农民工被阐释为被动接受资本压迫和控制的牺牲者,他们在工厂中丧失了自我的主体性,急需实现更为自由平等的消费主体的转变。[⑦]

（4）城市新移民视角。2008 年后,代际特征代替职业特征成为城市移民的主要特质,学者们开始提出新生代农民工的概念,[⑧] 认识到移民群体内部的分化与差异。刘传江认为,新生代农民工相较此前的第一代农民工在个人行为导向上发生了巨大的变化。[⑨] 李培林和田丰则指

① 夏振坤,李享章.关于民工浪潮的理论思考 [J].经济研究,1989(10):55–59,54.

② 张蓉.百万民工下珠江及其思考 [J].南方人口,1989(2):27,26.

③ 李强,唐壮.城市农民工与城市中的非正规就业 [J].社会学研究,2002(6):13–25.

④ 李强.中国大陆城市农民工的职业流动 [J].社会学研究,1999(3):95–103.

⑤ 马侠.关于暂时性农业人口流动问题的探索 [J].人口与经济,1984(1):10–13.

⑥ 孙中伟,刘林平.中国农民工问题与研究四十年:从"剩余劳动力"到"城市新移民"[J].学术月刊,2018,50(11):54–67.

⑦ 余晓敏,潘毅.消费社会与"新生代打工妹"主体性再造 [J].社会学研究,2008(3):143–171,245.

⑧ 王春光.新生代农村流动人口的社会认同与城乡融合的关系 [J].社会学研究,2001(3):63–76.

⑨ 刘传江.农民工的特点、挑战与市民化 [J].人口研究,2010,34(2):34–39,55–56.

出,新生代农民工在消费方式上与老一代农民工存在较大差异。① 学界开始意识到农民工不再是永恒的流动人口,他们的最终归宿必然是成为城市新的移民。王春光指出,农民工在过去几乎从未被称之为移民,"这反映了整个社会尤其是城市社会从未将农民工视为理所当然的新移民,而只是将他们当作城市社会的暂住者。但是,不可回避的是,在过去 30年经历了时代更迭后,新生代农民工更多地表现出移民的意愿和行为,也有少数人实现了移民。从这个角度看,过去 30 年是农民工开始从流动向移民转变的阶段。"② 自此,农民工研究开始实现向城市新移民角度的转向。

农民工研究在很长一段时间内都是我国城市移民研究的唯一视角,对此,社会学、人口学、管理学等学科都进行过深入而广泛的探讨。相较之下,传播学的起步较晚,直到 2004 年开始才有研究开始关注到这一社会议题,从大众媒介对农民工这一边缘群体的塑造谈起,③ 开启了农民工媒介形象研究。早期的农民工媒介形象研究,主要从"污名化"和"话语权缺失"等角度展开,如卫凤瑾从农民工"跳楼秀"事件着手,试图提出对策来提升农民工话语权;④ 李永健和谭恩花基于大众传媒中的农民工刻板印象提出媒介角度的解决建议。⑤ 伴随着国家对于农民工生存处境的关注,形象研究中的主题转向"形象重构",董小玉和胡杨通过反思大众媒介对新生代农民工的建构路径,发现了媒介在形象塑造上的积极作用;⑥ 陈刚和王卿更是从农民工主体出发,探讨他们如何运用"去他者化"的话语实践策略来实现对主流话语中农民工身份意义的消解。⑦

传播学中,农民工研究的另一大主导路径是农民工群体的媒介使用

---

① 李培林,田丰.中国新生代农民工:社会态度和行为选择 [J].社会,2011,31(3):1-23.

② 王春光.新生代农民工城市融入进程及问题的社会学分析 [J].青年探索,2010(3):5-15.

③ 陈红梅.大众媒介与社会边缘群体的关系研究——以拖欠农民工工资报道为例 [J].新闻大学,2004(1):6-10.

④ 卫凤瑾.大众传媒与农民话语权——从农民工"跳楼秀"谈起 [J].新闻与传播研究,2004(2):16-20,95.

⑤ 李永健,谭恩花.和谐社会建设中的不谐和音——大众传媒中的农民工刻板印象浅析 [J].新闻记者,2006(4):17-20.

⑥ 董小玉,胡杨.新生代农民工的大众媒介形象建构 [J].新闻界,2011(2):8-10.

⑦ 陈刚,王卿.从"寻求生存"到"渴望承认":媒介"凝视"与农民工主体性身份再建构 [J].新闻界,2019(2):46-53.

研究,研究主题从传统媒介到互联网、手机再到社交媒体、微信等具体的媒介形式。在很大程度上,传播学视野下的移民研究就是在探讨这一社会群体与媒介的关系——他们如何运用媒介、他们如何被媒介重塑,以及他们和媒介如何相互影响、相互交融。

三、媒介与城市移民研究梳理

早在 19 世纪初,就有西方学者注意到媒介在移民的城市适应过程中所发挥的作用,并在此后逐渐形成了一些研究范式和理论,主要可以分为以下三类:

一类是对移民媒体的影响研究。帕克是较早研究这一问题的学者,他发现移民报纸对促进移民的文化适应至关重要。[①] 此后,鲍尔·洛基奇提出的媒介系统依赖论和传播基础结构论开始为这一研究方向提供更为广阔的路径,将对于某一种移民媒介的关注,扩大到对整个移民社区传播系统的影响的探讨中。第二类是移民的媒介使用研究。此类研究更强调移民自身的主动性,探讨移民如何使用媒介来进行自我赋权。近期的相关研究普遍认为,移民使用社交媒体能够帮助他们建立社会联结、获取社会支持和提高自我效能感,[②] 且媒介素养的提升能够增强他们的维权意识与政治参与。第三类研究则主要关注大众媒介对移民的形象塑造与社会边缘化,这一研究方向伴随着近年来国际难民问题的凸显再度引起了学界的关注。[③] 对于我国移民研究关注的城乡差别问题,国外学者更多地在职业和阶层的层面进行探讨,传播学涉猎较少。总体而言,西方的移民研究将种族差异以及由此带来的偏见、歧视和文化融入问题视为焦点,聚焦于边缘化群体的政治赋权,与中国语境下的移民研究有所不同。

我国新闻传播学界关于流动人口的研究,大体可以分为两个阶段。第一阶段以农民工为主要研究对象,从以下几方面展开研究:一是大众

---

① [美] 罗伯特·E.帕克.移民报纸及其控制 [M].北京:中国人民大学出版社,2011.

② Komito L. Social media and migration:Virtual community 2.0[J]. *Journal of the American Society for Information Science and Technology*,2011,62(6):1075-1086.

③ Leurs K, Ponzanesi S.Connected migrants: Encapsulation and cosmopolitanization[J].*Popular Communication*,2018(16):1, 4-20.

媒介对于农民工形象建构的相关探讨,这一研究方向主要采用文本分析法来探讨大众媒介如何实现该群体的社会身份边缘化建构;二是农民工群体及其子女媒介接触和媒介素养的描述性调查,以及这种媒介使用行为是否会影响他们的社会交往和身份建构;三是试图挖掘农民工群体话语权缺失背后的社会因素。也有少量学者关注流动劳工的人际交往,从社会空间的角度来探讨流动人口的人际传播方式。

第二阶段的研究重点开始由大众传媒转向新媒体,由农民工转向新生代农民工和其他移民群体,可以分为以下几类:一类仍然是对于移民新媒体使用现状的调查,试图以定量方法进行一种统计学意义上的全景式呈现,抑或是以定性方法来挖掘流动人口如何使用新媒体以及其意义所在;另一类则致力于探讨新媒体在移民的个人发展、社会交往、身份建构和城市融入等方面的影响作用。另外,仍有少量研究在关注大众媒介对于移民群体的形象塑造与身份重塑,以及基于田野调查的人际传播视角下的关系重构。

在第二阶段的研究中,"城市新移民"作为一种崭新的视角进入学界视野。不同于传统的农民工研究,城市新移民研究突破了城乡二元对立结构所导致的局限性,将移民群体作为一种社会发展方式来展开论证。张明新等人较早开始关注传播行为环境对城市新移民社区归属感的影响,指出所处传播行为环境更好、对媒体中城市相关内容关注更多的移民,要拥有更强的社区归属感,这也导致了白领移民与底层移民在城市融入心理状态上的差异。[1]周葆华则从媒介接触习惯、本地媒介内容的关注度及评价两个尺度来测量上海新移民的人际交往状况及感受。[2]樊昌志、李卫平对天涯论坛上的发帖情况进行分析,发现新移民的城市认同感较低。[3]

伴随着媒介化社会的全面推进与传统大众传媒的衰落,新媒介,尤其是社交媒体,在移民的身份认同建构和社会融入中扮演的角色日益重要。韦路和陈稳认为,社交媒体的使用对城市新移民社会融入的促进作

---

[1] 张明新,杨梅,周煜.城市新移民的传播形态与社区归属感——以武汉市为例的经验研究 [J].新闻与传播评论,2009(1):16.

[2] 周葆华.新技术环境下上海市民媒介使用现状与特征——2009 年调查报告 [J].新闻记者,2010(9):6.

[3] 樊昌志,李卫平.沿海开放城市新移民的城市认同与多元传播视野中的认同建构——基于惠州新移民现状的传播社会学研究 [J].湘潭大学学报(哲学社会科学版),2015(6):5.

用有限,在心理认同和弱关系的增加上有显著效果,然而对深度社会支持的获取和真实社会活动的参与则作用不大。[①] 郭艳军也赞同这一观点,认为城市新移民使用社交媒体能够在一定程度上促进这一群体的城市融入,但这种影响是有限的。[②]

总体而言,当前新闻传播学界对于媒介在城市新移民社会融入的影响研究上产出了一些出色的成果,并进行了有益的尝试,但仍掩盖不了对这一议题的"漠视"和理论阐释的"表层化"。在研究视角方面,对西方理论套用的居多,基于本国语境进行概念提炼和理论归纳的研究偏少;在研究内容方面,状况描述和对策讨论偏多,对于移民城市化过程中的意义建构和生活实践的深入探讨较少;在研究对象方面,对农民工群体研究居多,对其他移民群体以及新移民内部的社会分层的研究不多,很少具体地论证不同移民群体在城市融入过程中不同的媒体选择策略。

综上所述,现有研究在以下方面还存在改进空间:第一,进一步细化新移民媒介化城市适应的相关指标,包括社交媒体对城市新移民在进入城市前后的信息获取、城市想象、人际交往、地域认同、城市归属感与社会参与等多方面的影响测量。第二,对城市新移民群体内部不同社会阶层进行进一步的区分和比较研究。第三,对于城市新移民的社会融入,我们不应只进行结果呈现的静态研究,而应将之视为一种动态的过程,一种由媒体与移民主体不断相互重塑的过程,这就要求进行一种持续性的跟踪研究。第四,当前的研究方法大多为基于问卷调查的量化研究,这使得多数研究过于简单化和表面化,所以,只有同时引入质化的研究方法,才能对城市新移民的日常生活经验与场景展开更为细致深入的考察。

---

① 韦路,陈稳.城市新移民社交媒体使用与主观幸福感研究 [J].国际新闻界,2015,37(1):17.
② 郭艳军.城市新移民社交媒体使用与社会融合度研究——基于合肥个案网络数据分析 [J].东南传播,2017(1):3.

四、研究方法

（一）研究对象的选取

1. 调查地点

自 1978 年始,中国历史上规模最大的自发性人口迁移拉开了帷幕。基于户籍制度所导致的城乡差异和就业机会、收入水平上的区域差异,我国的人口流动在很长一段时间内都体现为由农村向城市流动,由中西部地区向东南地区迁移,尤其是向珠三角和长三角流动。因此,我国以农民工为主要研究对象的移民研究,也大多将关注的焦点聚集在上海和广州这两座一线城市,对于二、三线城市甚少涉及。然而,近年来,伴随着我国城镇化进程的逐步放缓、产业结构的调整以及国家级城市群规划的升级,大中城市内部开始出现人口流动的倒 U 型分化,即一线城市和三线城市人口流动减少,二线城市,尤其是新一线城市的流入数量则有所增加。因此,本书选取两座新一线城市——武汉和杭州,作为调查展开的地点,这对于理解当前我国城市新移民的社会融入现状有一定的时代意义。

之所以选择武汉和杭州这两座城市,主要是因为它们具有特殊性和代表性:

（1）武汉:武汉坐拥 80 多所高校和上百万在校大学生,在吸引青年人才流入方面具有得天独厚的优势。同时,作为九省通衢和中部地区国家重点打造的中心城市,武汉对于中部地区的人口也应具有巨大的吸引力。然而,事与愿违,根据中国联通智慧足迹的数据,2021 年武汉的应届生居留率只有 56.6%,"双一流"院校应届生居留率更是只有 45%,这还是在武汉已连续 5 年推出"百万大学生留汉计划",对于应届生提供各种就业、落户优惠的前提之下。仅 2021 年一年,武汉就流出了 8.44 万应届大学生,居全国首位,有 43.4% 的毕业生选择离开武汉。[①] 即使不考虑应届生,从人口流动的整体规模来看,武汉的表现也远远比不上其他同量级的一线城市,截至 2020 年,第七次人口普查数据显示,武汉

---

① 网易数读:中国最委屈的新一线城市,为何留不住大学生? https://www.163.com/dy/article/GSSL52KG0530SBFB.html.

市全市常住人口 1232.6 万人，流动人口 394.5 万人，流动人口占常住人口的 32%，相较 2010 年第六次人口普查，总人口增加 254.1 万，仅增长 25.97%。① 为什么武汉留不住人才？这与外来人口在本地的社会融入状况是否有所关联？抱着这些疑问，本书选取武汉作为第一个调查的地点。

（2）杭州：相较于武汉，杭州可谓是城市赢家。七普数据显示，截至 2020 年，杭州市全市常住人口 1193.6 万，相较于 2010 年第六次人口普查，总人口增加 323.5 万，外来人口比重增长 37.19%。仅 2019 年一年，杭州市外流入人口就达到了 55.4 万，2020 年新引入 35 岁以上大学生 43.6 万人，连续三年人口净流入率居全国第一。② 作为在人口流入方面表现极好的新一线城市，本书选取杭州作为第二个调查的地点，并试图通过对这两座城市新移民社会融入状况的对比，来深入挖掘其背后可能存在的深层机制。

2. 抽样方法

本书使用的数据来自"2020 年中国城市青年社交媒体使用与社会融入"的调查项目数据库，项目组于 2020 年 2 月 21 日至 4 月 21 日开始在杭州和武汉采用受访者推动方式获取，针对 18—40 岁的青年群体展开调查。为了对符合本次调查的受访者进行初步筛选，电子问卷的首个问题即设置为"在本地居住的时间"，并以一年作为划分标准。在本地居住一年以上的受访者可以继续填写问卷，居住时间在一年以下的受访者则不必继续填答。这一划分依据主要来自于世界旅游组织的定义，世界旅游组织将"为了休闲、商务或者其他目的，前往非常驻环境，持续逗留时间低于一年者"③ 均归为旅游者。因此，在本地居住时间未满一年的受访者不被记入数据库。与此同时，对于城市新移民与本地居民的区分，采取两个题项，即"是否在本地出生"和"是否拥有本地户籍"来界定。只有两个题项的答案均为"是"者才被认定为本地居民，有任一项答案为"否"者则被界定为城市新移民。其次，基于本书对于城市新移民的界定，第二个问题设置为年龄选项，所有出生于 1980 年以前的

---

① 2021 年武汉统计年鉴：http://tjj.wuhan.gov.cn/tjfw/tjnj/202112/t20211220_1877108.shtml.

② 2021 年杭州统计年鉴：http://tjj.hangzhou.gov.cn/art/2021/11/15/art_1229453592_3968147.html.

③ 王婉飞，常谣. 城市居民和城市新移民拥挤感知—应对机制对比研究——以杭州西湖休闲游憩者为例 [J]. 浙江大学学报，2017(1)：181–194.

受访者都不需继续填答。由此,调查组共发放问卷 2500 份,共回收有效问卷 2004 份,有效回收率 80.2%。研究样本的人口学变量见表 2-1。

表 2-1 研究样本的描述性统计资料

受访者个人情况	本地青年居民 (*n*=859)	城市新移民 (*n*=1145)	汇总(*n*=2004)
性别			
男	365（42.5%）	612（53.4%）	977（48.8%）
女	494（57.5%）	533（46.6%）	1027（51.2%）
婚姻状况			
已婚	541（63.0%）	344（30.0%）	885（44.2%）
未婚	318（37.0%）	801（70.0%）	1119（55.8%）
年龄			
18—20 岁	63（7.3%）	32（2.8%）	95（4.7%）
21—30 岁	502（58.5%）	602（52.6%）	1104（55.1%）
31—40 岁	294（34.2%）	511（44.6%）	805（40.2%）
受教育程度			
初中及以下	18（2.1%）	7（0.6%）	25（1.2%）
高中	307（15.3%）	358（31.3%）	665（33.2%）
本(专)科	358（41.2%）	568（49.6%）	926（46.2%）
硕士及以上	176（20.4%）	212（18.5%）	388（19.4%）
个人月收入			
1000 元及以下	2（0.2%）	7（0.6%）	9（0.5%）
1001~3000 元	78（9.1%）	97（8.5%）	175（8.7%）
3001~5000 元	327（38.1%）	326（28.5%）	653（32.6%）
5001~8000 元	230（26.8%）	347（30.3%）	577（28.8%）
8001~12000 元	100（11.6%）	180（15.7%）	280（14%）
12001~15000 元	70（8.1%）	123（10.7%）	193（9.6%）
15001~20000 元	37（4.3%）	54（4.7%）	91（4.5%）
20000 元以上	5（0.6%）	11（1%）	16（0.8）

续表

受访者个人情况	本地青年居民 （ *n*=859 ）	城市新移民 （ *n*=1145 ）	汇总（ *n*=2004 ）
主观社会地位			
下层	90（10.5%）	241（21.1%）	331（16.5%）
中下层	189（22.0%）	337（29.4%）	526（26.2%）
中层	445（51.8%）	440（38.4%）	885（44.2%）
中上层	129（15.0%）	109（9.5%）	238（11.9%）
上层	6（0.7%）	18（1.6%）	24（1.2%）
居住地			
杭州	344（40.0%）	623（54.4%）	967（48.3%）
武汉	515（60.0%）	522（45.6%）	1037（51.7%）
迁出地			
农村		673（58.8%）	
城市		472（41.2%）	

在 2004 个有效样本中，本地青年居民 859 人（42.8%），城市新移民 1145 人（57.2%）；武汉市 1037 人（51.7%），杭州市 967 人（48.3%）；男性 977 人（48.8%），女性 1027 人（51.2%）；婚姻状况以未婚为主，占总体的 55.8%；年龄以 21—30 岁的 90 后为主（55.1%），18—20 岁的 00 后较少，仅 95 人。在受教育程度上，高中以上学历占大多数，初中及以下学历仅占总体的 1.2%，硕士及以上学历的受访者有 388 人（19.4%）；在个人月收入上，以 3001—5000 元（32.6%）和 5001—8000 元（28.8%）两个收入群体为主，1000 元及以下收入群体，在受访者中最少，仅 9 人（0.5%），其次是 15001—20000 元（4.5%）和 20000 元以上（0.8%）的；在主观社会地位上，认为自己属于中层（44.2%）的受访者最多，其次是中下层（26.2%）和下层（16.5%），认为自己是上层的最少，仅有 24 人（1.2%）；在迁出地上，一半以上的城市新移民来自于农村，符合当前中国流动人口的总体迁移状况。

（二）变量测量

由于对因变量"社会融入"的检验量表较为复杂，将分别从社会交往、社会认同和社会参与等不同方面来进行，因此将在此后的章节中具体展开,该部分仅介绍自变量和控制变量的测量。

1. 自变量:社交媒体使用

对于社交媒体使用的测量包括两个层面,分别是社交媒体类型使用和社交媒体功能使用。

社交媒体类型使用

该变量改编自 Yoo 等人[①]的社交媒体类型量表,问卷中对应的题目是:"在日常生活中,您使用以下两类社交媒体的频率如何?(1)微信、QQ 等关系类社交媒体;(2)微博、抖音、豆瓣、小红书等内容类社交媒体。"为了避免受访者对于"内容导向型社交媒体"和"关系导向型社交媒体"概念的理解误差,我们给出了一些广泛使用的社交媒体的典型案例,并将其分别归类。

社交媒体功能使用

基于张振亭的《微信使用量表》[②]和韦路、陈稳的《社交媒体使用模式量表》进行改进,设置 12 个问题对受访者使用社交媒体不同功能的频率进行测量,答案采用李克特五级量表,从"1 从不"到"5 几乎每天"进行赋分。经检验,该量表的信度为 0.821,符合信度要求。经过对社交媒体使用变量的因子分析,主成分分析共提取出 4 个因子,分别命名为信息获取(Cronbach's Alpha=0.86)、社会交往(Cronbach's Alpha=0.83)、自我呈现(Cronbach's Alpha=0.80)和社会参与(Cronbach's Alpha=0.78),如表 2-2 所示。

表 2-2 社交媒体使用变量的因子分析

	成分			
	信息获取	社会交往	自我呈现	社会参与
了解新闻资讯	0.831			
关注他人动态	0.787			
闲暇时随意刷刷看看	0.675			

① Yoo W, Paek H, Hove T. Differential Effects of Content-Oriented Versus User-Oriented Social Media on Risk Perceptions and Behavioral Intentions[J]. *Health Communication*, 2008, 35(5): 1-11.
② 张振亭. 城市老年人微信使用与之主观幸福感的关系研究——以 N 市为例 [J]. 西南民族大学学报 (人文社会科学版), 2019(10): 141-147.

续表

	成分			
	信息获取	社会交往	自我呈现	社会参与
获取工作/学习相关实用信息	0.633			
与家人/朋友/同事/同学保持联系		0.857		
结识新朋友		0.831		
发布文字、照片、视频等原创内容			0.702	
分享/转发文章、图片、音乐、视频等			0.684	
参与或发起在线话题讨论				0.578
使用挂号、预约、购票等生活服务功能				0.424
参与在线活动（如捐款、捐物、购买助农产品等公益活动、粉丝应援活动等）				0.517
参与或发起线下活动（如志愿者活动、网友聚会等）				0.459

2. 控制变量

根据此前移民社会融入研究所总结出的主要影响因素[1]，我们控制了被访者的性别（男 =1，女 =0）、年龄（该数据库的调查对象仅包括 18—40 岁的青年，1—3 代表从 18 岁到 40 岁的 3 个年龄区间）、受教育程度（1—4 代表从初中及以下到硕士及以上的 4 个区间）、婚姻状况（已婚 =1，未婚 =0）、月收入（1—8 代表从没有收入到 5 万以上的 8 个区间）、主观社会地位（1—5 代表从下层到上层的 5 个区间）、迁出地（1= 农村，2= 城市）和居住地（1= 杭州，2= 武汉）。

（三）进入城市新移民的日常生活领域

在问卷调查以外，本书还采用了深度访谈法。如前文所述，在 40 余年的城市移民研究视野中，以问卷调查法为主的定量研究方法是学者们

---

[1] 黄立清.青年群体的幸福感：基于 CGSS 数据的分析 [J].中国青年研究，2017(12)：53-59.

收集数据与深入分析的主要途径,这样就带来了两个问题:第一,大量研究停留在对于城市移民生存境况的表面描述上,只是发现问题,却没有分析问题,也就很难解决问题。这样一来,难以深入理解研究对象的立场、情感与思想,也没有与相应的理论产生勾连,过于表层化。第二,大多数的定量研究都将检验变量之间是否产生关系或某一变量是否产生影响作为主要的研究目的,此类研究不关心研究对象的日常生活和经验事实本身,可能导致研究的简单化倾向。

事实上,城市新移民的社会融入并不是一个一蹴而就、非此即彼的选择或既定结果,而是"生活世界里以事件经历为主线形成的绵延不断的行动流"。[①]就移民个体的社会融入实践而言,其生活经历和经验本身才是构成其城市适应的基本要素。所以,采用深度访谈的方法不仅能够对城市新移民的迁移、工作和日常生活展开细致深入的考察,还可以走进他们的内心世界,从而"真正"体验城市新移民的社交媒体使用与社会融入状态之间相互影响的动态过程。

深度访谈法是质性研究方法中最为常见的一种,是指研究者与受访者之间以一对一的单独对话形式来达到相互理解与建构意义的目的。好的深度访谈,不仅能够让研究者进入受访者的世界,探寻他们内心的感受、记忆与情感,聚焦生活经验的具体细节,还可以反思个体赋予这些经历的意义。[②]具体而言,在进行本研究的三年间,课题组成员多次赴武汉和杭州等地开展调研,对部分受访对象甚至进行了 2 次以上的回访,通过线下和线上的方式获取了近 40 万字的访谈材料。

访谈对象的选取主要是采取判断抽样和滚雪球抽样结合来进行的。在早期的时候,访谈的开展是十分顺利的,研究人员通过各种熟人关系的拓展来与访谈对象建立联系,并基于滚雪球抽样而获得更多的样本。然而,滚雪球抽样自身的局限性导致受访者具有高度同质性,几乎高度集中于白领移民群体。因此,在课题组收集的白领移民相关信息饱和的前提下,研究者开始有意识地接触新生代农民工、低收入大学生等城市新移民中的次级群体,主要采取的方式有两种:

一是通过消费行为与服务行业的受访者通过聊天等形式建立初步联系,然后以有偿的形式在他们工作间隙或休息时间开展具体的深度访

---

① 符平,江立华.农民工城市适应研究:局限与突破 [J].调研世界,2007(6):14-17.
② 陈向明.质的研究方法与社会科学研究 [M].北京:教育科学出版社,2002.

谈,这样寻找到的受访者分布在美发、美甲和餐厅等服务场所。同时基于建立的这种联系,通过社交媒体逐渐与他们建立较为持久的社会交往,并在此基础上采取滚雪球的方式进一步获得更多的样本。一般而言,新生代农民工的工作场所大体可以分为服务类场所、建筑、制造类场所,但后两者的生活、工作相对更为封闭,对这类群体而言,"城乡流动在很大程度上只是空间的迁移,城市社会对其日常生活方方面面的影响力相对较弱,我们也较难观察和描绘媒介对其城市适应的作用和影响"①。相比之下,服务行业的新生代农民工,生活方式更接近城市居民,他们与本地的沟通、交流、联系也更为紧密,他们的行为、心理、认知等受到城市环境的影响也更为深刻和全面,因此,服务行业的新生代农民工对于当下我国的新生代农民工而言,更具代表性。

二是通过加入租房群来寻找和联系受访对象,以期对低收入移民群体进行一个样本的补充。对于收入水平较低的城市新移民而言,在迁入城市拥有一套自己的房子绝对不是一件简单的事,他们大多拥有较高的租房需求,同时,新生代移民更习惯于使用新媒体,尤其是社交媒体来获取各类生活讯息,由此就诞生了大量的租房群,调查组成员通过朋友分别在武汉和杭州加入了数个租房群,通过在群组里"灌水"来完成初步的群体融入,之后向群里与自己有过互动的群成员发送好友请求,建立个人联系,再提出在线访谈邀请,之后获取了一部分低收入样本。

从 2018 年到 2020 年,调查组与大部分受访者一直保持联系,其中近三分之一的受访者都接受了三次以上的访谈,最大限度地实现了个体的跟踪式调查。与访谈对象建立稳定长期的联系,是深度访谈得以顺利开展的一个重要前提,也是本书能够在写作过程中多次进行补充采访的有效保障。通过对 34 名访谈对象在城市适应过程中记忆、认知、情感的尽可能全面记录,本研究试图还原一副完整的城市新移民城市适应的图鉴,并尝试从他们的社交媒体实践着手厘清他们在城市适应的社会交往、身份重构和公共参与过程中媒体所扮演的多元角色(表 2-3)。

---

① 郑欣.进城:传播学视野下的新生代农民工 [M].北京:社会科学文献出版社,2018:16.

表 2-3　访谈对象列表

序号	化名	性别	现居地	出生年份	教育程度	行业	迁出地
1	阿荣	男	杭州	1983	本科	媒体	江西赣州
2	涛涛	男	杭州	2002	初中	美发	辽宁锦州
3	爱德华	男	武汉	1993	高中	服装	湖北黄冈
4	萍萍	女	杭州	2000	高中	美甲	江西景德镇
5	Cathy	女	杭州	1987	硕士	金融	湖北武汉
6	佳佳	女	武汉	1986	本科	教育	湖南株洲
7	Benny	男	杭州	1985	本科	计算机	湖北黄石
8	阿波	男	武汉	1995	本科	公务员	江西南昌
9	薇薇	女	杭州	1990	硕士	公务员	江苏淮安
10	阿福	男	杭州	1993	本科	媒体	广东佛山
11	静静	女	杭州	1989	本科	互联网	湖南长沙
12	阿彩	女	武汉	1997	高中	服装	湖北恩施
13	阿花	女	武汉	1980	本科	媒体	山西太原
14	小旬	男	杭州	2001	高中	美发	河南驻马店
15	蒂蒂	女	武汉	1994	高中	餐饮	福建莆田
16	小美	女	杭州	1995	高中	美甲	江苏宿迁
17	小九	女	武汉	1999	高中	服装	湖南邵阳
18	明明	男	武汉	1990	硕士	互联网	湖北荆州
19	星星	男	武汉	1989	硕士	媒体	河南信阳
20	小风	男	武汉	1993	本科	房地产	河南商丘
21	莉莉	女	杭州	1995	专科	销售	安徽合肥
22	潇潇	女	杭州	1984	本科	法律	新疆喀什
23	Bean	女	武汉	1992	硕士	媒体	湖南长沙
24	小施	女	杭州	1995	本科	法律	江西南昌
25	Ben	男	武汉	1996	本科	销售	湖南邵阳
26	玲玲	女	杭州	2000	高中	餐饮	广西柳州
27	小娟	女	杭州	1989	硕士	医疗	广西桂林
28	阿识	女	杭州	1991	本科	教育	湖北武汉
29	柚子	男	武汉	1996	高中	销售	四川绵阳

续表

序号	化名	性别	现居地	出生年份	教育程度	行业	迁出地
30	老白	男	武汉	1994	高中	建筑业	广东汕尾
31	老阳	男	杭州	1988	高中	出租车	辽宁丹东
32	小童	男	杭州	1993	硕士	互联网	贵州贵阳
33	晨风	男	武汉	1998	高中	制造业	内蒙古乌兰察布
34	新华	男	杭州	1983	初中	外卖	广东清远

（四）内容与章节安排

本书从五个方面构成研究的总体框架：

第一部分　城市新移民的媒介化城市想象

在城市新移民进行人口迁移之前，借助大众媒介构建城市想象是一个不可或缺的过程，这种想象是否能够在日常的城市生活中得以满足甚至可能会影响到移民的城市适应与定居意向。进入城市之后，这种城市想象不仅没有消失，反而得以丰满和延伸，并与现实境况不断磨合。探讨城市新移民的城市想象，是研究城市新移民社会融入的起点，也是一个得以进入移民内心世界与日常生活的"入口"。大众媒介与人际传播是城市新移民得以展开城市想象的主要来源，但对于城市新移民的不同层级而言，不同的媒介选择导致了不同城市想象的形成路径。因此，城市新移民的城市想象如何借助大众媒介和人际传播得以形成？这种城市想象在城市新移民的社会融入过程中发生了哪些变化？基于城市想象而形成的城市期待是否会对城市新移民的社会交往、社会认同和社会参与产生影响？这些问题均有待在本部分解答。

第二部分　社交媒体与城市新移民的社会交往

社会交往是城市新移民社会融入的重要开端。已有研究发现乡土社会关系在城市空间中的重组与转移，阻碍了农民工社会融入的进程，移民与本地居民在日常生活中的互动是构成其城市融入感和归属感的重要变量。然而，学者们指出农民工的社会交往具有极大的封闭性，他们的社会网络规模小、同质性高，难以与城市居民建立起良好的社会关系，因此阻碍了他们的城市融入。那么，城市新移民的社会交往是否会发生变化？在此过程中，作为现代社会交往的重要中介物，社交媒体扮演了什么角色？在不同层级的城市新移民的社会交往中，这种作用是否有所区别？这些影响是如何发生的？本章希望能解答这些问题。

第三部分 社交媒体与城市新移民的社会认同

城市新移民群体的多元性，使当前的移民社会认同拥有更多的自由选择空间，边缘人群的"同化"也不再成为唯一的解释视角。城市新移民对故土的回归和对迁入地的积极适应，都具有强烈的时代性和独特性，因此要突破过去的研究视角，结合当代语境来关注这一群体的认同现状。已有研究指出，不同于跨国移民研究中所关注的文化适应与种族差异问题，我国城市移民社会融入的核心问题是"安居"和"乐业"。因此，从地域认同、群体认同和职业认同三方面，来探讨城市新移民的社会认同现状，以及社交媒体如何作用于这三种不同的认同建构过程，是本部分的主要内容。鉴于已有研究大多只是将移民的社会融入作为一种非此即彼的静态结果来进行考察，本部分希望进行更为深入和全面的过程分析，以更充分地还原城市新移民这一复杂群体的社会认同建构机制。

第四部分 社交媒体与城市新移民的社会参与

社会参与是社会融入的关键性指标，增加社会参与能够帮助移民有效运用社会资源、增强社会归属感、促进社会融入。西方学者普遍认为，社会参与感的丧失是移民自我边缘化与社会矛盾激化的重要因素，而移民媒介素养的提高，能够有效地提升社会效能感，促使移民群体更积极主动地进行意见表达与自我赋权。然而，部分国内学者指出，社交媒体对社会支持的深度获取和社会活动的真实参与，作用有限。因此，基于本土语境来探讨社交媒体对城市新移民社会参与的持续性作用，是本部分的首要问题。其中，新生代农民工群体、新生代城市白领和大学毕业生低收入聚居群体，这三个城市新移民群体的社交媒体使用状况、社会参与现状以及两者之间的相互影响，将构成本部分的具体内容。

第五部分 城市新移民与本地居民的幸福感差距

对于城市新移民而言，社会交往是社会融入的最快方法；社会认同是社会融入的身份表征；社会参与是社会融入的具体方式，那么幸福感就是衡量城市融入结果的直接标准，毕竟移民们总是希望能够通过迁移获得更好、更幸福的生活。然而，大量研究表明，移民很难与本地居民获得相同的幸福感，因此，本章将就这一核心主题来展开分析，并试图从社会交往、社会认同和社会参与三个层面，来测量它们对城市新移民主观幸福感的影响机制。

第三章　城市新移民的媒介化城市想象

一、迁移前：社交媒体与城市想象的生产

（一）大众媒介与城市想象

1.城市想象

想象，对应的英文单词是"imagination"，这一词来源于古法语"imaginacion"，指代一种"形成表象的心灵能力"，其词根"image（影像）"来自拉丁文"imago"，带有"幻影"之意，蕴含了一种介于"模仿（copying）"与"虚构（imaginative）"之间的模糊含义。① 因此，早期的"想象"概念较难与"幻想（fancy）"一词区分开来。一直到 18 世纪，学界才对这两个词汇进行了严格的区分与阐释。萨特指出，image（影像）一词作为 imagination 的词根绝非偶然，它恰恰强调了这一意识活动的本质特征，由此将想象活动区分为不借助物理影像的幻想和借助于物理影响的想象两类，而幻想是想象的一种特殊形式。② 威廉·泰勒则这样提及："想象力把感官印象变成影像，存于脑海。一个人的幻想，与他所唤起或联想到的内存影像的能力成正比，致使这些影响结合，代表着超越事物表象的理想。想象，是描绘心智的能力；幻想，是激发与结合的心智能力。想象，形成于耐心的观察；幻想，形成于心智场景变化之自由活动。"③ 在汉语语境中对该词的解释也包含两层含义：一是构造出不

---

① ［英］雷德蒙·威廉斯.关键词：文化与社会的词汇 [M].刘建基译.北京：生活·读书·新知三联书店，2005：224.

② ［法］让·保罗·萨特.想象心理学 [M].褚朔维译.北京：光明日报出版社，1988：3.

③ 周进祥.幻想与想象——关于幻想的文艺心理学研究之一 [J].河北学刊，1997(6)：74.

在场的事物的具体形象；二是在知觉材料的基础上，对已存储的表象进行加工而创造出新形象的心理过程。第一点即为幻想，第二点是想象的具体作用机制。换言之，我们将幻想理解为是一种可以超脱客观现实的、不切实际的特殊思维活动。它可以是天马行空的，不必借助任何物理影像而形成。而想象是个体凭借记忆所提供的材料进行再创造，是基于现实而进行的。在本书中，我们所谈及的更接近于第二种想象，更具体的说，我们要探讨的是一种复杂的想象物，它既是地理的，也是文化的，更是群体的。

（1）地理想象

想象是人类与生俱来的一种特殊的思维方式，是对未知事物的主观再构。在与想象相关的研究中，对于远方的想象在文学和地理学中较早地受到关注。自古以来，在几乎所有的人类迁徙活动中，对于远方的想象都构成了移民们做出迁移决定的重要因素。Logan 很早就提出，人们心中关于某地的图像绝不是凭空而来的，而想象就是人们基于已有的信息对于某地的希望和期盼的集中体现。[1] 早在 1947 年，Wright 就以"未知之地（Terrae Incognitae）"来指代人们对于某地的这种想象，这种想象基于人们对未经历、未知晓的事物和地方的好奇，可以区分为宣传式的想象、直观式的想象，和具有一定审美倾向的美学式想象。[2] 由于现代社会并不存在绝对的未知之地，所以这种想象主要是对于文化和传统的地理想象。在这一观点的基础上，Lowenthal 指出，个人的经验、学习和思维正是构成人们认知地理世界的基础。[3]

然而，地理想象并未在提及之初就获得学界的广泛关注，在此后很长的一段时间内，赛义德的《东方学》为当时的地理想象研究设定好了主导范式。赛义德提出，凭借强势的话语权体系，西方国家将东方塑造为一个二元中立对立面的地理想象，受制于话语权关系的不平等，东方

---

[1]　Logan L. The geographical imagination of Frederic Remington： The invention of the cowboy West [J]. *Journal of Historical Geography*，1992，18(1)：75-90.

[2]　Wright J K. Terrae incognitae：The place of the imagination in geography [J]. *Annals of the Association of American Geographers*，1947，37(1)：1-15.

[3]　Lowenthal D. Geography， Experience， and Imagination： Towards A Geographical Epistemology[J]. *Annals of The Association of American Geographers*，1961，51(3)：241-260.

只能脱离真实的地理环境而作为被建构的弱势话语表征而存在。① 在后殖民主义语境下，这一观点在很长时间内都成为地理想象研究的主导范式，渐渐地，学者们不再满足于国家或区域层面的宏观探讨，开始着眼关注微观尺度下的地理景观与地方空间。安宁和朱竑认为，这种微观视角的转向褪去了此前地理想象中浓厚的后殖民主义色彩，开始强调地方被赋予的个体经历和文化体验。②

地理想象从国家到地方的视角转换与 Harvey 密不可分。基于米尔斯提出的社会想象，Harvey 提出地理想象也是一种空间意识，他认为，地理想象能够使个人理解自身在空间和地方中的角色，从而实现认识自我与外在世界关系的最终目的。③ 进一步说，地理想象不再局限于西方对东方的歪曲与矫饰，而适用于任何个体对地方进行的空间表征。换言之，地理想象被认为是一种人们观察和认识世界的方式，是个体对于某地的感知和主观再现。

地理想象这一概念，自诞生之初就蕴含着人们对地理空间的理解和认知，在历史的不同时期，受限于当时的社会背景、经济水平以及人们的知识结构，人们对于地理想象的认知地图也必然有所不同，正如 Schwartz 和 Ryan 所指出的那样，历史文化、集体记忆等情感、心理要素在人们对地方形象构成的过程中发挥着重要的作用。④ 地理想象不是与现实世界毫无关联的空想，相反，它是立足于人们对世界的理解，影响人们认知和行为的知觉过程。

赛义德的东方主义为地理想象研究带来的最大贡献，是凸显了地理空间的主观可建构性。人们对于某地的地理想象是借助多种资料而形成的，这些与当地有关的资料会直接或间接地影响到人们想象中所绘制的地方图景。具体而言就是，基于对未知地域的想象，人们借文学作品、游记、大众媒介等零散的话语资料重建对某地的地理想象，而这重建活动又反过来推动个体重新建构某地的特殊意义。其中，关涉地理想象的话语资料为个体对地方意义的赋予提供了丰富的想象素材，而这些想象

① Said E W. *Orientalism*[M]. New York：Vintage，1979：49-73.
② 安宁，朱竑. 他者，权利与地方建构：想象地理的研究进展与展望[J].人文地理，2013，28(1)：20-25，47.
③ Harvey D. The Sociological and Geographical Imaginations[J]. *International Journal of Politics，Culture，And Society*，2005，18(3-4)：211
④ Schwartz J M，Ryan J R. *Picturing Place：Photography and the Geographical Imagination*[M]. New York：I. B. Tauris & Company，2005：1-18.

素材大多来自大众媒介。换言之,人们通过大众媒介接触到与某地相关的丰富素材,然后按照他们的认知地图来进行选择以重构地理想象,在这一过程中存在两个阶段的重构,一是大众媒介对于地方的重构,二是个体基于大众媒介所提供的想象素材对于地理想象的重构。

（2）文化想象

当我们试图想象一座城市时,除了地理位置和空间分布,更重要的可能是对于某种文化场景和生活方式的构想。潘什梅尔曾说:"城市既是一个景观,一片经济空间,一种人口密度,也是一个生活中心和劳动中心;更具体点说,也可能是一种气氛、一种特征或者一个灵魂。"[1]关于城市的想象不仅是对于看得见的城市的想象,也有对于看不见的城市的某种想象,第二种想象更接近于一种风格、一种精神或是一种感觉。正如我们提及上海就会想到十里洋场;谈到北京,脑海里又会马上出现故宫的城墙;一说到杭州,西湖水波荡漾的光似乎立刻映射进我们的眼底,每个城市都必然有其标志性的特征,这样的特征使它和其他的任何城市都不一样,这种可识别性是城市形象的重要组成部分。

很多时候,当我们谈及移民的城市想象时,都倾向于将其作为乡村的对立面来感知。现代城市,往往不被视为乡村文化的继承和发展,而被认为是在突破乡土文化的过程中诞生的,城市与乡村也被置于文明与落后、现代与传统、中心与边缘的两端而被分别认知。与此同时,对于以农民工为主体的中国城市移民而言,城市就意味着更好的生活和幸福的彼岸,因此,这里的城市想象总是带有一股浓烈的向往之情。人们总是希望能够获得幸福,或者过得比现在更幸福,而对于做出迁移决定的农民工而言,城市或许就意味着幸福本身,那里有着更高的收入、更好的环境、更先进的教育和更完善的权利。假设流动人口总是希望在移民后生活得更好,是否所有移民都能因此获得更高的幸福感知?陈飞与苏章杰的研究表明,农民工的城乡迁移虽然提高了他们的经济收入,但却导致了幸福损失[2]。一组基于收入的研究也发现,一旦超过了某个临界值,以获取更高收入来进行移民决策的人们可能不会变得更幸福[3]。这一发

---

[1] [法]菲利普·潘什梅尔.法国(下册)[M].叶闻法译.上海:上海译文出版社,1980.

[2] 陈飞,苏章杰.城镇移民的幸福损失——基于期望水平理论的新解释[J].经济学动态,2020(9):75-95.

[3] Thin N. *Social Happiness：Theory into Policy and Practice*[M]. Bristol：The Policy Press，2012.

现再次验证了著名的伊斯特林悖论——尽管收入高的人通常比收入低的人更幸福，但收入增加却并不一定导致幸福感的提升，因为对于幸福感评判的物质标准会随着社会实际收入的增加而提升[①]。在此意义上，为了增加收入或其他经济利益而进行的迁移并不必然导致幸福的结果。

然而，无论现实如何，移民们仍然在前赴后继地想通过向城市迁移获得更美好的未来，因此，在这意义上，移民对于城市的想象必然跟幸福这一概念挂钩。什么是幸福？中文词典里将其解释为一种对现有生活的满足感，它可能包括个体对于美好生活的一切幻想。"由于城市将它的对立面竖立为乡村，那么，城市之间的差异，甚至是城市内部的差异——无论是城市和其他城市之间的差异，还是一个城市自身的历史差异——就可以忽略不计，城市在这里获得了自己的共同属性。似乎只有一个城市，也只有一个乡村。"[②] 在此，城市成为有别于乡村的一个文化载体，所有有别于乡村的美好特质都被希望在这里获得。基于这种无实体的城市想象，卡洛·罗特拉提出了"感觉城市"概念，他认为，超越事实城市感觉的城市成型于语言和图像的流动，对人们在认知城市时起到的作用不亚于城市的"实在体"。[③] 因此，作为城市想象的第二个层面，与地理想象一样，人们对于城市的文化想象同样会立足于自己所处的社会背景、文化水平和个人立场来展开，并反作用于人们对于城市形象的意义建构。

（3）群体想象

归根到底，城市是人口聚集的所在地，是现代社会日常生活最重要的地方。在这一意义上，城市想象还包括对于城市人口的想象。社会心理学认为，人自出生之日起就被动或主动地归属于诸多群体，无论个体自然地属于某一群体，抑或是自己选择进入某一群体，群体都对其中的个体具有重要的意义。作为主动选择从家乡迁移到城市的城市新移民，这一群体天然带有希望成为本地人的心理倾向，在这一意义上，城市新移民对城市居民的想象分为两个层面，一个是"他们"，即对理想中的当地人群体的主观建构；另一个是"我们"，意味着当城市新移民融入都市后进入本地人群体的自我认知。

① Easterlin R A. Income and Happiness: Towards a Unified Theory[J]. *The Economic Journal*, 2001, 111(473): 465–84.
② 汪民安，陈永国，马海良. 城市文化读本 [M]. 北京：北京大学出版社，2008：1.
③ 成砚. 读城：艺术经验与城市空间 [M]. 北京：中国建筑工业出版社，2004.

本尼迪克特·安特森很早就指出,诸如民族这样的社会群体并不是由实在的关系决定的,世界上几乎任何一种群体都是由心理建构而成的想象。换言之,集体的形成归结于精神的归属感与信念感,可以被视为是人们流动的心理参与过程,群体本身其实就是观念的共同体,或者更准确地说,是想象的共同体。[①] 因此,当人们迁移之前构建城市想象时,他们也在想象着某个遥远的、在未来可能与他们息息相关的共同体,这也是为什么很多移民研究会认为移民与本地人的社会交往会在很大程度上影响移民在本地的归属感和幸福感。[②]

（4）媒介化的城市想象

正如前文中所提及的那样,想象,大多数时候都是立足于现实的认知与记忆进行建构的,而我们对于现实的认知与记忆有多少来自于大众媒介,人们建构的想象也就在多大程度上被媒介形塑。

自诞生之日起,媒介就是我们认知现实的最重要的来源,没有之一。麦克卢汉说,媒介是人体的延伸,我们的视觉、触觉、听觉极大地受到时间和空间的限制,而媒介恰恰能够帮助我们突破这些限制,获取更多的信息。于是,在进入现代社会后,伴随着媒介技术的飞速发展,人们开始习惯从大众媒介那里获取各种各样的资讯、知识乃至价值观,于是我们每个人都通过大众媒介来感知世界和建构感知世界的方式。

对于流动中的人们来说,他们对于远方的想象性资源可能来自于当地的某一本游记,或者是亲朋好友的描述,或者是不久之前的一次愉快旅行,但最多的一定是取自于大众媒介。报纸、杂志、广播、电视,或者微信、在线社区、短视频,我们早已被大众媒介深深包裹,难以逃脱。于是,最开始,可能只是一张美丽的图片或一次偶然的提及,接着,我们在自媒体账号上、在亲朋好友的在线聊天中、在旅游网站上,甚至是公众号上开始获知更多的关于那个城市的消息,去看看的向往之情愈发强烈,最终,迁移开始了。

即使是抵达也并不意味着想象的终止。城市那么大,高楼栋栋、庭院深深,未知的角落永远存在,于是,我们继续在赛博世界中游览和了解这座城市,在本地的各种在线社区中重构着我们的城市想象。流动的想象永不停止,在移民适应新的工作、结交新的朋友、搬进新的房屋、适

---

① [美]本尼迪克特·安德森.想象的共同体———民族主义的起源与散布[M].吴叡人译.上海:上海人民出版社,2005.
② 祝仲坤,陶建平,冷晨昕.迁移与幸福[J].南方经济,2019(3):90–110.

应新的城市的整个过程中如影随形。

（二）社交媒体与城市想象

1. 大众媒介与城市新移民的城市想象

（1）向往的地方

迁移开始时，人们总是期盼或相信迁移地要好于迁出地，这种"好"在一定程度是出于地理因素和自然环境上的优越性。在杭州新移民的叙述中，对于优美环境的地理想象十分常见：

> "不记着具体几几年了，反正就是杭州开那个什么G20，我还在上初中，然后晚上我爹妈在家里看那晚会，我妈就不停跟我说，你看这个地方多好、多美啥的，我就印象老深刻了。具体的内容其实不太记得了，好像就是在西湖上面跳舞啥的，但是就是跟东北那种感觉完全不一样，反正我也说不上来，就特舒服那感觉，跟家那边完全不一样。我当时就想我以后要去那里生活，不管干什么都肯定比在家里好。"
>
> （涛涛，男，19岁，来自辽宁锦州）

> "我小的时候喜欢看浙江台，所以对杭州了解还蛮多的。因为我是江西人，所以就喜欢那种有山有水，有历史底蕴的环境很好的城市，杭州肯定是最好的啦。虽然之前都没来过杭州，但是我脑海里的杭州就是烟雨蒙蒙，柳树垂垂，风吹湖面就荡漾开一层微波的那种地方，想想就觉得生活在这里肯定好得不得了。"
>
> （萍萍，女，21岁，来自江西景德镇）

涛涛和萍萍都属于00后，他们对于杭州的想象可以提炼出两个关键词——"电视"和"西湖"。不论是涛涛在杭州G20晚会上看到的西湖上的文艺表演，还是萍萍长久以来从浙江台各种电视节目中建构起的城市想象，都是基于城市重要的文化符号而延伸开来的。在这里，西湖在一定程度上代表了杭州的文化气质，虽然杭州并不能等同于西湖，但外地人对于杭州的想象往往源自于此，因此通过电视媒介构成了对于杭州的地理想象。

对于杭州的类似地理想象的媒介性生产发生在不同年龄段、教育程度、工作领域和家乡的城市新移民中：

> "小时候学过的很多诗词都是和杭州有关系的，所以最早对杭州的印象就是'上有天堂，下有苏杭'，西湖、断桥什么的。小时候看的电视剧啊挺多的都跟杭州有关系，比如《戏说乾隆》《新白娘子传奇》什么的，所以一直对杭州印象挺好的，就觉得是很美的一座江南水乡，但是那时候真没想到以后自己会在这里生活。当时主要是有个不错的工作机会，所以也没多想就来了。"
>
> （Cathy，女，34 岁，来自湖北武汉）

> "你肯定不相信我为什么会来杭州，说起来有点搞笑，因为我大学快毕业的时候浙江卫视有一个综艺特别火，叫《奔跑吧兄弟》，我特别喜欢，里面第一期就是在杭州录的，其实在这之前我对杭州也不了解啊什么的，就是小时候看电视好像经常有西湖啊什么的镜头，就知道那里很美的，就是看了节目以后突然觉得要是去这里工作很不错啊，杭州这个地方人杰地灵哦。"
>
> （阿福，男，22 岁，来自广东佛山）

一般而言，城市地理形象的构成包括自然风景、建筑、交通，以及由物理实体所带来的文化气质与精神表征。大众媒介，尤其是电视媒介作为受众群体最为广泛的传播途径，一直是塑造城市形象的最佳利器。刘丹与李杰认为，对那些试图感知城市的人们而言，地理的真实景象实际上并没有那么重要，重要的是大众媒介如何对其进行符号化的解读。[①]作为承载向往之情的对象，城市所承载的各种文化符号经过大众媒介的筛选与强化，被选择和重新定义。就杭州而言，作为旅游圣地的资源被反复地重申，从而成为城市最为显著的表征物，从而塑造了城市新移民对城市的地理想象。

---

① 刘丹，李杰．文化符号与空间价值：互联网思维下的城市形象传播与塑造 [J]．西南民族大学学报 (人文社科版)，2016，37(6)：154–158.

　　然而,有趣的是,相较于涛涛和萍萍完成了对杭州的初步想象即有了迁移意向,Cathy和阿福却并没有因为城市地理想象的形成而将杭州视为唯一的选择。Benson指出,在社会流动开始之前,个体对于迁移决策以及迁移整体过程的想象均会受到其所处的时代背景、社会文化结构和经济、社会、文化资本的影响。[①] 对于毕业于名校的Cathy而言,杭州只是她诸多选择中的一个,自然环境不过是可有可无的一个选择标准,重要的是城市能够给予的工作机会和由此带来的附加价值。而对于生活在锦州的涛涛而言,相较于家乡,富有而带有浪漫气息的杭州为他铺开了未来另一种可能的画卷。同时,由于受限于学历,短期内事业较难获得大的改变,涛涛也更看重生活的自然环境:

　　　　"因为我硕士在香港读的,所以我还是挺喜欢那种大都市的感觉,毕竟每天都在上班,西湖什么的也不可能天天去。所以,真要比较起来,我更喜欢上海,不过杭州这边能给的岗位更好,所以就先过来吧,以后有机会我可能还是会去上海这样的城市,毕竟我们搞金融的,肯定上海更好。"

　　　　　　　　　　　　　　　　（Cathy,女,34岁,来自湖北武汉）

　　　　"没想那么多,工作肯定能找着,现在大城市里送外卖都赚不老少……忙就忙点儿,总有个盼头儿,平常不上班的时候可以去西湖、可以去爬山,要是能谈个本地的女朋友就更好了,杭州姑娘都老温柔了,反正不管咋的都肯定比家里好。"

　　　　　　　　　　　　　　　　（涛涛,男,19岁,来自辽宁锦州）

相较之下,武汉的地理想象生产路径则截然不同:

　　　　"武汉,湖北的省会噻,不过我记得小时候不太喜欢武汉,主要是因为小时候家里经常订《楚天都市报》之类的一些报纸,讲的都是武汉的一些事情,我爸喜欢看,就总跟我们讲,然后感觉武汉就是蛮乱,就是虽然是大城市,但是好像脏脏的、治安也

---

① Michaela B. How Culturally Significant Imaginings Are Translated into Lifestyle Migration[J]. *Journal of Ethnic and Migration Studies*, 2012, 38(10): 1681-1696.

不太好。你要说具体什么样子,就是一个蛮一般的大城市的样子呗,然后有长江,有好多桥,有好多楼房。"

(爱德华,男,28 岁,来自湖北黄冈)

爱德华生活在离武汉不远的黄冈,因此能够通过武汉本地的报纸对武汉展开想象,但由于当时的都市报纸更多聚焦于本地的社会新闻,因此让他产生了"脏、乱"的印象,对于武汉的城市想象也就难以形成美好的意象。此外,对于生活在省外其他地区的人们来说,有限的了解就让他们更难对武汉建立起积极的地理想象:

"我记得很小的时候看那个什么太极张三丰,道教武当山什么的,当时以为是武汉,还觉得武汉是不是有好多武林高手,笑死,后来上学了就慢慢知道了,不过一直也没机会去,反正觉得就那样呗。不过当时就很想上武大,觉得好学校都在武汉,可惜武大是没考上,武汉的大学倒是考上了。"

(阿波,男,26 岁,来自江西南昌)

"之前好像完全没想过,就是知道有黄鹤楼,发生过武昌起义什么的,知道是个挺有历史的城市,然后离湖南也不远,学校也多,所以就来这边上大学,也就理所当然地留在这里了。"

(佳佳,女,35 岁,来自湖南株洲)

在本书涉及的 47 位访谈对象中,武汉的城市新移民和杭州的城市新移民有一个较为明显的差别,武汉的受访者中大多来自湖北省内的县市或临近省份,而杭州的新移民则来自全国各地。从他们的叙述中,我们发现了部分的原因。长期以来,全国性大众媒介对于武汉的城市形象塑造是极为单薄的,不像杭州,凭借以西湖为代表的旅游资源成为大众媒介中出现频率较高的文化景观,受访者提及武汉时大多无法与具体的媒介记忆产生联系,甚至有时会产生误解,也就很难使人建构起丰满的地理想象。这种媒介资源的差异较为突出地体现在移民的迁移之前:一方面,大众媒介的偏好会导致人们在做出迁移决定时的偏好,人们会下意识地选择更为"熟悉"的城市,哪怕这种熟悉是由大众媒介形成的;另一方面,移民的城市想象也会基于大众媒介的情感色彩来进行描摹——当大众媒介不断强化美丽景观带来的美好感受时，受众对于城市的地理想象也是积极丰盈的，反之亦然。综上所述，大众媒介所塑造的城市形象对于移民的城市想象而言，是一种无形资产，能够使人们给城市更多的关注，对于部分流动人口具有一定的吸引力。

此外，电视可谓是生产城市地理想象最为重要的传统媒介。想象，归根结底，是基于图形性资源而展开的，而电视作为生产图像认知的主要方式，必然会对城市新移民的城市想象产生不可替代的积极作用。这种作用不仅仅体现在地理想象的建构上，在文化想象的形成过程中甚至可能更为显著。

（2）美好的生活

人们总是对未来怀抱着美好的期望，于是城市新移民将美好的生活与城市迁移等同起来，认为迁移必然带来生活方式的转变：

"我记得自己初中有一段时间特别喜欢看广告，会打开电视机专门找广告来看。我印象最深的是一个油漆广告，一家人住在一个大房子里，特别干净整洁，然后家里有一条大狗，狗就和那家的小孩在特别干净的木地板上打滚。当时看的时候一下就击中我的心了，我当时想，我去了大城市就要过这样的生活，有一个大房子，有相爱的人，还有一条狗。"

（薇薇，女，31岁，来自江苏淮安）

"像大城市里的小孩肯定和我们小时候不一样好吧，你别看现在电视里面天天演的大城市里的小孩竞争多激烈、活得多累，最起码他们有这个条件好吧。人家小时候累一点，长大了就可以去那种外企拿高薪，一辈子就不愁了。所以我跟你说，这人还是要到大城市来发展，就不说我们自己怎么样，最起码以后小孩也有好的资源，这样才有好的未来。"

（阿彩，女，24岁，来自湖北恩施）

薇薇将大城市与对幸福生活的假想并置，认为到了大城市就能够过上理想的生活，拥有幸福的家庭和良好的生活质量；阿彩则是从孩子教育出发，认为到了大城市，孩子就能够得到更好的教育，也就能够拥有更好的发展机会。事实上，大城市并不能等同于美好生活本身。虽然宜居性理论认为富裕社会比贫穷社会更能满足个人的需要,移民到富裕社会的人可能更加幸福,即使他们的动机并不是为了经济利益。[①] 然而,值得注意的是,富裕社会的平均幸福感更高,并不意味着移居者的幸福感就必然提升。如 Portes 和 Bach 的研究指出,在迁出地拥有中产阶级地位的迁徙者们可能要面对在移民地收入和社会地位下降的窘境[②]。移民对人们生活的影响不仅仅是"地理上的迁移",更多的是另一种社会、文化环境乃至新的社会联系与生活方式的改变,它为移民提供了巨大的机会,也带来了巨大的压力。来自澳大利亚的研究结果表明,30%—50%的移民后悔移民决定[③],来自芬兰和英国的研究也证实了大多数人无法通过国内迁徙获得更大的幸福感[④][⑤]。综上所述,主流研究观点认为,很大一部分移民无法在迁移结束后获得更高的幸福感,反而可能导致幸福损失。因此,城市想象中的生活方式期待,实际上并不一定能得到满足,但这不妨碍移民们在迁移之前不断地构建这种文化想象。

实际上,移民们的文化想象的形成,很大程度上是基于他们对城市人口生活方式的想象,而这种想象大多是被影像媒介生产出来的:

> "小时候看的各种电视剧基本都是讲大城市的,那自然而然从小就向往啊。我都忘记小时候看的(电视剧)叫什么了,就记得女主角一般都穿得特别时髦,在那种商业区上班,踩着高跟鞋特别帅气,我就想我以后也这样就好了。"
>
> (蒂蒂,女,27 岁,来自福建莆田)

---

① Veenhoven R. Is Happiness Relative?[J]. *Social Indicators Research*,1999,24(1):1–34.

② Portes A,Bach R L. *Latin Journey*:*Cuban and Mexican Immigrants in the United States* [M]. Berkeley:University of California Press,1985.

③ Stimson R J,Minnery J. Why people move to the 'sun-belt':A case study of long-distance migration to the Gold Coast[J]. *Australia. Urban Studies*,1998,35(2):193–214.

④ Ek E,Koiranen M,Raatikka V,et al. Psychosocial factors as mediators between migration and subjective well-being among young Finnish adults[J]. *Social Science and Medicine*,2008,66(7):1545–1556.

⑤ Nowok B,Ham M V,Findlay A M,et al. Does migration make you happy? A longitudinal study of internal migration and subjective well-being[J]. *Environment and Planning A*,2013,45(4):986–1002.

　　"《小时代》你知道吧？虽然我是个男的，但我们当时班里都很流行看这个，我们班女生也组什么姐妹花，我就觉得蛮搞笑的。但是当时看的时候还是觉得很爽，有一个词叫什么来着，哦，"纸醉金迷"，就那种感觉，就觉得大城市里面的人都可以活得那么痛痛快快，然后俊男美女又多，天天开Party啊什么的。"

（小旬，男，20岁，来自河南驻马店）

　　立足于影像作品中大城市主角光鲜亮丽的生活，蒂蒂和小旬形成了对于城市的文化想象，认为当地人的生活是"时髦""纸醉金迷"的。正如李普曼所言，大众媒介具有重构现实的能力，影像媒介通过对现实的艺术加工，突出和扭曲了并不现实的那一面，反而会让受众对真实的城市生活产生不切实际的想象，这也为迁移后的城市适应造成了想象与现实的落差。因为即使城市居民真的过着幸福美满的生活，也不意味着移居者们一定能够获得与本地人同等的幸福感。Knight 和 Gunatilaka 基于中国农民工的幸福感研究发现，移民的期待（如对收入的预期）在迁移后上升，反而导致他们的幸福感降低了，结果就是他们的幸福感同时低于迁出地的农村居民和迁入地的城市居民。[①] 理论认为，期望水平正是由于人们在迁徙时对于幸福的期望水平超过了实际的增长，移民较本地人更难以获得幸福。[②] 具体而言，当城市移民迁入新的城市后，其所处的社会经济环境发生了巨大的变化，他们对比的参照对象也从原居住地的居民变成了现居住地的居民，虽然相较于原本的生活可能获得了一定经济水平上的提升，但是与当前进行横向比较时，这种经济收入的提升所带来的幸福感甚至可能低于迁移之前所对应的幸福感。对德国国境内移民的研究也得出了相似的结论，那些在两德统一后从前东德搬到前西德的人，在移民后获得了更高的收入也变得更加幸福，但仍然比原本就居住在前西德的人的幸福感要低。[③]

　　除收入因素以外，移民的生活环境与社会关系也发生了很大的变化，在社会融入过程中遭遇的种种挫折都可能降低移民的幸福感。张雅

① Knight J, Gunatilaka R. Great Expectations? The Subjective Well-Being of Rural-Urban Migrants in China [J]. *World Development*, 2010, 38(1): 113-24.
② Easterlin R A. Income and happiness: Towards unified theory[J]. *Economic Journal*, 2001, 111(473): 465-484.
③ Melzer S M. Does migration make you happy? The influence of migration on subjective well-bing[J]. *Journal of Social Research & Policy*, 2011(2): 73-92.

欣与孙大鑫的研究表明,绝大部分流动人口面临着更高的生活压力与无法企及的预期目标,从而与迁出地和迁入地的居民相比具有更低的幸福感[①]。Putnam 将产生这种幸福感差距的原因归结为社会资本,并认为这种初始社会资本的缺乏会导致国内移民无法获得社会支持且开展有效的社会活动,从而造成幸福感的受损。[②]

总之,与地理想象不同,大多数移民们对城市的文化想象并不一定是基于特定的城市展开的,他们更多的是基于自身成长的、有别于大城市的社会环境,对并不了解但充满向往的都市生活展开想象,在这里,城市成为一种统称,无论是北京上海,还是杭州武汉,对于生活在乡镇地区的人们而言,都代表着一种与本地生活截然不同的生活方式,它或许喧嚣嘈杂,但必然是有活力且充满希望的。

(3)城里的他们

对于中国人而言,城市生活不仅仅意味着更高的收入水平、更多的社会权利和更好的居住环境,更重要的是广阔的社会关系与高质量的人脉网络。因此,构成城市新移民城市想象的最后一个维度,就是对于当地人的想象,即群体想象。

群体是人们天然或后天形成的个体的组合,任何的群体都是基于想象进行联结的,因此,对于移民们而言,他们首先将城市居民建构为有别于自身的"他们",而且这种对"他们"的想象所蕴含的情感会作用于对城市的整体想象:

> "要说一个城市好不好,我最看重的还是这个城市的人,杭州感觉就挺好的。我记得我大学的时候看过一则报道,说是杭州明令:车辆必须礼让行人,现在这个好像挺普遍了,但是当时真的很厉害,反正在安徽我想象不到。我就觉得肯定是杭州人素质都特别高,我就觉得这个地方很好。"
>
> (莉莉,女,26岁,来自安徽合肥)

---

① 张雅欣,孙大鑫.人口流动如何影响主观幸福感——基于主观社会地位的中介效应 [J]. 系统管理学报, 2019, 28(6): 1029–1040.

② Putnam R D. *Bowling alone*: *The collapse and revival of American community*[M]. New York: Simon and Schuster, 2000: 541.

"觉得武汉帅哥很多啊，王凯、袁弘都是武汉的，然后武汉话也好玩的，而且都听得懂，就觉得来武汉一可以找个帅哥男朋友，二也不怕听不懂当地人讲话。"

（小九，女，22岁，来自湖南邵阳）

虽然两位受访者获取城市信息的途径截然不同，但他们都由此对当地人建立了积极的情感想象，从而产生了早期的迁移倾向。值得注意的是，在移民建构对城市居民的他者想象的过程中，来自农村和来自城镇的城市新移民的建构路径有所不同。一方面，乡村和城市二元对立的印象影响了以农村为迁移起点的城市新移民对于城市居民的想象，他们将城市居民视为有别于农村居民的更高层次的社会群体，渴望融入其中，成为本地人：

"别个城里人肯定看不起你农村来的啊，你看报纸、电视上总说'农民工''农民工'的，一到春节就报道农民工讨薪，一听就觉得只要是农村出来的都是社会底层，被人欺负的。我们村里以前出来打工的现在有一些也赚了钱了，出来了别个还不是看不上，所以还是要读书，要找一个体面的工作，跟别个城里人一样了，别个才不会老记着你是从农村出来的。"

（明明，男，31岁，来自湖北荆州）

"哪有村里的年轻人不想出去的，留下来的都是走不了的老人……人家城里人跟我们过的日子能一样吗？不说别的，你看新闻里每次提到农村都是扶贫，什么时候说到城市里扶贫了？不过我也做好心理准备了，那大城市里的人肯定还是有点看不起我们农村的，不过我相信时间长了应该就好了吧。毕竟他们也主要是从穿着什么的来判断，觉得农村女孩子都比较土啊什么的，你穿得洋气了，别人自然不会觉得你是农村出来的。"

（玲玲，女，21岁，来自河南漯河）

城市适应与本地社会融入的终点是从"他们"变成"我们"，对于出生于农村的城市新移民而言，他们虽然拥有较强的融入当地人群的意愿,但是在建构城市群体想象的过程中,想象他人对自己的看法构成了其中一个重要的部分。社会心理学认为,人们常常会高估他人对自己的关注度,并试图控制他人对自己的看法,而这种他人的看法在很大程度上并不是真实的他人看法,而是人们想象中的他人看法。道格拉斯等人指出,哪怕我们与他人并无真实的互动,仅仅只是想象中的在场,他人都能够创造出一种影响我们思考、感受和行为的情境。^① 换句话说,人们会根据自己对于他人的判断而想象他人对自己的看法与态度,而这种判断在很大程度上来源于大众媒体的话语建构。对农村移民而言,在大众媒介所建构的农民工话语下,农民工作为弱势群体,他们贫困而饱受欺凌,因而移民们认为城市居民会"看不起"农村人,而想要让人"看得起",就要变得和"城里人一样",这种相同可能是穿着打扮更加现代摩登,也可能是在城市拥有一份体面的工作。于是,城市新移民试图通过对想象中城市居民的多方面模仿来获得当地社会的认可,而实际上这不过是移民们想象中的他人在场,人们想象在他人面前展示自己,并想象由此可能引发的回应。

另一方面,从城镇向城市流动的新移民对于融入当地群体的意愿相对较弱,他们虽然将迁移地居民视为与自身有所区别的地缘群体,但并不认为两个群体之间存在高下之分,也并没有在想象的建构过程中赋予他者想象如同农村移民那样重要的地位:

> "(对于武汉人)没想过耶,都是两个眼睛一张嘴,没什么区别啊。哦,硬要说的话,可能武汉人没长沙人有名吧,毕竟我们那边有湖南卫视啊,哪个中国人没看过湖南卫视?所以大家可能都听过湖南口音,然后知道湖南人爱吃辣啊,湖南妹子长得漂亮啊。武汉人,那就不了解了,有什么电视演过武汉的吗?反正我好像没印象。"
>
> (Bean,女,29岁,来自湖南长沙)

在 Bean 的叙述中,明显可以看出她对于家乡是充满自豪的,由于家乡的地方媒体在全国的知名度,她认为家乡人群的知名度要明显高于

---

① [美]道格拉斯·肯里克,[美]史蒂文·纽伯格,[美]罗伯特·西奥迪尼.自我·群体·社会:进入西奥迪尼的社会心理学课堂[M].谢晓非,刘慧敏,胡天翔译.北京:中国人民大学出版社,2011.

迁移地。这点也支持了前文的观点，电视媒介在塑造群体形象上天赋异禀。不同于文字性媒体，电视媒介在图像传播上的直观性和生动性，更符合人们对于群体想象的建构路径，制作者能够将主观理解的地域特色蕴含于电视角色形象的建构中，从而影响人们对于某一地区人口的想象：

> "东北人豪爽、上海人吝啬、北京人讲面子、武汉人……好吃吧？哈哈哈哈，开玩笑哈，这都是看电视剧受到的荼毒，给我留下这么个印象。武汉人，最近不就有一部电影很火吗，《扫黑风暴》里那个海哥就是武汉人啊，太可爱了。我印象更深刻的是一部更早以前的电视剧，《士兵突击》里有一个连长还是什么长的是武汉人，胖胖的，那是我第一次听到武汉话，我就觉得好有意思呀，好想去武汉感受一下被武汉话包围的感觉。怎么说呢，就是虽然有点火爆、直来直去的，但是又很重情重义、很亲切的感觉，或者说江湖味吧，我这样说不知道你懂不懂。武汉话是这种感觉，武汉人也是这种感觉。"
>
> （阿花，女，41岁，来自山西太原）

从《士兵突击》里的王团长到《扫黑风暴》中的海哥，媒体在塑造电视角色的同时基于本地语言的色调来进行加工，从而形成了一种特定的城市风格，这种风格有别于城市的地理特质，它更有烟火气，因而也构成了城市文化元素的重要部分，在移民的群体想象中发挥了重要的作用。

但与此同时，我们也要注意到，如果说在地理和文化的城市想象建构中，农村移民与城镇移民并没有表现出太大的差异，那么，在城市群体想象的形成过程中，这种差异逐渐显著。出自于农村的移民，将"我们"与"他们"划分成两个边界清晰的群体，并且在一定程度上划出了两个群体的高下之分，因而有较为明显的从下层群体向上层群体移动的意愿，这也符合社会比较论中提到的当人们进行向上的社会比较时可能获得的结果是同化和对比。通过与城市人口的比较，农村移民产生了自卑和改变自身以融入的心态，可能导致融入失败后"他们"与"我们"的边界更为清晰，也可能在融入成功后导致从"他们"向"我们"转变。而对于来自城镇的移民来说，作为"我们"的地方群体与作为"他们"的本地居民之间的边界相对模糊,城市人口对他们来说并不是遥不可及的远方的"他们",而是与故乡的"我们"高度类似,因此他们难以开展陌生化的群体想象,也就较难以建立明显的从"他们"到"我们"的群体认知。

总体而言,城市新移民在迁移之前,通过大众媒介对城市的地理特质、生活方式和本地人群体展开了多元的想象,不同的想象路径相互交融、互相影响共同构成了移民的综合城市想象,并可能导致他们的迁移决定。其中,电视媒体所发挥的作用最为显著,通过直观的影像画面,电视为城市赋予了主观色彩,并作用于受众对城市的具体想象路径,建构出一个源自城市又高于城市的"拟态城市"——它几乎具有城市的一切物理特点,同时又具备了人为建构的某种文化气质,从而有别于真实的城市。

2. 社交媒体如何生产城市想象?

从 Web 1.0 到 Web 2.0 再到 Web 3.0,从被动接受的大众到用户互联再到去中心化,媒体的社交功能被不断强化,直到今天几乎所有的网络媒体都被赋予了社交功能,社交媒体的概念无限延伸。本书无意于对这种概念的辩驳与梳理,而采取 Pallis 等人的界定,将其划分为基于共同兴趣的内容导向型社交媒体和基于社会关系的关系导向型社交媒体,并从这两方面来展开探讨。

(1)内容导向型社交媒体与媒介化城市想象

相较于传统媒体,人们越来越习惯于从社交媒体中获取各类信息。与依赖熟人社交的关系导向型社交媒体不同,内容导向型社交媒体更像一个个基于共同兴趣爱好而形成的在线社群,用户被某种内容吸引而聚集在某些话题之下单纯地获取信息或展开互动,因此内容型社交媒体更依赖普通用户上传的各种内容,信息传播速度极快、涉及领域极广成为其主要的特点。立足于推荐算法的信息浏览机制,也成为人们在此类社交媒体中获取信息的主要方式。在此意义上,内容导向型社交媒体在移民们的城市想象建构中自有其特殊性,主要可以分为以下三种方式:

①具体的新闻事件。青年人偏好从社交媒体获取信息已经不是什么新鲜事,以微博为例,《2020 年微博用户发展报告》显示,2020 年 9 月平均日活跃用户 2.24 亿,其中 80 后占比为 16%,90 后占比为 48%,00后占比为 30%,换言之,对出生于 1980 年及以后的人们而言,有 2.1 亿

人会选择每天至少登录一次微博。① 于是,当内容导向型社交媒体成为人们感知世界的重要方式,它在新移民建构城市想象的过程中作用当然也不容忽视,这种影响首先是通过具体的新闻事件发生的：

> "武大樱花啊！几乎每年三四月必然会出现在新浪微博热搜上的,也不知道武大是不是买了热搜,不过有一说一,确实好看！所以以往每年武大樱花季的时候我都幻想自己要是能在武大读书那不是美翻了,当然,就是想想而已啊。"
>
> （小九,女,22 岁,来自湖南邵阳）

> "我记得我前几年在微博上看到过一个新闻,说是杭州公布了一个什么数据,杭州人均收入十几万还是几十万那种,具体我不记得了,但我记得当时我震惊的心情,我想杭州人均都这么有钱,那我是不是去了杭州也能赚点钱。"
>
> （阿福,男,22 岁,来自广东佛山）

虽然小九和阿福提及的新闻事件不同、对应的城市不同,甚至分属对地理风景和生活方式的不同想象,但相同的是他们都由新浪微博热搜上的新闻事件联想到自己未来在目标城市生活所能获得的收益,不论这种收益是否真实。在这一过程中,移民事实上都是通过想象自己在本地居民的生活中所向往的那部分来展开联想的,不论是看樱花还是获得高额的收入,事实上都是城市新移民对于城市人口生活的积极想象,他们将特殊的新闻事件与城市形象相勾连,经过自己的主观加工而展开联想。霍尔在提出"编码—解码"理论时就探讨过受众在信息接受过程中的这种主观性——人们在接受大众媒介所传达的信息时,能够再次对信息进行自主加工,这种加工可能是由于他们自身的社会背景、人口特质,也可能是出于他们的记忆、情感与认知,无论是受限于何种影响因子,他们都会以自己偏好的方式来理解信息。对于对迁移城市了解程度不深但却有一定好感的潜在移民群体而言,他们会下意识地获取和记忆那些他们感兴趣的信息,并赋予其感情色彩,从而加深对城市的向往之情,为做出迁移决定提供感性素材。

---

① 微博 2020 用户发展报告：https://data.weibo.com/report/reportDetail?id= 456

当然,社交媒体上的新闻事件也不总是正面的,负面的新闻事件也极可能影响移民的城市想象与迁移决定:

> "不知道你们有没有听过孙志刚事件,因为我是学媒体的,对这个事情的关注度比较高。那个时候我还在上大学,当时这个事情闹得很大,而且说实话因为都是大学生所以很容易带入自己,所以因为这件事情对广州的印象特别差,当时我们(大学同学)几乎天天都泡在论坛里讨论这件事。你能想象?一个大学生,一个普普通通、像你我一样的年轻人就是去个网吧,走在大街上就被带走了,然后就死在收容所了!虽然后来国家出台了相关的政策,但是就是一直对广州印象好不起来,就算广州的传媒业再发达,我也一辈子都不愿意去那座城市生活。毕业的时候我们班去广州的也屈指可数,估计大家也都跟我差不多想法。"
>
> (阿荣,男,38岁,来自江西赣州)

由于大学期间在网上看到的负面新闻,阿荣对于整座城市都产生了负面的联想,这也直接影响了他的迁移决定。显然,重大新闻事件对于城市形象塑造至关重要,尤其是地方政府在其中所扮演的角色将奠定移民对于该城市想象的整个感情基调。总体而言,由于本书所访谈的对象均是已经完成迁移的城市新移民,因此他们的城市想象总体而言大都是正面而积极的,这也在一定程度上表明,借助媒体形成的正向城市想象确实有助于移民做出迁移的决定,在这个意义上,社交媒体平台上的城市形象建构无疑将会成为未来吸引人才的关键因素之一。

②主导的媒介话语。从传统媒体到社交媒体,虽然大众获得了发声的权利,但并不意味着在信息的传播过程中每一个话语主体的权利都是相等的。如果说过去的媒介话语主要由政府和媒体工作者来主导,那么社交媒体时代的主导者则转变为政府和商业资本。归根到底,媒介对于城市的建构是通过话语来完成的。福柯将话语视作权利再生产的社会化过程。话语,与意识形态一样,是一套理解世界的、囊括了意义、符号和修辞的社会网络。在这一网络中,谁掌握了话语权,谁就掌握了创造'意义'的权利。在话语秩序的重建过程中,为了在话语实践中获得主导权,不同社会立场的个体通过对文本的占有、控制和改写而不断参

与到话语权的争夺当中，他们"通过对语言的象征交换与委婉表达来实现自身观念、行为和价值的合法化表征"。[①] 在这样的媒介语境下，精英阶层异军突起，成为当前城市话语的主要代表。在城市相关的社交媒介话语中，努力、奋斗、年薪百万成为反复提及的关键词，社会精英成为社交媒体的话语主导者。精英阶层与移民对于"城市"的想象产生了初步的联系：

"年少无知的时候有段时间特别痴迷于知乎，因为知乎上人均985，遍地百万年薪，当然，现在大家都知道是瞎说的，但那个时候不懂呀，就觉得只要去了大城市好好奋斗就能拿到高薪。"

（小凤，男，28岁，来自河南商丘）

"前几年有段时间有个话题特别火，那段时间新浪微博热搜老是类似的话题，比如什么'年薪百万在北京不过是普通收入'之类的，虽然总体上说的是在大城市开销高，小孩教育投入高什么的，但我想我这种一人吃饱全家不愁的拿个百万那还是很禁花的吧，只要不买房子估计下半辈子也够了。"

（小施，女，26岁，来自江西南昌）

"大城市里赚钱的方法多呀，我看抖音都看到了，不一定要学历很高，做做短视频什么的也都能赚不少钱，我虽然学习一般但是从小脑子就活，去了大城市机会多，好好努力个几年，不敢说年入百万，年入十几二十万还是有可能的吧，那在我们老家可拿不到那么多钱。"

（柚子，男，25岁，四川绵阳）

在内容型社交媒体所打造的城市图景中，北京、上海、杭州、武汉似乎都并没有什么差别，对城市新移民而言，重要的是去了大城市就能够获得的高额经济回报和实现阶层跃升，而这种对于现实的不切实际的想

① 刘涛.接合实践：环境传播的修辞理论探析[J].中国地质大学学报(社会科学版),2015(1):59.

象,必然会导致在真实的城市适应过程中移民原本的城市想象发生巨大的变化,从而反过来影响移民们的社会融入进程,这点我们将在下一节中展开探讨。

对于大多数内容导向型社交媒体而言,与其说它们是在塑造某一个城市的地理想象和文化特质,不如说正在铺陈的是一种理想都市生活的美好可能,而与具体的城市无关。在诸如小红书、抖音这样的内容型社交媒体中,城市被塑造成一种现代的、简洁的、时尚的、快捷的生活方式,相较之下,农村的社交媒体话语建构则更为两极分化,一种是诗意的、浪漫的、遥远的田园牧歌,另一种则是落后的、腐朽的、没落的乡土大地,于是,在内容型社交媒体中,城市与乡村的二元对立被定型、加深,城市与蓬勃朝气的青年人划上等号,乡村则与"被抛弃"的老人、儿童产生联系:

> "我们这一代人天然地向往城市,所有的媒体几乎都在歌颂城市生活,虽然现在短视频有一些也很乡土的,但几乎都是老年人在看。年轻人可能天生就向往城市生活,也不一定说一定在某个城市才能过上我想要的生活,但一定是城市才能满足我对自己生活的一些标准。"
>
> (阿荣,男,38 岁,来自江西赣州)

> "虽然也有李子柒这种很火的乡村博主,但毕竟是少数,绝大多数的博主所展现的生活其实还是在城市,尤其是大都市吧。看多了这些东西,那自然就觉得在城市生活才是当前的主流啊,有本事的年轻人去一线,其次的去新一线,没本事的在县城待着,只有走不了的老人和小孩才会留在农村吧。"
>
> (Ben,男,25 岁,来自湖南邵阳)

可以说,在这里,社交媒体中的城市想象或者城市意象的建构已经脱离了具体城市的特质,而被一种标准化、现代性的都市生活取代,这是社交媒体中占据绝对优势地位的城市话语导致的,其原因是多方面的,但可以确定的是,内容导向型社交媒体通过向年轻人描摹一幅摩登富有的都市图景,将传统媒体中所勾勒的城市风光替换成一种对精致生活的全面照搬与模仿,最终目的不过是制造更多的消费需求,这点在城市新移民后期的城市想象重构中再述。

③多元的兴趣社群。在新移民们进行具体的城市迁移之前，内容型社交媒体对城市想象的最后一种建构是通过以陌生人社会关系为主导的兴趣社群来进行的。不同于关系导向型社交媒体，共同兴趣是将陌生人聚集在内容型社交媒体中的关键要素。在新媒体环境下，即使再小众的文化，爱好者们也能联结在一起彼此交流，他们看似陌生人，却又有着看不见的纽带将彼此紧紧连接。Benny 在去往杭州之前就通过游戏中结识的玩家朋友获取了大量来自本地的一手信息：

> "刚读大学那两年没有想过未来会去哪个城市，到大三、大四了与家里人聊起来毕业后的去向，才开始有意识地构想了一下，并且给自己列了几个意向城市，因为经常混游戏贴吧所以认识的五湖四海的朋友不少，就经常跟他们边打边瞎聊，然后通过这种方式慢慢地搜寻信息，最后确定了杭州。毕竟自己没有家人、朋友在大城市，网上看到的信息也感觉挺乱的，还是这种方式感觉靠谱。里面有一个杭州人，其实也不算杭州人吧，他是周边的，也是最近去的杭州，然后他跟我聊的时候就说杭州本地人不太多，所以不太会有太强的'外地人'的感觉，很舒服很自在，工资水平也不错，那几年应该会有一波大的发展，然后我脑海里就出现了一座特别有生机的城市，而且湖光山色也好，然后我觉得跟我专业发展方向也比较匹配，后来证明也确实没选错。"

（Benny，男，36 岁，来自湖北黄石）

由于不能通过传统的社会关系网络来获取足够的信息以建构想象性资源，网络社群成为信息提供的替代性来源，帮助 Benny 形成更加准确的城市想象，并做出迁移决定。相较之下，静静的城市想象建构则有一些不同：

> "我中学时候就开始混饭圈，当时对未来就两个要求：第一，赚到的钱足够多可以让我买演唱会门票；第二，那个地方经常有各种演唱会。这样一看国内就只有北京、上海、香港，所以我开始是打算去北京或者上海的，但是快毕业的时候有一次

去杭州看演唱会,就跟她们本地的应援团有一些接触,后来也跟她们在网上接触挺多,比如在微博上一起做各种应援啊,在贴吧里做任务啊,还有互相分享一些idol(偶像)的信息啊,包括后来还因为其他地方的演唱会一起约过,大家感情都慢慢变深了,就突然觉得要不去杭州吧,而且杭州本地的(粉丝)活动也多,离上海也不远。"

(静静,女,32岁,来自湖南长沙)

如果说Benny是借助游戏贴吧结识生活在杭州的网友,再基于网友的描述而建构起城市想象进而做出的迁移决定,那么静静则更多的是在通过微博、贴吧与杭州本地粉丝群的接触对这一群体产生了好感进而建构城市想象的。通过内容型社交媒体,移民们扩大了自己的社会关系网络,基于自己的偏好有意识地获取不同的城市信息进而建构多元化的城市想象。在此时,内容型社交媒体中的兴趣社群作为一种重要的补偿性信息来源,能够对移民的城市想象建构与迁移决定产生更为直接、有效的影响。

④自主地搜寻信息。在面对内容导向型社交媒体时,城市新移民并不总是被动地接收信息,有些时候,部分移民会通过主动搜寻信息来建构城市想象,过去这种主动的信息搜寻主要依托于传统媒体和人际传播而展开,现在则转向社交媒体:

"以前我爸妈他们那一代人习惯了看报纸看电视,觉得里面说的就都是对的,到了我们这一代,大家都习惯上网去找(答案)。高中的时候去网吧,除了打游戏,有的时候也会看看帖子,看看别个在城里混得怎么样,然后想想自己,就觉得还是要读书。大城市嘛,那肯定要有学历别个才不会看不起你,才能混得好。"

(明明,男,31岁,来自湖北荆州)

"当年高考完选志愿的时候因为其实早就想好了要报武汉的学校,但手贱就上网看了不少武汉相关的帖子,知乎啊豆瓣啊,基本都是说武汉气候不好,冬天冷死夏天热死,武汉人也不好,很凶啊,看不起外地人啊什么的,反正就是各种不好。因为看的几乎都是不太好的信息，所以当时很犹豫要不要继续报（武汉的学校）。"

（阿波，男，26岁，来自江西南昌）

与传统主流媒体不同，内容类社交媒体的信息发布门槛极低，在获得了传统媒体时代难以获得的速度和信息体量的同时也难以进行有效的筛选和监管，这就导致良莠不齐、真假不一的信息泛滥，尤其在部分媒体平台，堆积着大量带有强烈负面情绪的信息，在很大程度上损伤了城市新移民的积极想象和迁移倾向。有趣的是，部分移民在获得了大量的负面信息后，他们会有意识地搜寻积极信息进行补偿来重构城市想象，阿波提到在看到武汉的负面信息帖后，他曾主动上网以"武汉的优点""武汉人幸福吗？"等关键句在各种媒体平台上进行主动搜索，并希望能够建构起一个较为全面的城市认知：

"我就是觉得没有一个地方会全都是不好的东西，要不然那个地方的人肯定走光了呀。既然有那么多人选择在那个地方生活，那肯定是有优点的，所以看到那种一边倒的批评的帖子我反而不会太相信，我就会主动去搜大家觉得这个城市好的东西，然后对比一下，看看我看重的那些东西在这个城市里是好的还是不好的。现在我就知道武汉气候不太好，本地人可能也不是很友好，但是这个地方的房价不高、生活节奏不算快，而且好吃的东西很多，我脑子里这个城市的影子就比较清晰了。"

（阿波，男，26岁，来自江西南昌）

阿波的阐述再次验证了霍夫兰在"二战"期间所提出的观点，对于受教育程度较高的人而言，只将事物正或反的一方观点告知受众，受众并不一定会接受，但当在传播己方观点时也提供不利于自己的材料反而可以通过媒介话语的具体建构方式来影响受众的态度。① 对于深深浸入媒体环境中的城市新移民而言，他们对媒体所传播的信息具有一定的抵抗力，能够自主地对信息进行筛选与理解，然而，他们又很难不受到

---

① ［美］卡尔·霍夫兰，欧文·贾尼斯，［美］哈罗德·凯利. 传播与劝服：关于态度转变的心理学研究［M］. 北京：中国人民大学出版社，2015.

大众媒介潜移默化的影响,因为他们已经习惯从媒体上获知几乎一切知识与讯息,他们的感知已经与大众媒介难舍难分。

（2）关系导向型社交媒体与媒介化城市想象

如果说移民在内容导向型社交媒体中获取的想象性资源更多是被动接受的,那么在关系导向型社交媒体中则更多是主动获取的。与内容导向型社交媒体不同,关系导向型社交媒体在很大程度上依托于用户在现实生活中已有的社会关系,因此也被称为熟人社交媒体。如果说内容型导向社交媒体更加偏向新媒体语境下的大众传播,关系导向型社交媒体则是对传统人际传播的媒介化升级。正是由于这样,传统媒体时代的早期农民工做出迁移决定前,高度依赖亲缘、地缘构成的传统社会网络,进入互联网时代后,城市新移民们也开始转而依托于内容导向型社交媒体中的熟人社会来建构他们的城市想象。这种建构主要是通过在线交谈和观看朋友圈、QQ 空间里的生活碎片来进行的。

①跨越空间的交谈。不同于西方社会,在倚重"关系资本"的中国本土社会中,社会交往中的弱关系虽然可以传递一部分信息,但大多停留在表层信息,真正重要的信息仍然只会在强关系网络中得以传达。[①]因此,在移民做出迁移决定前的想象性资源获取中,强关系可以发挥更加重要的作用。这种作用首先表现在移民被动地通过社交媒体从亲人、朋友等强关系网络中获取城市信息,并以此为对依托辅助内容导向型社交媒体对初步城市想象进行重构:

> "我开始不太喜欢武汉的噻,但是我老家有一个表哥在武汉做生意,我爸妈就想让我出来闯闯。后来书读不下去了,就经常跟我表哥在 QQ 上聊天,他说武汉的钱比家里好赚,武汉人舍得吃舍得穿,只要肯吃苦在武汉肯定赚得着钱。我觉得那也可以,也许武汉也没我想的那么差。"
>
> （爱德华,男,28 岁,来自湖北黄冈）

> "2018 年的时候家里给定了亲不久,对象就来杭州跟着他叔叔干。……异地恋了有两三年,主要就是打微信视频。刚来

---

① 边燕杰,张文宏.经济体制、社会网络与职业流动[J].中国社会科学,2001(2)：77-89.

跟我说(杭州)的多,说下班了走二十多分钟就可以走到西湖了,还拍荷花给我看。说杭州人素质高又有钱,扫大街的阿姨家里都有三套房在收租,我想那大城市就是跟我们不一样,比我在电视里看到的还要好。去了半年以后,(对象)整个人都不一样了,说话也有文化了,穿的也时髦了。他还给我买了好多长裙子,跟我说杭州的小姑娘都这样穿。"

(小美,女,26岁,来自江苏宿迁)

对于爱德华和小美来说,他们最开始的城市想象一个偏向负面,一个偏向正面,而此后他们通过熟人关系所获取的信息都更加偏向正面,他们对城市想象都进行了积极的修正,让小美原本就正面的杭州想象更加具体,也让爱德华此前负面的武汉想象有所改变。

强关系的作用不仅表现在关系导向型社交媒体上来自熟人关系的信息的被动性补充,还体现在城市新移民对于城市信息的主动性获取:

"我们那儿的人对杭州印象都特好,我也觉得挺好,但是真的决定来杭州的时候心里就有点儿那啥,毕竟你说咱也没真去过,就天天在网上看能看出个啥玩意儿。也是巧了,我一哥们儿他老叔就在杭州开出租,我就加了叔的微信,问一下具体的情况,比如收入、租房子、当地人这老些的。叔跟我说了老多,我最终才下定决心的。你说,这熟人说的肯定比网上说的靠谱呗。"

(涛涛,男,19岁,来自辽宁锦州)

在涛涛的少年时期,G20晚会建立了他初步的杭州想象,这一想象主要是基于地理风光而建立的浅层好感,对迁移决定的影响有限。此时,来自熟人社会的信息能够强化移民的积极想象,并最终促使其进行社会流动。换言之,与被动接受信息不同,移民的主动信息索取能更直接地对移民在乎的某种城市想象进行强化和补充,因此对于移民决定的影响也更为显著。

"开始没想过会来武汉的,对武汉也没什么特殊的印象,就知道武汉热干面、周黑鸭这些东西。后来我们老板要在武汉开分公司,想让我过来,我就在微信上找武汉的同学朋友们打听这边发展前景怎么样,多方了解以后觉得可以来这边试试。"

(Ben,男,25 岁,来自湖南邵阳)

"谁不知道杭州美,人间天堂啊,但是真要去那里生活工作肯定不是美就完了的,住房啊环境啊教育啊,各方面都要考虑啊,这就需要从在那边的朋友那里去了解了,最好多方面都问一下,尤其是小孩子教育和房子这方面,我比较在乎嘛,看看卖掉武汉的房子可不可以在杭州直接换一套。我印象里杭州教育肯定是比不上武汉的,毕竟就一个 985 嘛,但事实上怎么样,我也真不了解,反正还是问清楚比较好。"

(阿识,女,30 岁,来自湖北武汉)

此外,值得注意的是,教育程度不同的城市新移民,在获取资讯的熟人关系偏好上也有轻微的差异。对于文化程度较低的城市新移民而言,他们大多通过亲缘和地缘关系来获取城市讯息,且这种通过人际交往而获得的信息对他们而言可信度更高,能够在一定程度上改变他们从内容型社交媒体上建立起的初步的城市想象。同时,相较城市的地理景象,他们更关注的是在城市中可能获得的经济回报和生活方式的改变,前文提及的小美、爱德华、涛涛都是这样。相比之下,文化程度较高的城市新移民更多依赖于同学、朋友、同事等立足于经济水平和知识文化水平所构成的社会关系来建构城市想象:

"G20 的时候,我大学好友在杭州买了房子,然后就一直怂恿我也在这里买一套,天天跟我说杭州发展得有多好,未来多有前景,像我们做经济法的就要到这种新兴的城市里才有更多机会,我就一时冲动买了房子过来了。"

(潇潇,女,37 岁,来自新疆喀什)

"因为有一个之前的同事考到杭州这边来了,我那段时间在备考公务员,就问了她很多经验,她就建议我也考杭州的编制。我同事说杭州这边公检法的福利待遇不错,工作环境也很好,再加上最近在大力进行城市建设,国家也扶持,未来前景不可限量。我本来对杭州印象也不错，所以就试了试。"

（薇薇，女，31 岁，来自江苏淮安）

虽然受教育程度不同，所偏好的信息来源也不同，但相同的是，移民们偏好从关系导向型社交媒体中获取难以在内容导向型社交媒体中获取的关于经济收益、工作机会、发展前景等更加具有针对性的有效讯息，且来自熟人关系网络的信息获取对他们迁移决定的影响也更为直接，在这一过程中，城市想象的建构几乎完全受到人际传播的影响。相比之下，内容型社交媒体中的信息在建构城市想象过程中的作用更为有限，往往很容易被人们从关系导向型社交媒体中获取的信息强化和改变，很难对移民的迁移决定有直接的影响，小娟的讲述也再次支持了这一结论：

"这种选择那是一辈子的事儿，光是通过以前网上看的那些个视频、新闻形成的浅层印象做决定未免太随意了。你说我看个杭州的纪录片，我说，哦，好美哦。我会立刻收拾背包说：'好，我就去这个城市安家落户'吗？那肯定不可能。像我们肯定都是多方收集信息才会最后做出决定，同学、同事的信息来源是最优质的，大家年龄相仿、专业相近、价值观相同，更能懂相互之间在乎的是什么，提供的信息都是最有效的。"

（小娟，女，32 岁，来自广西桂林）

②朋友圈里的大都市。诸如微信和 QQ 这样的关系导向型社交媒体基于强关系的特点，能够将日常生活场景观化，并借此达到自我呈现和信息传递的目的。尤其是在熟人的朋友圈和 QQ 空间里，人们选择披露更多现实的而不是修饰的部分，它可能是片面的，但必然是真实的。因此，除了主动地与亲人、朋友就城市生活展开对话来积累想象性资源，已经完成迁移的、熟人们的朋友圈，成为城市新移民另一个重要的信息获取渠道：

"我们那个年代玩的还是 QQ 空间和人人网，大家有什么动态都很喜欢往上发，所以你就可以看到以前的中学同学啊、大学的学长学姐啊他们的近况。我们上两届有个学长很有名，先是去了湖南电视台,后来又跳到了杭州的浙广电,看他空间和人人网经常分享的一些感受,觉得杭州比长沙的空间要大一些吧,湖南那边做媒体除了娱乐就是家长里短,杭州因为还在发展期所以能做的东西也多一些,对我们这种应届生更友好一些。"

(阿荣,男,38 岁,来自江西赣州)

"我本来就很喜欢杭州,后来我一个高中同学考到这边的大学了,虽然我跟她不熟,但有她朋友圈,就经常看她分享一些在杭州的生活,看郁金香啊、看荷花啊,还去茶园拍照,真的特别好,就是我梦想中的生活嘛。"

(萍萍,女,21 岁,来自江西景德镇)

"看朋友圈好吧?我每天都在刷,我就发现我们中学同学里面去大城市的就比留在家里的都过得好,人家朋友圈都精彩多了好吧?他们在武汉的还去东湖骑自行车,平常时日还可以去东吃吃西逛逛,生活搞得蛮有意思。"

(阿彩,女,24 岁,来自湖北恩施)

在新媒体情境下,年轻一代将社交媒体作为自我建构与文化表达的最重要的舞台,对个人资料和日常生活有选择性地呈现,使诸如朋友圈这样的空间成为一种"集体化生活方式"的新载体。[①] 日常生活的呈现一直都是构成移民城市想象最重要的心理资源,因此朋友圈为其提供了一个理想的场所,那些来自"此时此刻"的生活碎片为潜在的移民了解城市生活、建立城市认知提供了机会。同时,由于此类展示的"熟人化",并未在物理意义上进入过城市的新移民们,会将这种被展演的日常生活扩展到整个城市的生活领域,并对此坚信不疑。

"那网上好多东西可能是假的,那朋友圈里的总不会是假的啦,都是亲戚朋友的,也没做假的必要啊,所以还是朋友圈才

---

① 王小璐,缪颖.从自我呈现到自我认同:网络化个人主义时代的社会化路径[J].中国青年研究,2018(1):91-98.

是最好的了解一个城市的窗口。你想，人家也不是刻意去做给你看的，人家就是那么过的，虽然大多数都是好的啦，这个我也知道，但是总比网上一怎么就是都年入百万要真得多吧？"

（阿彩，女，24岁，来自湖北恩施）

总体上看，内容导向型社交媒体与关系导向型社交媒体对于移民们城市想象的建构路径有所差别，但两者共同作用构成了完整的城市想象，这种想象并不一定真实但整体上比较积极，因此才能够促成移民们进一步的迁移决定。然而，迁移之后，真实的抵达在一定程度上会对社交媒体所建构的积极城市想象产生重要的影响。换言之，当移民真实地进入城市之后，他们原本只是基于社会媒体的想象性资源而构建的城市想象随之也会发生巨大的变化。

二、流动中：社交媒体与城市想象的重构

离开熟悉的家乡，进入陌生的城市，对城市新移民们而言，不仅仅意味着地理位置的变迁，更重要的是生活方式、社会关系和身份认同的重构。在进入城市之前，新移民们通过丰富的媒体资源形成形态各异的积极想象，然而，进入城市之后，现实生活与想象的落差将会促使移民们重新构建自己对于城市的在地想象。对于城市新移民们来说，尽管他们所经历的城市生活已经与数十年前农民工们所遭受的截然不同，但是就他们中的大多数而言，离开故土家园和亲人朋友后遭遇的陌生城市，很难在短期内成为理想的"乌托邦"，漫长的城市磨合期才刚刚开始。

（一）重建中的"城市"地理想象

地理想象一直以来都是城市新移民在真实抵达前建构城市想象的重要内容。地理位置的界定有助于人们建立稳定的空间感知，自然景观的观看则有利于人们形成积极的地方情感，费孝通就将地缘看作是稳定社会中血缘关系的投影，由此可见，地理因素在人们感知过程中的重要性。

正如前文所述，对于杭州和武汉的城市新移民来说，他们的地理想象也大不相同。就杭州而言，移民们的地理想象难以脱离其标志性的城市景观——西湖，并将这一景观的文化气质与城市整体的风格产生联

想,认为杭州是一座浪漫的水乡,于是当他们真的来到这座城市之后,真实的城市景观与想象中的地理特质产生冲突,在一定程度上改变了他们原有的地理想象:

> "来了以后才知道,西湖就是杭州城里特小的一地儿,平时没事哪有那个时间去啊,而且那儿几乎一年 365 天都人山人海的。小时候老天真了,还以为杭州都是仙气飘飘那样儿,其实还不是到处都是楼,特别是干我们这行的都是在商业区,天天看的就是办公楼、大马路,跟我想的有点儿不一样。但不管咋的,也还是比我老家强不老少。"
>
> (涛涛,男,19 岁,来自辽宁锦州)

> "杭州还是很好的,虽然跟我开始想象的有一点不一样,但我觉得它算是最淑女的一座大城市了。虽然有名的风景地总是有很多游客,但是晚上偶尔饭后能去西湖边走走,周末能去九溪烟树那边的茶园坐坐,还是很美好的。不过更多的时候,杭州不像杭州,或者说不像我心里的杭州,它也跟其他城市一样,挖路挖得乱七八糟,地铁里人挤人,反正就是不美好的时候更多吧,不过这就是生活吧。"
>
> (萍萍,女,21 岁,来自江西景德镇)

对于拥有标志性城市景观的地方而言,景观能够以一种符号的方式在大众媒介上进行快速的城市形象传播,对于人们形成对某一城市的粗略印象作用明显,如北京的故宫、长城、胡同和上海的东方明珠、黄浦江与租界,此类极具代表性的景观经过大众媒介的加工后在受众心中形成独特的风格——恢弘厚重的历史感与现代时髦的都市气质。杭州也是一样,大众媒介对于独特地理景观的反复渲染,使之成为城市的符号代表。但对于那些并没有在媒介语境下塑造起标志性城市景观的城市来说,人们对于该城市的地理想象可能并不清晰,因此在迁移之后也并不存在太多的想象落差:

> "(对武汉)没啥期待啊,又不是旅游城市,不就是一个生活工作的地方嘛。关键在于生活还蛮安逸的,这就可以了。而且

可以说，武汉比我想的还是强一点的，虽然黄鹤楼那些确实不怎么样，可是有的时候带小孩去东湖啊、植物园啊，玩一下也不错。"

（佳佳，女，35岁，来自湖南株洲）

"也谈不上是失望还是开心吧，本来也没什么期待，来了以后就觉得跟之前想的差不多吧，很多楼房、很多车，虽然很大，但有点破，'中国最大的城乡接合部'名副其实。不过有些地方还是不错的，很繁华，总体来说还是比我家那种小县城好多了。"

（爱德华，男，28岁，来自湖北黄冈）

在迁移后，新移民们通过亲眼所见而形成的真实的城市意象，与迁移前的城市想象产生碰撞，对于那些基于标志性景观形成的片面化的城市地理想象，真实的所见所闻对其进行了修正与重建；对于那些原本模糊不清的城市想象，则进行了多元信息的填充。在这一过程中，社交媒体作为移民身体的延伸仍然发挥着重要的信息补充与环境认知作用，毕竟任何个体都无法深入地了解城市的方方面面，因此，社交媒体上的城市信息能够为初来乍到的城市新移民们提供一个进一步了解城市的路径：

"我近几年特别喜欢看小红书还有大众点评里面关于杭州探店啊美食啊网红拍照点啊这些个东西，可能我这个人就是比较爱玩，所以我看到什么有趣的地方、好的风景啊就会约上朋友们一起去玩，所以慢慢地我觉得我对杭州的了解越来越深、感情也越来越深。也可能是我通过这种方式找到的都是杭州好的一面，所以现在我心里的杭州比我来之前想的更好吧，而且也更接地气。"

（薇薇，女，31岁，来自江苏淮安）

"现在人都喜欢刷抖音，不是有一个本地，我看得比较多，然后给我推送这类的也会比较多，看到那些武汉好玩的好吃的也会想去看一下，因为忙，去得也不是很多，但是看得多就越来越觉得武汉还是挺不错的,以后等有女朋友了可以一起去武大看樱花啊、去东湖边上看荷花啊,还有去汉口过个早啊、晚上去吃个烧烤啊,能一起去的好玩的地方还是很多的。"

（阿波,男,26 岁,来自江西南昌）

通过小红书、抖音等内容型社交媒体,薇薇和阿波在来到城市之后借助本地积极信息的主动获取来形成更加正面的城市想象,尤其是当薇薇能够将社交媒体中所获取的城市信息与现实的社会活动联系在一起时,社交媒体对于移民城市适应和社会融入的积极作用就更为显著。在此意义上,社交媒体使用对部分移民的社会参与具有正向的促进作用,至于此类社交媒体的使用是否能有效促进移民的社会融入,我们将在后文的定量分析中进一步展开分析。

（二）重组中的"城市"文化想象

城市的物理形态与精神形态共同构成了完整的城市,其中,精神形态更能够反映城市的本质特征,"强大的精神力量能够像磁铁一样提供一种超自然的吸引力和凝聚力,将人们聚合到城市之中并赋予人们行为以意义,也决定了城市的个性与意义"①。这种精神形态实际上就是城市的文化气质,它首先是有别于乡村的,充满了现代生活节奏的轻快氛围,在一定程度上满足了人们对于都市的部分遐想。但与此同时,不同于立足于具体城市景观的地理想象和边界变动不居的群体想象,移民们对于迁移后生活方式的积极想象是其中最为重要的内容,由于这种生活想象往往极具理想性,也就更容易在现实生活中破灭。

1. 与乡村截然不同的大都市

正如移民们所期盼的那样,城市确实具有与乡村截然不同的一面,这种对于差异性的强调,反复地出现在来自农村的城市新移民头脑中:

"出来了那肯定是不愿意回去的,觉得以前在老家像只井底之蛙。虽说武汉也就那样吧,但人家毕竟也算大城市是吧?

---

① 徐丹丹.想象的城市与城市的想象：空间视阈下城市文化产业的价值探讨 [J].文化创新比较研究，2020，4(30)：169-171.

我老家那边小地方，又破又穷，几十年都没什么变化，在那种地方看不到希望的，还是要出来到大城市看看。当然，要是以后能有机会去北京上海就更好了。"

（小凤，男，28 岁，来自河南商丘）

"那比起村儿里，城里肯定还是好呀。你就说，那大马路上总是干干净净的，不像我们那儿出去一脚土。晚上下班坐车回去的路上看看夜景，哪儿都灯火通明的，要我老家那边儿，这个点儿大马路上早就一个人影儿都见不着了。"

（涛涛，男，19 岁，来自辽宁锦州）

"我和我表姐都是做服务员的，她在老家，我在武汉，她就是在那种批发市场附近做，你知道的，就是那种又小又破的店，在马路边上，环境很差的，虽然工资也还可以，但哪比得上我在这边都是在商场里面，我们有统一的制服，店里一般也不会搞得很脏，客人也比较文明。上午和下午有的时候还可以在商场里其他店逛一下，人还是活得潇洒些。"

（蒂蒂，女，27 岁，来自福建莆田）

伴随着中国城镇化进程的加快和地域性的发展不均衡，部分农村地区与城市的差距进一步拉大，基础设施与社会环境的差异短期内难以弥合，出自农村的移民们渴望城市生活的便利，因此在他们完成迁移后，对于城市这一层面的基础性想象能够得到满足。相较之下，在城市文化想象的另一个层面——生活方式想象中，移民们则会遭遇更大的现实落差。

2. 理想生活的破灭与重建

移民们总是希望在迁移后过得更好，这种期待也构成了他们城市想象的重要组成部分。对于大多数城市新移民而言，在对于城市生活的想象建构过程中，他们更多地从社交媒体中获取了大量的文化景观和仪式性展演。这些偶发的仪式遮蔽了隐藏于其背后的琐碎日常，造成了现实与想象的割裂：

"来了才发现，原来热搜是热搜，生活是生活。那武大樱花再美，和我有半毛钱关系吗？周一到周五都要上班，周末下了班只想家里躺，真要去了也是人挤人，也不知道是看人还是看樱花。当年因为武大樱花而对武汉动心的我真是太天真了。武汉的生活跟我想象的完全不一样嘛。"

（小九，女，22岁，来自湖南邵阳）

"来之前只想到了赚了钱要干什么，来了以后才发现大多数时间都努力赚钱去了，有钱也没时间花。以前微博上一刷杭州感觉就是来这边只要进了大厂就可以走上人生巅峰，豪车豪宅出国游，结果大厂倒是进了，人生巅峰真没感觉到，每天都怕自己过劳死。我晚上加完班回家的时候经常产生一种时空错乱感，不知道自己在哪里，杭州上海好像都一样，反正每天都是从家到公司，再从公司到家。"

（小童，男，28岁，来自贵州贵阳）

"大学快毕业的时候觉得自己工作赚钱了特别美好，还想象自己像那些生活博主一样，把日子过成一首诗，假期的时候就野餐露营、看自己喜欢的电影，想干嘛干嘛、想买啥买啥，谁也管不着我。结果，开始工作的那两年想家想得要疯了。大城市有什么好的？压力太大了，感觉这辈子也买不起房，而且那时候也没什么朋友，特别孤独。经常给我爸妈打电话哭，他们也心疼我，说让我回去算了。"

（莉莉，女，26岁，来自安徽合肥）

由于大众媒介，或者说社交媒体，成为移民在迁移前建构城市生活想象的重要来源，因此，社交媒体背后的某些社会意义与资本逻辑就自然而然地进入城市话语的建构过程中，某些特定的媒介话语脱颖而出，被人们凝视和误解，于是，文化景观和仪式成为城市生活最重要的表征，它们以偏概全地歪曲了人们由此建立的城市想象，必然与现实的城市生活存在断裂。而这种媒介所创造的想象与现实的断裂也构成了移民在迁移后城市想象重建的主要问题，它并不是暂时性和一次性的，相反，它持续不断地作用于整个过程中。

进入现代社会以来，大众媒介取代巫术和宗教成为制造仪式和文化景观的主要场所。我们必须意识到，尽管社交媒体为每个人都提供了被看见的机会，但这并不意味着每个人被看见的可能都是均等的。商业媒介所偏好的某种话语必然带有一定的特殊性，它有别于日常生活但又与其息息相关，因此带有仪式感的媒介化日常开始成为社交媒体平台上对于城市生活的常见表达。想象一下，如果你要在小红书上发布一条记录生活的博文，你会选择什么内容？如果你想在微博上看到关于某座你梦想中的城市里人们的生活，你会希望看到什么内容？人们总是下意识展现出更好的一面，无论是在陌生人还是熟人面前。研究表明，个体在社交网站中的自我呈现，总是具有更强的积极化倾向，希望通过某种策略突出自己的优势和愉悦体验，不论是何种社交网站。[①] 按照戈夫曼的观点，在社交媒体上的自我呈现，并不是将"后台"毫无保留地向"前台"进行转化，而是一种让观看者以自己期望的方式来接受自我的策略性形象打造。微信朋友圈也是如此，人们希望通过社交媒体获得肯定性的评论，以获得积极的自我补偿，为此不惜不断地修正自己的媒介形象。[②] 于是，在社交媒体中随处可见的都是那些日常生活中的高光时刻，人们精心地为某个周末、某次朋友聚会或结婚纪念日拍摄照片和视频并上传，试图用这些光鲜亮丽的时刻来妆点普通人的日常。于是诸如"仪式感"这样的词语深深地介入年轻人的脑海中，并促使他们按照社交媒体所吹捧的方式来打造自己的生活内容，这样导致的结果就是从社交媒体中汲取信息而形成的美好富裕的都市生活假想与现实中真实琐碎的平淡日常产生激烈的冲突，对新移民的城市想象造成了巨大的冲击。

流行于社交媒体平台上的"仪式感"一词，出自"仪式"，最早指宗教意义上的仪典，意味着象征性的、表演性的一整套行为方式。伴随着大众媒介对人们日常生活的逐步深化，现实中的某些特殊事件被神话，或者说被景观化，从而取得了有别于其他生活事件的意义。居伊·德波曾在他的代表作《景观社会》中这样描述现代社会，"整个社会生活显示为一种巨大的景观的堆积。直接经历的一切都已经离我们而去，生活成

---

① Holland G, Tiggemann M. A systematic review of the impact of the use of social networking sites on body image and disordered eating outcomes[J]. *Body Image*, 2016(17): 100–110.

② 王逸芸，张明新. "看不见"的紧张和不安：微信朋友圈中的社交焦虑 [J]. 新闻爱好者，2020(5): 49–54.

为了一种表征物。"① 大众媒介对景观社会的形成居功至伟,它们对于现实的戏仿和重现创造了一个由表象填充的社会形态,通过制造各种豪华场面来将媒介所诉说的意识形态填充进人们思想的内壁。因此,城市新移民们犯了每一个媒介时代下的观众都会犯的错,就是将媒介所表征的日常生活等同于真实的日常生活,而实际上这不过是社交媒体所灌输的意识形态下被制造出来的一种受欢迎的理想生活模板。

于是在遭遇了理想生活模板与现实生活的巨大断裂后,移民们开始借助消费来重塑和补偿他们的城市文化想象。媒介时代的消费已经不再是为了满足人们实际的生活所需,而是在不断追求被制造出来、被刺激起来的欲望的满足 ②。毋庸置疑,社交媒体是消费社会得以形成最重要的推手之一。一方面,社交媒体为了商业利益,引导受众盲目地追求物质消费,制造虚假的需求;另一方面,社交媒体不断提供各种景观来促进符号消费。于是,几乎一切话题都能被置换为吸引眼球的影像图片或琳琅满目的商品,城市想象也不例外:

> "我还在上中学的时候就特别喜欢看那种房子装修啊、租房改造啊的短视频和文章,就一直想象未来自己工作的时候要怎么去捯饬我的小房子,这应该是我对城市最重要的想象了吧。等到终于自己租房子了,有很长一段时间我就天天在网上看各种(内容),种草了好多家居好物,现在我家里光各种锅就有 6 个。……其实也有一些用不上啦,但是一看那些博主推荐就特别想买,比如买了多功能锅,想着朋友可以来家里烤肉,结果一年也用不了一次。"

> (莉莉,女,26 岁,来自安徽合肥)

> "因为工作比较忙,所以闲暇时就很喜欢看一些生活博主的视频号,就是觉得他们过的才是我梦想里的生活吧,所以虽然没时间真的去像他们那样精致地生活,但他们视频里的一些看上去不错的生活用品我也会买回家放着,比如一些好看的餐具、摆件、地毯什么的,也算是离我梦想的生活更近一点吧。比

---

① [法]居伊·德波.景观社会[M].王昭风译.南京:南京大学出版社,2007:1.
② [法]让·鲍德里亚.消费社会[M].刘成富,全志钢译.南京:南京大学出版社,2001.

> 如我最近就迷上一个鲜花博主，开始定期往家里买花了。以前在家（乡）的时候就有想象过自己未来的生活，现在也许赚得没想的那么多，但过得也算符合我当时想的小资日子吧。"
>
> （阿花，女，41 岁，来自山西太原）

莉莉和阿花都基于社交媒体中歌颂的某种生活风格来进行消费，以对自己的城市想象进行补偿，从而使自己的真实城市生活在某一方面更接近于理想生活，在消费行为背后隐藏着的是人们对迁移后能过得更好的主观期待。于是，社交媒体通过不断催生理想生活的模板来建构人们的城市想象，并促使人们通过更进一步的媒介消费来重构日常生活的含义。

（三）重遇后的"城市"群体想象

在迁移之前，移民们城市想象的最后一部分即对当地人口的群体想象。迁移之后，基于与当地人的真实社会交往，原始的城市群体想象也自然地产生了变化，而这种变化基于移民们不同的交往经历而有所差异。

首先，那些在本地建立了积极的社会关系的城市新移民，更容易建立起全面真实的群体想象。已有大量研究发现，农民工与当地人的社会交往有利于农民工建立对于本地的归属感和认同感。[①] 对于城市新移民来说，也是如此。与当地人的友好关系能够让他们对本地人群体建立较好的群体感知：

> "因为工作的关系，接触的本地人很多，也就交了不少本地的朋友。其实很多外地人有点妖魔化武汉本地人，觉得他们很凶啊什么的，其实我觉得那是不了解。当然，哪里都有好人有坏人，只是因为武汉话听起来比较直筒筒的，所以感觉好像很凶。我认识的武汉朋友都属于比较直爽的，嘴巴一般都挺能说，很风趣的。"
>
> （阿花，女，41 岁，来自山西太原）

---

① 闫伟宁，张桂凤. 从社会交往特点看农民工社会融入的困境与出路——基于广西南宁市西乡塘区的调查 [J]. 中南民族大学学报（人文社会科学版），2018，38(2)：116–120.

"在杭州的朋友还算比较多吧,没有特别感觉杭州人和其他地方的人有什么区别,大家都挺好的。其实因为杭州本地人一般跟你也不会说杭州话,所以你平时真的感觉不出来哪个朋友是本地人,哪个是外地人,就是没有特别明显的分界。"

(阿荣,男,38 岁,来自江西赣州)

在移民们的城市适应过程中,方言发挥着不可忽视的重要作用。阿花提到因为武汉话的原因,很多人会对武汉人产生"凶"的感觉,由此产生距离感和误解;而阿荣提到由于本地人很少说杭州话,所以他们的土著身份并不明显,也就不会产生本地人与外地人之间清晰的区隔。刘金凤和魏后凯明确指出,作为地域文化的载体,方言会影响移民在城市社会、文化、心理等各个层面的融入。[1]尤其是在人口流动的社会背景下,方言作为一种重要的身份标识至关重要。[2]来自国外的研究也表明,语言是身份认同和建立进一步信任关系的基础。[3]本地的语言在一定程度上承载了当地的风土人情,对于移民理解当地文化、降低与当地人的隔阂作用显著。在我们的调查中,方言的作用也确实不可忽视,尤其对于那些并没有与当地人建立起社会交往的移民们而言,语言的差异会导致进一步的误解与疏离。

"我年轻的时候有去过武汉打拼,但是我不太听得懂武汉话,武汉那边到处都在说武汉话,就让我觉得很苦恼。有的时候出去打个车,司机也会跟你说武汉话,你说我一个广东人,口音又很重,为什么不可以跟我说普通话呢?所以我对武汉的感觉就不太好,现在到处都在说普通话了,那些说方言太多的地方就感觉很排外。在杭州就不会这样,大家都说普通话,就感觉大家都一样的啦。"

(新华,38 岁,来自广东清远)

---

① 刘金凤,魏后凯.方言距离如何影响农民工的永久迁移意愿——基于社会融入的视角 [J].中国农村观察,2022(1):34-52.

② 黄玖立,刘畅.方言与社会信任 [J].财经研究,2017(7):833-94.

③ Buzasi K. Language, communication potential and generalized trust in Sub-Saharan Africa:Evidence based on the Afrobarometer Survey[J]. *Social Science Research*,2015,49(1):141-155.

"我刚来武汉不久，有一次和朋友一起去汉正街逛街，当时看中了一件衣服想跟老板讲价，那个女老板就走过来那样横了我一眼，用武汉话跟我说了一句，我开始没听懂，她又说了一遍：'没有你的码。'我当时觉得好尴尬啊，觉得武汉人好没礼貌，后来这么多年我也没交过武汉人的朋友。我觉得武汉人都很排外，而且很没素质。"

（晨风，男，23 岁，来自内蒙古乌兰察布）

　　由于武汉与杭州使用方言情况的差异，有关方言负面影响的访谈主要都来自于武汉的新移民们。在访谈中，他们都不约而同地谈到由于听不懂当地语言而造成的心理上的被排斥感，从而对当地人产生了负面的情绪，必然影响到他们对于城市群体想象的形成。现有研究指出，方言可能会对移民在城市的经济整合、社会参与、文化适应和身份认同产生不利影响。[①] 方言差异会抑制移民在当地建构新的社会网络，不利于与本地人之间的沟通与相互理解，从而可能对永久性的迁移意愿产生阻碍。

　　就此而言，社交媒体可能提供了一条全新的路径，人们能够通过社交媒体跨越方言的障碍，与本地的陌生人建立联系。其中，基于共同兴趣形成的在线社群提供了第一种可能：

　　"来杭州以后没什么不适应，有空的时候就去做应援团的活动，跟大家关系都处得很好。因为她们很多都是本地人，所以日常就会带我去杭州那种本地人才知道的好吃的好玩的地方。我跟同事可能都没跟她们熟，因为大家有共同话题，所以平时也很能玩在一起。"

（静静，女，32 岁，来自湖南长沙）

　　在迁移之前，静静就已经与杭州本地的粉丝应援会建立了初步的联系，并因此而做出了迁移决定。在迁移后，静静与这一社群的线下联

---

① 刘金凤，魏后凯.方言距离如何影响农民工的永久迁移意愿——基于社会融入的视角 [J].中国农村观察，2022(1)：34-52.

系进一步增强,这极有助于她的城市适应和社会网络建构。与之相比,小施则通过在线的校友社群为所在地关系网络的拓展提供了第二种可能:

> "我还没来杭州之前,一个学姐就把我拉到校友会的(微信)群里了。来了之后,跟他们接触挺多的,生活、工作各方面都得到了校友们的很多帮助。刚来的那两年也没什么别的朋友,所以校友会组织的活动我基本都会参加,所以最开始在杭州的朋友圈基本就都是从校友会里发展来的。"
>
> (小施,女,26岁,来自江西南昌)

与血缘关系不同,基于共同的大学经历而联结起来的校友网络,是一种介于强关系和弱关系之间的社会关系。它有点类似于地缘关系所形成的同乡会,成员之间的联系虽然没有血缘关系那么紧密和稳固,但是又比陌生关系多了一层亲切与信任。社交媒体为这种关系的进一步延伸和深化提供了机会,能够让从未谋面的校友们聚集在同一个空间社群中展开互动和建立情感联系。最后一种社交媒体对移民社会交往的拓展来自于一种新的社交媒体领域——陌生人亲密社交。

近年来,主打陌生人社交的移动应用逐渐增多,此类社交媒体以位置定位服务为核心功能,能够高效地促进在相近地理位置上的陌生人互相结识并建立亲密关系。诸如陌陌、探探和微信"附近的人"这样的社交媒体,开始进入当代年轻人的关系网络,过去基于地缘和血缘关系才能产生的相互了解和亲密关系,在社交媒体的介入下,在陌生人之间,也出现了新的可能。[1]Cathy就大方地与我们分享了她使用陌生人社交软件建立情感关系的过往:

> "我跟我现在的男朋友就是通过微信'附近的人'认识的,我朋友经常说像小说里的情节一样。当时就是觉得很寂寞很无聊,然后就是午休的时候和一个同事在公司楼下开玩笑说要摇一个男朋友出来,当时就是抱着好玩的心理,没想到就摇到

---

① 许德娅,刘亭亭.强势弱关系与熟络陌生人:基于移动应用的社交研究[J].新闻大学,2021(3):49-61+119.

他。当天我们就一起吃了饭，互相有好感之后慢慢在网上聊，就变成男女朋友了。因为他来杭州好多年了，所以通过慢慢融入他的朋友圈就建立了自己的朋友圈。"

（Cathy，女，34 岁，来自湖北武汉）

虽然，通过陌生人社交媒体在本地扩展社交网络的情况，目前来说仍然较为少见，但是它能够为我们研究移民在迁移后如何重建城市群体认同提供一种新奇的体验和多元的视角。社交媒体的发展，为移民在本地通过弱关系的建立来拓展社会网络以形成较为全面的群体认知，提供了新的土壤。曼纽尔·卡斯特尔在《网络社会的崛起》中提到，互联网技术对于发展多重交叠的弱关系天赋异禀，而这种通过网络连接的弱关系使具有不同社会特征的陌生人彼此相连，使人们的社会交往由此拓展。[①] 在这一意义上，社交媒体为城市新移民在迁入城市与当地人产生联系，从而建构起合理的群体想象提供了多种可能。

在城市新移民做出定居决定后，并不意味着移民们城市想象的终结。一方面，当代社会高度流动的特点让人们对于未来仍然可能的社会流动更加自如，很少有城市新移民会断言自己会在目前的迁入城市度过余生；另一方面，在移民们的日常生活中，他们总是被动或主动地从社交媒体获取各类相关的城市信息来满足获知的需求，而在这一过程中，他们对于城市的想象与感知是持续的、不停歇的。从迁移前的城市想象初步建立到迁移后的城市想象重构，想象永不终结。

---

① ［美］曼纽尔·卡斯特尔.网络社会的崛起[M].北京：社会科学文献出版社，2000.

第四章 社交媒体与城市新移民的社会交往

一、城市新移民的社会交往

(一)农民工城市交往内卷化

在很长一段时间内,由于我国国内大规模的、自发的社会流动主要是从乡村流向城市,因此"农民工"一词即代表了中国大陆流动人口的绝大多数。在他们进入城市之后,由于缺乏生产资料和社会资本,农民工群体遭遇了漫长的来自城市人口的社会排斥。因此,在这一时期,大量对于农民工的研究发现,入城农民工的社交对象多为基于血缘和地缘关系的亲朋、同乡或其他来自农村地区的务工人员,他们的社会网络同质性高、存量小,这也进一步导致农民工与城市居民的社会区隔,学者们指出,这主要是由于他们的工作空间较为封闭,社会地位相对较低,因此在本地难以获得良好的工作机会并积累社会资本,也就阻碍了他们的社会融入。[①] 这种现象被称之为交往内卷化。

"内卷化"一词翻译于英文词汇 Involution,表示由边缘向中心卷曲,后被 Goldenweiser 引申到文化研究中,用以指称某种文化形态的不稳定发展状态——无法完成转变而在内部不断复杂化的过程。[②] 此后这一概念的外延不断扩大,开始被应用于移民研究,如汪国华认为,在城市适应的早期阶段,新生代农民工的人际交往,体现出内卷化的特点,并

---

① 闫伟宁,张桂凤.从社会交往特点看农民工社会融入的困境与出路——基于广西南宁市西乡塘区的调查 [J].中南民族大学学报(人文社会科学版),2018,38(2):116—120.

② 刘世定,邱泽奇."内卷化"概念辨析 [J].社会学研究,2004(5):96—110.

且随着内卷化的加深可能导致他们的收益递减。[1] 刘丽也认为，农民工的交往对象一般只限于熟人，很少建立新的社会关系，这会阻碍他们在城市的进一步融入。[2] 在这里，交往内卷化的含义是指交往对象具有高度的同质性且交往范围有限。[3] 当前，农民工的交往内卷化已经成为了一种学界的共识，但学者们从不同的角度探讨了造成这一后果的原因，主要从户籍制度、城乡二元对立和由此带来的社会排斥等方面来展开。

不可否认，对于 20 世纪的农民工而言，传统的社会关系在他们的迁移过程中发挥了不可替代的重要作用。费孝通提出的差序格局可以很好地解释这一现象，他认为中国传统的社会关系是以自己为中心像水波一样散开来，通过血缘、地缘、经济水平、政治地位和知识文化水平构成不同的圈子，离得越近则关系更紧密。受限于教育程度、社会地位和收入水平，早期农民工在做出迁移决定时往往极大地依赖于血缘和地缘等熟人社会关系，这也导致他们被紧密地与制造业、建筑业等聚集性产业捆绑，进一步加深了他们在迁移后扩展社会关系的难度，最终阻碍农民工的社会融入。然而，进入互联网时代后，随着我国新型城镇化的推进与城市户籍制度的不断变革，城市中年轻一代移民的社会环境发生了极大的变化，城市新移民的构成逐渐多元化，他们的教育程度、社会地位和收入水平都有所提高。那么，这是否意味着城市新移民可以打破社会交往的内卷化？这是本章亟待回应的第一个问题。

（二）不同层级的城市新移民与社会交往

要回应城市新移民是否仍然存在社会交往内卷化问题，我们首先要意识到当前城市新移民内部的复杂性。新生代农民工走上了历史舞台的同时，另一个移民群体开始出现在学界的视野之中——白领移民。事实上，西方的国内移民研究一直以白领移民为研究重点。农民工作为我国特有的一种移民形态，具有极强的中国特色，相较之下，白领移民大多接受过高等教育，能够在城市中获得较为体面和收入更高的工作，被

① 汪国华 . 从内卷化到外延化：新生代农民工务工地创业社会支持网络研究 [J]. 中国青年研究，2019(8)：56-61.
② 刘丽 . 新生代农民工"内卷化"现象及其城市融入问题 [J]. 河北学刊，2012(4)：118-122.
③ 张岳 . 农民工的社会交往内卷化了吗?——基于对"内卷化"概念比较性的理解 [J]. 天府新论，2020(1)：88-95.

认为能够更好地融入城市。[①] 此外,廉思还借用了一个概念——"蚁族",用来指代城市新移民中的另一个代表群体——大学毕业生低收入聚居群体。[②] 廉思认为,这一群体相较农民工拥有更高的文化层次,但相较于普通城市白领又无法得到相应的经济收入和社会地位,因此在社会经济特征和城市融入方面都具有其独特性,能够代表当前中国流动人口中的一个特殊群体,值得单独展开分析。[③] 因此,本书将新生代农民工群体、新生代城市白领移民和大学毕业生低收入聚居群体这三个不同的群体,视为当前我国城市新移民的典型代表。那么,这三个群体在城市中的社会交往状况是否有所区别? 突破移民社会交往内卷化的关键变量是什么?

城市新移民的第一个层级——新生代农民工,是相对老一代农民工提出的概念,指出生于 1980 年以后,拥有农村户口但选择进入城市从事非农业产业劳动的群体。这一群体的提出主要是由于当前我国的农民工群体主体已经发生了较大的变化,国家统计局《2021 年农民工监测调查报告》显示,在总数为 2.7 亿的农民工中,40 岁及以下农民工占比 53%。[④] 换言之,新生代农民工已经构成了农民工的主流群体。大量研究表明,农民工群体内部在社会融合问题上已经出现了明显的代际分化,新生代农民工拥有更加强烈的融入当地社会的意愿,且他们普遍认为自身与当地居民的社会距离相应缩小。[⑤] 但关于两代农民工城市融入的现状,学者们意见不一,主要形成了三种不同的观点:第一种观点形成于新生代农民工的研究早期,学者们认为新生代农民工的城市融入境况要显著高于第一代农民工,[⑥] 此类研究此后逐渐减少。第二种观点开始占据主导,即认为新生代农民工比第一代农民工更难以完成社会融入,如魏万青认为新生代农民工面临着更高的融入门槛,处于更加不利

① 苏迪,张文宏.城市白领新移民社会融合与定居意愿研究 [J].中共福建省委党校 (福建行政学院) 学报,2020(3): 128-136.
② 廉思.蚁族:大学毕业生聚居村实录 [M].桂林:广西师范大学出版社,2009.
③ 廉思,刘洁.基于理性选择理论的"蚁族"居留意愿研究——来自北京市的实证调查 [J].人文地理,2019,34(1): 115-121.
④ 2021 年农民工检测调查报告:http://www.gov.cn/xinwen/2022-04/29/content_5688043.htm.
⑤ 杜海峰,王薇然,李石花.代际视角下农民工社会融合现状及影响因素研究 [J].北京工业大学学报 (社会科学版),2022,22(2): 49-61.
⑥ 刘传江,程建林.第二代农民工市民化、现状分析与进程测度 [J].人口研究,2008(5): 48-57.

的地位；[①] 邢朝国基于北京市的调查发现本地居民对于新生代农民工的综合评价明显低于对老一代农民工的综合评价。[②] 第三种观点则介于两者之间，认为新老两代农民工的城市融入差异不大，没有发生实质性变化，社会融合仍然停留在血缘、地缘和亲缘关系上，经济融入、社会适应和心理认同没有出现明显的改善。[③] 李培林和田丰更进一步指出，经济层次的融入并不必然带来社会、心理和身份等层次的融入。[④] 在此意义上，我们很难对新生代农民工在城市中的社会交往现状做出过于乐观的判断。同时，由于在当前界定中，新生代农民工最重要的特点是出生于农村，这样一来，与城市新移民内部其他层级的边界不太清晰，为了便于区分，本书主要将教育程度低于本科的来自农村地区的务工青年指称为新生代农民工。

城市新移民的第二个层级，白领移民，也被称为智力型移民。"白领"一词最早来自于米尔斯的《白领：美国中产阶级》一书，传入我国被用于与"蓝领"对应的一种从事脑力劳动、拥有更高收入的社会群体的指称。随着经济社会的蓬勃发展和产业结构的调整，白领已经取代蓝领成为当前城市中最为重要的职业阶层。他们中的绝大多数都拥有良好的教育背景，学历普遍在本科及以上。相关研究认为，新生代白领移民与本地居民的接触机会较多，他们中的绝大多数能够避免农民工所遭遇到的社会排斥情境，与本地居民建立起稳定的社会交往关系，并获取一定的社会支持。[⑤] 然而，周葆华和吕舒宁对于上海报纸的研究表明，"负面行为者"，无论对于哪个阶层的城市新移民而言，都是媒体当前的主要再现形象。[⑥] 通过这种媒体形象的建构，城市新移民被描述成一群肆意妄为并且对城市正常生活具有威胁的社会群体，其中，精英移民开展商业犯罪，中层移民欺行霸市，底层移民抢劫偷盗。无疑，这样的媒介形象构

① 魏万青．禀赋特征与机会结构——城市外来人口社会融合的代际差异分析 [J]．中国农村观察，2012(1)：13–21.
② 邢朝国．农民工的社会形象提高了吗？——以北京市民对两代农民工的评价为例 [J]．人口与发展，2015，21(4)：67–73+102.
③ 邢朝国．农民工的社会形象提高了吗？——以北京市民对两代农民工的评价为例 [J]．人口与发展，2015，21(4)：67–73+102.
④ 李培林，田丰．中国农民工社会融入的代际比较 [J]．社会，2012(5)：1–24.
⑤ 雷开春．白领新移民与本地居民的社会支持关系及影响因素 [J]．青年研究，2008(9)：24–32.
⑥ 周葆华，吕舒宁．城市新移民的媒体形象、表达与标签——上海报纸中的"新上海人"报道内容分析 (下)[J]．新闻记者，2011(5)：82–87.

建会对本地居民心中的新移民认知产生极大的负面影响,从而影响双方的正常交往与沟通。因此,我们是否还可以抱持着积极的观点,认为拥有更高的教育程度和收入水平的移民更容易与本地居民建立起社会网络呢?

城市新移民的第三个层级,大学毕业生低收入移民,指的是那些虽然获得了大专或本科学历,但主要从事一些临时性的工作来获取报酬的青年移民,他们主要聚集在保险推销、餐饮外卖等不稳定的工作领域中,甚至有些处于失业半失业状态,因此只能聚居于城乡接合部或近郊农村,总体来说可以概括为高教育水平、低经济收入的青年群体。为了更加清晰地对这三个城市新移民的次级群体进行划分,我们用表 4-1 来进行概括:

表 4-1　城市新移民的次级群体

城市新移民群体	教育程度	收入水平	户籍所在地
新生代农民工	本科以下	不等	农村
白领移民	本科及以上	5000 以上	农村 / 城镇
大学毕业生低收入移民	专科 / 本科	5000 以下	农村 / 城镇

从上表中,我们从新生代农民工、白领移民和大学毕业生低收入聚居群体中简单提炼出一些显著的区别,分别表现在教育程度、收入水平和户籍所在地上。因此在具体的量化分析中,我们将教育程度在本科以下且户籍所在地为农村的城市新移民,统一归类到新生代农民工的范畴,将个人月收入的 8 个层次的前 3 个层次界定为低收入,即个人月收入低于 5000 元且具有专科或本科学历的城市新移民被纳入大学毕业生低收入移民。最后,我们将具有本科及以上学历,且个人月收入在 5000 元以上的城市新移民归入白领移民范畴来进行考察。

康红梅指出,底层流动人口在城市重构的社会网络,仍然主要由迁出地的亲友及同乡等熟人构成,他们难以突破传统的亲缘、地缘边界,与城市本地居民开展社会交往。[1] 在此意义上,社会地位成为衡量移民能否与本地人建立社会关系的重要标准,而社会地位在很大程度上谈论的是社会结构和社会分层。在经典社会学理论中,社会交往一直是研究

---

[1]　康红梅.社会排斥背景下底层群体"内卷化"职业身份认同研究———以环卫农民工为例 [J].理论月刊,2016(1):143-148.

社会结构和社会分层的重要标准。布劳指出,社会结构是由不同阶层的人们所处的位置构成的,而社会交往则关注的是处于社会结构不同位置上的人们之间的互动关系,两者联系紧密且相互影响。处于相似结构位置上的个体,因其拥有相似的社会角色而更易建立社会交往。[①]换言之,拥有类似经历、社会地位、教育背景、经济收入的人们更容易与彼此建立社会关系。布劳的"接近性假说"命题已经在许多研究中得到检验,如婚姻匹配、[②]同侪效应[③]等。"接近性假说"在很大程度上回应了农民工社会交往同质性的问题,并将社会阶层视为其中最重要的因素,社会阶层差异越小,社会交往越容易达成,反之亦然。研究显示,对于流动人口而言,教育水平、收入、社会地位等因素是影响他们城市融入的关键变量。[④]社会交往作为移民城市社会融入的重要表征,也必然受到这些因素的影响,因此提出以下假设:

假设1:与从农村向城市迁移的城市新移民相比,由城市向城市迁移的城市新移民更可能与本地居民建立社会交往。

假设2:城市新移民受教育程度越高,越容易与本地居民建立社会交往。

假设3:城市新移民收入越高,越容易与本地居民建立社会交往。

假设4:城市新移民主观社会地位越高,越容易与本地居民建立社会交往。

假设5:当新生代农民工和大学毕业生低收入移民相比,白领移民更容易与本地居民建立社会交往。

(三)社会交往与社会支持

我们必须意识到,社会关系并不是一个静止的恒量的值,它的强弱代表着不同的联结方式。格兰诺维特在《弱关系的力量》中依据互动频率的高低、情感力量的深浅、亲密程度的强弱、互惠交往的多少等四个指标来将社会关系区分为强关系和弱关系,并指出不同类型的关系发挥

---

① [美]彼特·布劳. 不平等和异质性[M]. 王春光,谢圣赞译. 北京:中国社会科学出版社,1991.
② 张翼. 中国阶层内婚制的延续[J]. 中国人口科学,2003(4):43-51.
③ 焦媛媛,李智慧. 同侪影响的内涵、产生机理及其在管理学中的研究展望——基于社交网络情境[J]. 南开管理评论,2020(1):213-224.
④ 彭大松,苗国. 家庭化流动背景下非户籍人口的社区参与研究——基于广义分层线性模型的分析[J]. 人口与发展,2020(5):62-72.

的作用不同,弱关系的分布范围更广,对于跨群体的消息和资源的获取更有益处。林南发展和修正了格兰诺维特弱关系假设,并提出社会资源理论。这一理论认为,社会结构的不同位置代表着财富、权利等资源的多寡,同一阶层的人在资源占有上具有高度同质性,因此会形成"强关系",而不同阶层的人们之间则往往形成"弱关系",人们能够通过弱关系实现阶级的流动。[①] 但是,林南的观点忽视了个体的交往意愿,边燕杰在中国情境下的检视发现,人情关系的强弱对资源的分配有更大的影响力,强关系比弱关系更能够发挥作用。[②] 格兰诺维特指出,强关系产生于教育程度、职业身份、收入水平等社会经济特征相似的个体之间。[③]在此基础上,边燕杰根据人际关系特征将调查对象与网络成员之间的关系分为 14 种:父母及配偶的父母、配偶、子女及子女的配偶、兄弟姐妹及配偶的兄弟姐妹、其他亲属、朋友、邻居、老乡、同学、同事、老板、房东、熟人、因工作或生活接触到的其他人员(如银行职员、律师、记者、顾客、居委会等城市机构工作人员),并将前五种关系界定为"亲属关系",最后三种关系称为"相识关系",其余称为"朋友关系",其中,相识关系被界定为弱关系,朋友关系和亲属关系则均界定为强关系。[④] 与之不同的是,王毅杰和童星将朋友关系界定为中间型关系,他们认为只有亲属关系可以称之为强关系。[⑤] 李树茁在针对农民工的研究中将亲缘和地缘关系作为强关系,而将友缘和其他关系归为弱关系。[⑥] 本书在边燕杰研究的基础上参考了潘泽泉和杨金月的划分标准,[⑦] 对移民的社会关系

① Lin N. *Social Capital*: *A Theory of Social Structure and Action*[M]. Cambridge: Cambridge University Press, 2002.
② Bian Y J. Bringing Strong Ties Back in: Indirect Ties, Network Bridges, and Job Searches in China[J]. *American Sociological Review*, 1997, 62(3): 366–385.
③ Granocetter M. The strength of Weak Ties[J]. *Social Science Electronic Publishing*, 1973, 78(2): 1360–1380.
④ Bian Y J. Bringing Strong Ties Back in: Indirect Ties, Network Bridges, and Job Searches in China[J]. *American Sociological Review*, 1997, 62(3): 366–385.
⑤ 王毅杰,童星.流动农民社会支持网探析 [J].社会学研究,2004(2):42-48.
⑥ 李树茁,任义科,靳小怡,等.中国农民工的社会融合及其影响因素研究——基于社会支持网络的分析 [J].人口与经济,2008(2):1-8+70.
⑦ 潘泽泉,杨金月.社会关系网络构成性差异与"强弱关系"不平衡性效应分析——基于湖南省农民工"三融入"调查的分析 [J].中南大学学报(社会科学版),2017,23(6):109-116.

进行了以下划分：亲属、老乡、朋友、同学、同事、其他本地人，关系强度由高到低，其中"亲属"和"老乡"为强关系，"其他本地人"为弱关系，中间三者为中间性关系。

威尔曼认为，"社会关系的存在并不意味着一定会提供社会支持"，即社会关系的存在并不必然带来某种帮助。从社会网的作用来看，真正能够提供支持的网络称为社会支持网，即个人能够获得各种资源（如信息、物质、友谊等工具性或情感帮助）的社会关系。而正是通过这些社会网，人们才可以解决日常生活中的问题和危机，维持日常生活的正常进行。因此，与当地居民建立社会联系并不意味着一定能够建立社会支持网，获得社会支持。而如果说与当地居民建立社会关系是移民城市适应的第一步，那么能不能建立社会支持网才是决定他们社会融入的关键变量。

社会支持是指人们从社会关系网络中所能获得的资源和帮助，它可以帮助移民更好地进行城市适应，完成本地的社会融入。[①] 学者们对于社会支持的划分标准不一，如从支持的来源上，社会支持可以被划分为正式支持和非正式支持；从支持的功能上，又可以划分为情绪、经济、讯息、知识性和评价性等五个类别。[②] Poel 将个体从社会网络中获取的支持划分为情感支持（精神安慰、情绪疏解、重大事项咨询）、实际支持（经济帮助、劳动）和交往支持（一同外出、拜访）三类。[③] 张文宏、阮丹青从财务支持和精神支持两方面来理解国人的社会关系网络。[④] 不同类型的社会关系网络可以提供不同种类的社会支持，格兰维杰特的"弱关系力量"假设很早就提出，由于弱关系的分布范围更广，因而更能帮助人们跨越群体获得信息和资源，这就是著名的"弱关系充当信息桥"判断。而且，他认为，人们是出于理性的需要去发展和使用弱关系，因而能够创造更多的社会流动机会。[⑤] 然而，王毅杰与童星对中国流动农民工的

---

① 刘涛.人力资本、社会支持与流动人口社会融入 [J].人口与发展，2020(2)：11–22.

② Haber M G, Cohen J L, Lucas T, et al. The relationship between self-reported received and perceived social support: A meta-analytic review[J]. *American Journal of Community Psychology*, 2007, 39(1–2): 133–144.

③ Poel M. Delineating personal support networks[J]. *Social Networks*, 1993, 15(1): 49–70.

④ 张文宏，阮丹青.城乡居民的社会支持网 [J].社会学研究，1999(3)：11.

⑤ Granocetter M. The strength of Weak Ties[J]. *Social Science Electronic Publishing*, 1973, 78(2): 1360–1380.

研究却指出,强社会关系,如"亲属",最可能参与重要事项讨论和提供金钱帮助;"朋友"这类的中间性关系则最可能提供情感上的支持,如陪伴和日常交往,而弱关系和中间性关系更能出面帮助解决麻烦。潘泽泉和杨金月也得出了类似的结论,他们认为,虽然亲缘和地缘等强关系不再是农民工获取情感支持和交往支持的主要来源,但"亲戚"仍然是他们获取工具性支持的主要对象。同时,业缘关系成为农民工交往性网络中的主要关系,而友缘关系成为其重要的依赖资本。基于此,本书希望解答以下研究问题:(1)城市新移民的社会交往是否影响其在本地获取的社会支持? (2)新生代农民工、白领移民和大学毕业生低收入移民在具体社会支持的获取上是否有所差别? 若有,这种差别是如何呈现的?

二、社交媒体与移民的社会交往

(一)社交媒体与社会网络

作为信息技术革命性发展的标志性成果,社交媒体已经成为重塑人们生活方式与思维模式的无可替代的生存型工具。周宇豪和杨睿认为,社交媒体自诞生之日起就具备了强大的社会关系网络编制功能,"在为社会行为主体提供传统意义上的沟通交流和信息集成传递服务的同时,还以其超越传统媒体的传播方式将商品物质交易以及精神层面的情绪抚慰等通过虚拟场景中的身临其境式体验完成"。[1]事实上,现实世界和虚拟空间是"由一个相互交错或平行的网络所构成的大系统"[2],万物互联的网络利用信息技术编织了一张有别于现实的社会关系网,虚拟的社会关系网并不是现实社会关系的全面映射,它们看似平行却又凭借着主体节点的对应关系而产生了少许交际。戚攻提出,网络世界虽然在很大程度上依托于现实世界,但它并非现实的翻版,而是提供了全新的多样性选择。[3]童星与罗军将网络世界视为日常生活的一部分,认为它本质上是现实的,但是以一种全新的方式而存在。[4]还有学者认为,虚拟

---

① 周宇豪, 杨睿. 社交媒体的社会资本属性考察 [J]. 新闻与传播评论, 2021, 74(6): 36.

② 肖鸿. 试析当代社会网研究的若干进展 [J]. 社会学研究, 1999(3): 3.

③ 戚攻. 网络社会——社会学研究的新课题 [J]. 探索, 2000(3): 87–89.

④ 童星, 罗军. 网络社会:一种新的、现实的社会存在方式 [J]. 江苏社会科学, 2001(5): 116–120.

世界比现实世界更复杂，人们可以通过在线操作将人与人之间的联系从一个网络转移到另一个网络。[①]无论现实社会与虚拟世界的差异性如何，可以确定的是，数字技术，或者说社交媒体，有助于人们维持现实社会中的人际交往，同时在此之外拥有更多社会交往的选择。换言之，无论是现实生活中的迎来送往，还是虚拟世界里的交往互动，都与建立社会联系、组成社会关系网络和获取社会资本紧密相连。

然而，对于社交媒体的使用对社会关系网络所带来的影响，学界存在不同的观点，部分学者认为社交软件能够突破空间的障碍，使原本互不相识的个体实现兴趣共享，且社交媒体平台上表达方式的多元化和高度匿名性有助于拓展新的关系网络，是当代青年群体用以建立和维系人际关系的重要工具，能够实现增强社会联系、拓展社会交往范围。[②]用格兰诺维特的弱关系理论来解释就是，社交媒体对维持强关系和拓展弱关系都作用显著。

首先，社交媒体被认为能够发挥强关系的情感连接作用。格兰诺维特认为一周两次以上的现实互动即属于高频率的社会交往，可以被纳入强关系。但是社交媒体使高频度的社会交往成为司空见惯之事，在此意义上强关系的范畴有所拓展，原本受限于时空的现实亲密关系被虚拟空间的实时互动取代。此外，社交媒体还催发了多对多的群聊模式，构成了诸多强关系群组，如家庭群、朋友群、同学群，群聊模式激发了参与者的积极性，形成了一种更有效率的情感互动。蒋建国认为，在社交媒体中基于强关系而建立的微信群已经成为人们提供实质性帮助的重要场域。[③]同时，格兰诺维特认为强关系高昂的维系成本使得强关系网络不能无限制扩张，导致了强关系群体的高度同质性，然而社交媒体提供了多向度的沟通模式，降低了强关系的维护成本，从而有利于拓展强关系群体的范围，提高信息供给的异质性。在此意义上，社交媒体不仅可以维持现实生活中已经存在的强关系，而且还可能对此进行拓展。

其次，社交媒体可能为弱关系的建立提供了更为广阔的可能。作

① Wellman B. Physical Place and Cyberplace：The Rise of Personalized Networking[J]. *International Journal of Urban and Regional Research*，2001(25)：227–252.
② Peris R，Gimino M A，Pinazo D.Online chat rooms：Virtual spaces of interaction for socially oriented people[J]. *Cyber Psychology & Behavior*，2002，5(1)：43–50.
③ 蒋建国.微信群：议题、身份与控制 [J]. 探索与争鸣，2015(11)：108–112.

为一种突破了时空限制的虚拟交往场域,社交媒体的社交方式便捷且多样,使人们几乎不须耗费任何成本就能够与陌生人建立起新的联系。Ellison 认为向他人发出关注度信号是维持双方关系的重要信号,[①]而发出关注信号是当前社交媒体中最常见的互动方式,关注陌生人的账号意味着一段全新关系的开始,紧随其后的点赞、评论、转发等轻量级互动,虽然难以将关系强度提升,但可以发挥维系弱关系的功能。[②]田丰和李夏青认为,在信息传递的互惠上,虚拟空间中的弱关系要强于现实生活,因为在虚拟空间中原本素不相识的人们之间也可以实现信息的传递。[③]Ellison 等人提出,虚拟社交机制的改变跳脱出一对一沟通的限制,对于信息互惠的效率提升意义重大。[④]

此外,我们还必须意识到,社交媒体中的社会关系不等同于现实生活中的社会关系。虽然虚拟空间在一定程度上实现了现实社会关系的转移,但是这种关系的力量不一定总是一致的,现实中诸如亲属这样的强关系网络不一定能够被原封不动地移植到虚拟环境下,这可能是由于老一辈人的媒介素养欠缺,也可能是交流主体希望逃避现实生活规范的束缚,可能的原因是多方面的,同样的,现实生活中的弱关系也可能在虚拟空间中实现强关系的转化,如基于共同兴趣而形成的各种在线社群,参与者们在其中高度参与、密切联系,但这不意味着这种关系能够在现实生活中得以重现。

与此同时,也有一部分学者认为,使用社交媒体对现实生活中的社会关系带来了负面影响,他们认为在线交流挤占了现实中面对面交流的

---

① Ellison N B, Vitak V, Gray R, et al. Cultivating Social Resources on Social Network Sites: Facebook Relationship Maintenance Behaviors and Their Role in Social Capital Processes[J]. *Journal of Computer-Mediated Communication*, 2014(4): 19.

② Burke M, Kraut R. Growing closer on Facebook: Changes in tie strength through social network site use[J]. *Proceedings of the 28th International Conference on Human Factors in Computing Systems CHI*, 2014(10): 4187–4196.

③ 田丰,李夏青. 网络时代青年社会交往的关系类型演进及表现形式 [J]. 中国青年研究,2021(3): 28–37.

④ Ellison N B, Vitak V, Gray R, et al. Cultivating Social Resources on Social Network Sites: Facebook Relationship Maintenance Behaviors and Their Role in Social Capital Processes[J]. *Journal of Computer-Mediated Communication*, 2014(4): 19.

时间,不利于人们建立积极健康的社交关系。[①] 还有研究表明,即使在社交媒体中,人们仍然是在与现实生活中较为亲密的亲朋好友展开互动,社会交往的实质范围并没有明显扩大。[②]

(二)社交媒体对城市新移民社会交往的作用

作为网络社会中的一员,人们越来越依赖于从互联网上获取信息和建立联系,城市新移民更是如此。大量研究表明,身为外来者和城市新成员的移民,高度依赖新媒体,尤其是社交媒体。[③] 周葆华和吕舒宁的研究显示,新生代农民工使用新媒体来进行人际交往和休闲娱乐,且对于新媒体的使用和评价都要显著高于传统媒体。[④] 何晶对于农民工子女的研究发现,互联网主要扮演着社交平台的角色,以满足他们对拓展新的社会关系的期待。[⑤] 郑素侠指出,新生代农民工对新媒体的工具性使用能够使他们获得更多的实用性信息,从而激发他们作为公民的主体意识、平等意识和参与意识,最终促进他们与城市居民的社会交往。[⑥] 吴予敏和朱超勤对 QQ 的考察更进一步发现,对新生代农民工而言,社交媒体能够强化线下的社会关系,且可以帮助他们建立新的社会网络并带来新的社会资本。但她们也指出,QQ 在新生代农民工社会资本增长上的效能也受到社会结构的深度制约,社会经济地位较低的农民工建立的虚拟社会网络具有高度的趋同性,无法为他们积累社会资本发挥积极效用。[⑦]

[①] Quinn A, Boneva B, Kraut R E, et al. Teenage Communication in the Instant Messaging Era. In Kraut, R., Brynin, M., &Kiesler, S. *Computer, Phones, and the Internet: Domesticating Information Technology*[M]. Oxford: Blackwell, 2006.

[②] 李晓静.网络聊天对大学生社会交往的影响 [J].新闻与传播研究,2008(4):84-89

[③] 韦路,陈稳.城市新移民社交媒体使用与主观幸福感研究 [J].国际新闻界,2015,37(1):114-130.

[④] 周葆华,吕舒宁.上海市新生代农民工新媒体使用与评价的实证研究 [J].新闻大学,2011(2):145-150.

[⑤] 何晶.从网络聊天透视农民工子女的心理状态——基于与北京市青少年的比较 [J].当代传播,2010(1):45-49.

[⑥] 郑素侠.媒介使用与新生代农民工的城市融入 [J].当代传播,2012(5):42-45.

[⑦] 吴予敏,朱超勤.新生代农民工 QQ 使用与社会资本研究——基于社会网络分析的视角 [J].现代传播(中国传媒大学学报),2016,38(11):125-130.

显然,社交媒体能够在一定程度上有益于流动人口的社会交往,但这种作用并不是毫无限制的。第一,社交媒体能够维系现实生活中的强关系,但却很难拓展全新的强关系网络。一般而言,强关系基于血缘、地缘、学缘和业缘四个层面来形成,[①] 因此,对于流动人口而言,他们拥有的强关系大多来自迁出地,需要在本地重新建立新的强关系网络。因此城市新移民的潜在强关系主要来自于同事和邻居关系,虽然可能通过社交媒体来推动此类关系由弱关系向强关系转化,但是关系的建立仍然来自现实生活。在此意义上,社交媒体能够发挥的作用是促使现实生活中的弱关系向强关系转化,而不是直接建立和发展强关系。第二,社交媒体能够帮助城市新移民跨越时空的限制建立新的弱关系,但这种弱关系并不一定能够延伸到现实生活中对他们的城市适应提供帮助。一方面,社交媒体中的弱关系建立在在线社群中的共同兴趣,它跨越了时空限制的同时也意味着空间重合可能性的无限缩小;另一方面,陌生人之间在社交平台上的交往大多局限于赛博空间中,很难转化为现实生活的社会网络,人们之间的互动更多地停留在点赞、转发和评论上,难以深入延展开来。第三,在社交媒体中建立的关系可能具有高度的同质性,这进一步促进了移民的社会交往内卷化趋势。高传智基于农民工微信群的研究表明,社交媒体密切了外来农民工群体内部的人际交往,在一定程度上提升了农民工在本地的适应能力,但是也进一步固化和深化了外来人口在城市融入过程中的内卷化趋势,使他们在职业选择等个体发展层面上长期处于无渐进式积累和增长的低水平重复状态。他们的社交媒体互动难以逾越阶层鸿沟,与本地居民建立联系。[②] 最后,立足于熟人社会的诸如微信、QQ这样的关系导向型社交媒体和更关心有趣内容的内容型导向社交媒体,能在多大程度上促进陌生人之间建立社会联系还有待探讨。正是带着这些疑问,本书希望通过对城市新移民的调查回应以下研究问题:(1)城市新移民的社交媒体使用是否影响其社会交往?(2)城市新移民的社交媒体使用是否影响其在本地获取的社会支持?(3)内容导向型社交媒体与关系导向型社交媒体对于城市新移民的社会交往和社会支持的影响有何差异?

---

① 陈世华,黄盛泉.近亲不如远邻:网络时代人际关系新范式[J].现代传播(中国传媒大学学报),2015,37(12):129-132.
② 高传智.共同体与"内卷化"悖论:新生代农民工城市融入中的社交媒体赋权[J].现代传播(中国传媒大学学报),2018,40(8):141-148.

三、关键研究变量

（一）社会交往

社会交往属于社会行为范畴，与性别、年龄等客观指标相比，具有一定的复杂性。本书从三个向度来测量城市新移民的社会交往，得到以下三个变量。

1. 本地社会关系的广度

要求受访者使用李克特五级量表对"我在本地的交际圈＿＿＿＿"这一题项进行打分，答案项从"非常广泛（5）"到"非常狭窄（1）"依次进行赋分。

2. 本地社会关系的构成

要求受访者使用李克特五级量表对"你所在城市的熟人里＿＿＿＿？"这一题项来进行赋分，答案项依次为"几乎都是本地人"；"大部分是本地人"；"一半是本地人"；"少部分是本地人"；"没有本地人"，从5到1依次进行赋值。

3. 本地社会关系的强度

对于此项变量的测量基于李克特五级量表来展开，要求受访者对与本地六类社会关系"亲属""老乡""朋友""同学""同事""其他本地人"的来往频率进行赋分，具体题项为"在本地生活中，你与这些人的交往频率如何？"答案项从"几乎从不（1）"到"非常频繁（5）"，此外，设置选项"没有此类社会关系"，并赋分值为0。其中，"亲属"和"老乡"被归类为强关系，"其他本地人"被归类为弱关系，其他的则作为"中间性关系"。

（二）社会支持

本书关注的是城市新移民的社会支持网络。早期的研究者将社会网络等同于社会支持，认为只要建立起社会关系就一定能从中获得帮助，然而越来越多的实证数据表明，社会支持网络内部具有极大的差异性，不同类型的社会关系对应不同类型的社会支持。本书在王毅杰和童星测量量表[①]的基础上予以改进,采用 8 个题项对移民的城市社会支持网络进行测量,答案采用李克特五级量表,从"1 完全不同意"到"5 完全同意"进行赋分。经检验,该量表的信度为 0.813,符合信度要求。经过对该变量的因子分析,主成分分析共提取出 4 个因子,分别命名为情感支持(Cronbach's Alpha=0.82)、工具支持(Cronbach's Alpha=0.88)、交往支持(Cronbach's Alpha=0.84)与信息支持(Cronbach's Alpha=0.81),如表 4-2 所示。

表 4-2　本地社会支持变量的因子分析

	成分			
	情感支持	工具支持	交往支持	信息支持
当我心情不好时,我所在城市的交际圈能够有所帮助。	0.807			
当我需要做一个重大的决定时,我所在城市的交际圈能够有所帮助。	0.793			
当我经济上出现困难时,我所在城市的交际圈能够有所帮助。		0.772		
当我在当地遇到了麻烦时,我所在城市的交际圈能够有所帮助。		0.759		
当我想要外出,如逛街、看电影、下饭馆时,我所在城市的交际圈能够满足我的需求。			0.731	
当我想要与人相约一起聊天、吃饭、休闲娱乐,我所在城市的交际圈能够满足我的需求。			0.715	
当我需要获得一些当地的求职信息时,我所在城市的交际圈能够有所帮助。				0.632
当我需要了解本地的一些风土人情时,我所在城市的交际圈能够有所帮助。				0.547

---

① 王毅杰,童星. 流动农民社会支持网探析 [J]. 社会学研究,2004(2):42-48.

四、研究发现

（一）城市新移民社会交往与社会支持的描述性分析

表 4-3 显示了城市新移民三个次级群体与本地人社会交往与在本地获取社会支持的程度，总体上，城市新移民在本地建立起的社会关系网络较为广泛（M=3.53，SD=1.38），但与本地人交往情况的平均分是 2.97，意味着他们大部分的本地社会关系都是与外来人口建立起来的。其中，新生代农民工在本地建立起的社会关系网络得分最低（M=3.02，SD=0.94），且与本地人的社会交往情况也最差（M=2.65，SD=0.67）。而大学毕业生低收入移民和白领移民在这两个变量上的表现有轻微差别，表现在大学毕业生低收入移民更多地与本地居民建立了社会联系（M=3.19，SD=1.26），但白领移民认为自己在本地建立的社会关系网络更为广泛（M=3.79，SD=1.45），不过这两个次级群体的差别并不大，相较于农民工群体，社会网络的整体规模和构成情况都更好。值得注意的是，在三个次级群体之外的其他群体，即那些学历较低但收入较高的城市新移民与本地居民建立的关系网络得分最高，这可能是由于此类移民大多从事一些私营事务，与本地居民打交道的机会更多，因此建立联系的可能性也就更强。

在社会关系的强度上，城市新移民总体在中间性关系交往上的赋分最高（M=3.90，SD=1.08），其次是弱关系网络（M=3.15，SD=1.27），说明友缘和业缘已成为当前城市新移民的城市关系网络中最重要的组成部分，而以地缘和血缘为基础的强关系在移民城市生活中的作用在减弱。三个次级群体也均是如此，朋友、同学、同事成为他们在城市生活中来往最为密切的社会关系群组。对三个次级群体进行比较可以发现，新生代农民工的强关系交往频率（M=3.51，SD=0.66）要高于白领移民（M=3.08，SD=0.93）和大学毕业生低收入移民（M=2.86，SD=0.58），而大学毕业生低收入移民的弱关系交往频率最高（M=3.33，SD=1.43），这可能与他们的工作性质有关。廉思发现，大学毕业生低收入移民大多在保险推销、电子器材销售、广告营销、餐饮服务等职业领域进行临时性劳动，而这些职业大多需要频繁与陌生人打交道，因此可能在一定程度上解释了这一群体与弱关系交往的频率为何如此之高。同时，这个群体的年纪在三个群体当中最为年轻，因此他们可能更愿意与陌生人建立新的联系。此外,低学历高收入移民群体在整个群体中的弱关系交往得分最高(M=3.42, SD=0.87),但中间性关系交往分值最低(M=3.57, SD=1.12)。

在社会支持上,城市新移民在交往支持上的平均分值最高(M=3.83, SD=0.96),其次是信息支持(M=3.38, SD=0.74),最弱是工具支持(M=3.17, SD=0.81)。新生代农民工在情感支持上的得分最高(M=3.55, SD=0.84),说明他们普遍认为能够从本地的关系网络中获得一些情感上的支持与帮助,而工具支持则得分最低(M=2.65, SD=1.34),意味着他们对于自己在本地获得经济支持和事务性支持的信心较差。相较之下,白领移民在情感支持(M=3.43, SD=0.75)、工具支持(M=3.47, SD=0.65)、交往支持(M=3.83, SD=1.02)和信息支持(M=3.55, SD=0.63)四个方面的得分均较高,表示白领移民较容易在本地取得全面的社会支持。对于大学毕业生低收入移民来说,他们的信息支持(M=3.72, SD=1.03)和交往支持(M=3.68, SD=0.65)得分较高,但在情感支持(M=2.93, SD=1.01)和工具支持(M=3.02, SD=1.39)上的情况不容乐观。

表 4-3　城市新移民在本地的社会交往与社会支持

	城市新移民 (N=1145)	新生代农民工 (N=289)	白领移民 (N=541)	大学毕业生低收入移民 (N=217)	其他 (N=98)
社会关系广度	3.53(1.38)	3.02 (0.94)	3.79 (1.43)	3.52 (1.67)	3.63 (1.04)
社会关系构成	2.97(1.24)	2.65 (0.67)	2.94 (1.56)	3.19 (1.26)	3.55 (0.98)
强关系交往	3.16(0.78)	3.51 (0.66)	3.08 (0.93)	2.86 (0.58)	3.29 (0.82)
中间性关系交往	3.90(1.08)	3.92 (0.92)	3.89 (1.04)	4.05 (1.23)	3.57 (1.12)
弱关系交往	3.15(1.27)	2.98 (0.54)	3.14 (1.31)	3.33 (1.43)	3.42 (0.87)
情感支持	3.35(0.82)	3.55 (0.84)	3.43 (0.75)	2.93 (1.01)	3.25 (0.86)

续表

	城市新移民（N=1145）	新生代农民工（N=289）	白领移民（N=541）	大学毕业生低收入移民（N=217）	其他（N=98）
工具支持	3.17（0.81）	2.65（1.34）	3.47（0.65）	3.02（1.39）	3.38（1.04）
交往支持	3.83（0.96）	3.06（0.88）	3.83（1.02）	3.68（0.65）	3.21（1.25）
信息支持	3.38（0.74）	2.88（1.15）	3.55（0.63）	3.72（1.03）	3.18（1.24）

（二）城市新移民社交媒体使用、社会交往与社会支持的回归分析

为了回应本文提出的研究假设与研究问题，社会交往的不同维度和社会支持分别作为因变量进入回归方程，人口统计因素、社交媒体类型使用和社交媒体功能使用分组依此输入方程。结果如表4-4所示，首先，对人口统计因素的考察显示，在关系广度上，男性、个人月收入更高、主观社会地位更高、来自城市的新移民在本地拥有更广的社会关系网络，在关系构成上，年龄较大、主观社会地位较高和来自城市的新移民更容易与本地人建立联系；在关系强度上，来自农村的、迁移地为武汉的城市新移民与强关系的交往频率更高，年龄较小的来自城市的新移民与中间性关系的交往更多，男性、年轻的城市新移民与弱关系的联系更为紧密。在社会支持上，女性、已婚、来自农村地区的城市新移民能够在本地获得更强的情感支持；已婚、年龄更大的、教育程度更高、个人月收入更高、主观社会地位更高、来自城市的居住在武汉的城市新移民能获得更强的工具支持。同时，女性在获取的交往支持上显著高于男性，男性在获取的信息支持上显著高于女性，且来自农村的新移民也更容易获得信息支持。

其次，考察社交媒体类型的使用中发现，内容导向型社交媒体的使用仅对信息支持有显著影响，即更多使用内容导向型社交媒体的城市新移民更相信他们能够从本地的社会关系网络中获取工作机会和风土人情相关的信息。相较之下，关系导向型社交媒体的影响无疑要更大，它对于城市新移民的关系广度、强关系和中间性关系的交往以及社会支持的四个维度均作用显著。换言之，使用微信、QQ等关系导向型社交媒

体的频率越高,移民在本地建立的社会网络越广、强关系和中间性关系的交往越频繁,获得的社会支持也更多。同时,社交媒体功能使用的数据分析结果显示,城市新移民使用社交媒体进行社会交往的频率越高,他们与强关系和中间性关系的来往也就越多,在一定程度上证实了社交媒体对于维系现有关系的作用,但对于弱关系的维护影响不显著,且越多运用社交媒体的交往功能的城市新移民越能够获得情感支持、工具支持和交往支持;城市新移民使用社交媒体进行自我呈现的频率越高,他们与弱关系的来往越频繁,且更容易从本地的社交网络中获取情感支持和信息支持;城市新移民使用社交媒体来开展社会参与的频率越高,他们与弱关系来往越频繁,且能够从所在城市获取情感支持、工具支持和交往支持。

最后,基于社会交往对社会支持的影响测量显示,本地关系网络的广度对移民获得的工具支持和交往支持具有正向影响,与本地居民建立的社会交往则对获取更多的信息支持作用显著。同时,新移民与本地强关系的交往频率越高,越能够获得工具支持。而中间性关系同时对工具支持、情感支持和交往支持作用显著,这点与此前研究一致,亲缘关系仍然是新移民城市适应的重要经济资本,但亲缘和地缘等先赋性关系不再是他们获取情感支持的首选,取而代之的是友缘、业缘和学缘。以及,与格兰维杰特的"弱关系力量"假设一致的是,对城市新移民的调查数据显示,移民获取的信息支持仍然来自于弱关系网络。

表 4-4　城市新移民的社会交往与社会支持回归分析

	关系广度	关系构成	强关系	中间性关系	弱关系	情感支持	工具支持	交往支持	信息支持
性别	0.143*	0.032	0.041	0.036	0.186*	−0.132*	0.044	−0.157*	0.234*
婚姻状况	0.102	0.079	0.088	0.178	0.944	0.195*	0.213*	0.021	0.045
年龄	0.056	0.198*	0.054	−0.179*	−0.232*	0.112	0.203*	0.052	0.074
教育程度	0.055	0.062	0.066	0.103	0.059	0.062	0.195*	0.121	0.086
个人月收入	0.161*	0.096	0.028	0.114	0.047	0.058	0.221*	0.062	0.068

续表

	关系广度	关系构成	强关系	中间性关系	弱关系	情感支持	工具支持	交往支持	信息支持
主观社会地位	0.194*	0.186*	0.052	0.069	0.083	0.094	0.156*	0.032	0.064
地区	0.055	0.062	0.164*	0.073	0.029	0.058	0.172*	0.037	−0.025
迁出地	0.175*	0.184*	−0.158*	0.173*	0.583	0.199*	0.293*	0.044	−0.159*
R2 增量 %	13.5	8.8	10.5	4.2	7.9	8.4 *	15.5	5.8	6.9
内容导向型社交媒体使用频率	0.088	0.064	0.062	0.0830	0.036	0.042	0.061	0.087	1.357*
关系导向型社交媒体使用频率	0.218*	0.132	0.258*	0.185*	0.053	0.141*	0.185*	0.237*	0.149*
R2 增量 %	8.4	3.2	4.7	5.1	2.5	3.5	5.8	6.4	7.7
信息获取	−0.083	−0.027	0.048	0.058	0.083	0.052	0.051	0.029	−0.062
社会交往	−0.075	−0.084	0.182*	0.159*	0.046	0.152*	0.169*	0.326**	0.077
自我呈现	0.059	0.098	0.074	0.082	0.153*	0.265**	0.103	0.058	0.149*
社会参与	0.083	0.059	0.053	0.072	0.233*	0.158*	0.166*	0.247*	0.039
R2 增量 %	8.7	2.1	3.4	2.8	6.9	10.2	5.3	9.2	8.1
关系广度						0.035	0.183*	0.196*	0.064
关系构成						0.044	0.071	0.069	0.184*
强关系						0.049	0.176*	0.062	0.053
中间性关系						0.174*	0.203*	0.336**	0.055

续表

	关系广度	关系构成	强关系	中间性关系	弱关系	情感支持	工具支持	交往支持	信息支持
弱关系						0.032	0.042	0.085	0.213*
R2 增量 %						10.3	3.6	5.2	6.8
R2 总量 %	30.6	14.1	18.6	12.1	17.3	24.1	14.7	20.8	22.6

五、结论与讨论

当前东西方对移民社会融入的相关研究形成了这样一种共识,即认为移民与本地人的交往和互动可以有效地促进他们的社区融合,提升其归属感和生活满意度,从而最终促进城市适应与社会融入。刘于琪等人指出,与本地人交往是影响智力型新移民定居意愿的决定性因素。[1] 王志毅等人进一步提出,当地社会网络显著影响流动人口的定居意愿,社会网络连续谱中的情感性关系可以为移民提供情感支持,降低心理压力,而工具性关系则可以使他们获得在城市生存发展的有效资源,帮助他们在当地安身立命。[2] 本书重点关注了城市新移民的社会交往与社会支持现状,并试图探讨社交媒体如何影响他们在本地的社会交往。基于武汉和杭州两座城市的调查数据,本书得出了一些值得进一步展开探讨的结论。

首先,城市新移民是一个多元复杂的社会群体,他们在城市中的社会交往情况不能一概而论。就本书分出的三个典型次级移民群体而言,他们在本地的社会关系存在一定的差异,基本可以概括为白领移民在城市建立的总体关系网络最广泛,大学毕业生低收入移民与本地居民建立的联系最多但大多为弱关系,新生代农民工在本地的社会网络及与本地居民的往来都得分最低,他们在三个群体中最为依赖强关系交往。通过对人口因素的回归检验,教育程度对于城市新移民本地关系的广度与构

---

① 刘于琪,刘晔,李志刚.中国城市新移民的定居意愿及其影响机制[J].地理科学,2014(7):780-787.
② 王毅杰,武蕊芯.农民城镇定居意愿的影响因素及地区差异[J].南通大学学报(社会科学版),2016,32(1):7.

成均无显著影响；个人月收入仅对移民在本地建立的关系的广度有显著影响，对他们与本地人的交往状况无影响；主观社会地位对移民社会关系的广度与构成均有显著影响，来自城市的移民也是如此。由此，本研究的假设1、4成立，假设2、3、5均被驳回。换言之，一方面，相较于从农村向城市迁移的城市新移民，由城市向城市迁移的城市新移民更容易与本地居民建立社会交往，且他们的主观社会地位越高，越能够建立起更多的本地关系。然而，城市新移民的受教育程度与此无关。格兰诺维特的弱关系假设为"跨层"社会交往的动力机制提供了解释，认为社会阶层较低的个体需要通过与阶层较高的个体的交往来获取更多资源，然而这一观点忽视了社会阶层较高的个体往往会通过各种方式来回避与低阶层个体的交往，因此本地人与外来移民交往的主观意愿和排斥程度在很大程度上影响了城市新移民能够与本地人建立的社会联系的程度。[①] 塔尔德用"社会距离"一词来描述社会阶层之间的差异，齐美尔进一步深化了这一概念，认为社会距离不仅包括教育、收入的差距，也包括心理、认知和群体的差别。[②] 在所有的人口学因素中，社会经济地位是直接影响人们感知社会距离的变量，[③] 而受教育程度则并不必然带来较高的社会地位感知，毕竟伴随着我国大学生招生规模的飞速上升，大学本科甚至于硕士学历都不像过去那样"宝贵"了。同时，根据布劳的理论，处于相似结构位置上的个体，因其共享角色、经验从而更易于形成社会交往。在这一意义上，本地居民更乐于与那些同样来自城市且认为自身社会地位较高的城市新移民建立社会交往也就不足为奇了。

　　另一方面，白领移民并不比大学毕业生低收入移民、甚至低学历高收入移民群体更多地与本地居民建立社会交往；收入更高的移民能够在城市里建立更为广阔的人际关系网络，但并不一定是跟本地居民。要理解这一现象，仅仅关注流动人口的收入和教育水平是远远不够的，更重要的是职业性质。社会交往必然是发生在一定的社会空间和时间中，

---

① 彭大松. 内卷化与逆内卷化：流动人口社会交往的代际流向差异 [J]. 深圳大学学报 (人文社会科学版)，2021，38(5)：112-123.

② Simmel G. *The Metropolis and Mental Life*[M]. New York： Free Press，1964.

③ 王毅杰，茆农非. 社会经济地位、群际接触与社会距离——市民与农民工群际关系研究 [J]. 南京农业大学学报 (社会科学版)，2016，16(4)：60-70+156-157.

这些时间和空间受到人们所从事的职业内容的具体限制。①国家统计局 2019 年公布的数据显示,全国企业就业人员周平均工作时间为 46.0 小时,按照一周工作五天来算,中国人平均每天要工作 9.2 个小时。②然而,按照互联网公司普遍实行的 996 来说,白领移民平均每天的工作时长要远超于此,长此以往,人们的移动场景被固定于工作场所和生活场所,很难有时间、有机会与工作关系以外的陌生人建立社会联系。因此,工作场所和生活场所所能够接触到的本地居民成为城市新移民拓展社会关系的重要来源,而这些都受到职业的限制。

其次,本书发现社交媒体对城市新移民的社会交往能够产生一定的影响。从类型上来看,城市新移民目前还是主要依赖以熟人关系为主的关系导向型社交媒体来拓展在本地的社会网络和维持与亲朋好友的社会联系,并且由此提供较强的社会支持。在这一意义上,社交媒体只是作为现实生活中社会关系的一个维系工具,而很难用于拓展完全脱离于现实生活中的关系网络。这样一来,社交媒体几乎无法为突破当前移民社会交往内卷化的困境提供新的出路。但是深度访谈中的少数几个个案也仍然为社交媒体陌生人网络的搭建提供了一些实证的支撑,无论是基于在线粉丝社群来重建自己本地社会网络的静静,还是利用陌生人社交功能来建立亲密关系进而在本地拓展社交关系的 Cathy,他们的真实经历都能够在一定程度上验证社交媒体在建立陌生人关系上的优越之处。

毕竟,我们必须认识到,都市化的崛起早已带来了从熟人社会到陌生人社会的转型。早在 2008 年,巫微涟就提出,随着"单位"这种社会组织形式的消失和弱化,重视传统社会网络关系的熟人社会开始向陌生人社会转向。③随着城市产业结构的日益细化和对社会流动的放宽,异质性的人群逐渐聚集,快节奏的生活方式与持续流动的城市空间成为当代年轻人都市生活的常态。同时,自 1980 年开始实施的独生子女政策也使得当前的城市新移民大多拥有更强的孤独感,背井离乡使他们难以从立足于地缘和亲缘的熟人关系网络中得到大量的支持。随着城市

---

① Feld S L. The Focused Organization of Social Ties[J]. *American Journal of Sociology*, 1981, 86(5): 1015–1035.
② 新京报:我们真的太爱劳动了: https://www.bjnews.com.cn/graphic/2019/05/01/574522.html.
③ 巫微涟. 单位制解体背景下的国企工人自我身份认知 [D]. 杭州:浙江大学, 2008.

新移民在城市生活的逐渐适应，原有的强关系不断弱化，与此同时，弱关系的重要性不断提升。此外，伴随着互联网技术对人们生活的渗透，成长于数字时代的城市新移民们对于网络空间和由此建立起的各种在线关系的依赖越来越强，与陌生人在虚拟空间中嬉笑怒骂成为生活的常态。伴随着越来越多的陌生人社交媒体问世，未来对于这一方向的研究还大有可为。

此外，从社交媒体的不同功能上来说，他们对城市新移民的社会交往的具体影响也各有不同。具体来说，社交媒体上的信息获取功能对新移民的社会交往并无影响，但其社会交往功能显著影响城市新移民与强关系和中间性关系的交往，且能够帮助他们从中获取工具支持、交往支持和信息支持。这一发现再次验证了以上观点，社交媒体对于维系现实生活中已有的社会关系意义重大，且能够使移民借此获取一定的社会支持，这些支持大多来自亲属、朋友、同事等程度较强的关系网络，但网络聊天并不能给他们提供结识陌生人和拓展交友范围的机会。值得注意的是，社交媒体的自我呈现功能对弱关系维系、获取情感支持和信息支持有显著正向作用。诸如抖音、小红书这样的内容导向型社交媒体爆发式发展的同时，为普通人提供了大量自我展示的平台，而在这样的平台上获取赞、评论、转发等弱关系中具有代表性的轻量级互动也成为常态。有学者发现，在社交媒体上进行自我呈现有助于获取更多的社会支持和形成积极的自我认知，[①]而本书的研究再次验证了那些更乐于在社交媒体上进行自我呈现的城市新移民更容易建立起弱关系网络并从中获取情感性和信息性支持。而就社交媒体的社会参与功能而言，它与城市新移民的弱关系往来以及情感支持、工具支持和交往支持的获取正向相关，这说明那些更多运用社交媒体进行社会参与的城市新移民更多地在本地建立起弱关系网络，可以认为，这一功能的作用在这一层面上与自我呈现有些类似。

第三，对于社会交往和社会支持的数据检验显示，城市新移民在本地所建关系网络的广泛性对于他们获取工具支持和交往支持影响显著，而与本地居民的社会交往则仅作用于信息支持。中国是一个"典型的

---

① Rosenberg M S. The file-drawer problem revisited: a general weighted method for calculating fail-safe numbers in meta-analysis[J]. *Evolution*, 2007, 59(2): 464-468.

关系社会"①,"关系"或者说社会网络在人们的社会经济活动中发挥着十分重要的作用,对于急需在一定时期内获得社会资本以定居的城市新移民来说更是如此。此前研究认为,"在现代社会中,家庭和社区所提供的'原始性社会资本'有逐渐衰减的趋势"②,在迁移后,原始性社会资本被进一步削减,因此,移民在城市中重建的社会网络才是他们真正可以利用的有效资源,而"本地居民作为本地制度化(正式的和非正式的)资源的一直享用者,嵌入其中的社会网络的数量和质量都比其他外来移民有明显的优势"③,因此,与本地居民建立社会网络能够对社会资本和有效社会资源起到更为直接的影响作用。④然而,这些研究对于本地居民在社会网络中作用的反复强调,在一定程度上忽视了在城市中整体关系网络的建构。诚然,与本地居民的交往情况被大量研究证实与移民的社会融入息息相关,⑤但伴随着中国数十年的社会流动,本地人的概念界定已经发生了一些变化,从早期的以户籍界定到后来运用心理量表测量,本地人的边界其实并不清晰,在访谈中,也有城市新移民提及了这一点:

> "身边的朋友很少会谈到这个东西(是不是本地人),是又怎么样,不是又怎么样,好像不太重要吧。比如我有个朋友一直我都觉得她是杭州本地人,但她其实也是高中的时候家里才在这边买了房子搬过来,之前就是在周边的哪个城市,但是对我来说就觉得她是本地人啊,她搬来十几年了,但这个重要吗?"

> （Cathy,女,34岁,来自湖北武汉）

在 Cathy 看来,十几年前举家搬迁进这座城市的朋友,相对她自己

① 李树,陈刚."关系"能否带来幸福?——来自中国农村的经验证据[J].中国农村经济,2012(8):66-78.
② 赵延东,王奋宇.城乡流动人口的经济地位获得及决定因素[J].中国人口科学,2002(4):8-15.
③ 雷开春.白领新移民与本地居民的社会支持关系及影响因素[J].青年研究,2008(9):24-32.
④ 袁浩.上海新白领移民的社会网络构成、相对剥夺感与主观幸福感——以上海市为例[J].福建论坛(人文社会科学版),2015(4):186-192.
⑤ 刘传江,周玲.社会资本与农民工的城市融合[J].人口研究,2004(5):12-18.

来说,到了如今就已经成为了本地人。在数十年的人口迁移中,这样的"本地人"数不胜数,因此,在这个意义上,本地人是一个可以获取和转化的社会身份,对于主观社会阶层较高的白领移民来说,他们更看重的是在本地建立的总体关系网络和由此获取的社会资源,这些资源不一定来自于本地居民,也可能是从那些社会资本丰厚的其他白领移民处获取的。因此,本书发现社会关系的整体广度与社会网络中本地居民的构成对城市新移民的社会支持影响路径不同,前者能够提供更多的决策支持、经济帮助和生活陪伴,而后者能在具体的求职信息和生活咨询上有所帮助。阿荣的观点也从另一个层面验证了这一结论:

> "我不认为这是一个问题,其实说白了,这个(社会网络)看的是质量而不是数量。我在杭州其实大部分的朋友都是通过工作和在住的小区里认识的,大家年龄差不多、阶层差不多,互相之间能够分享的资源也更有效。你说的那种本地关系那可能是因为以前都是农民工,他们跟本地人的阶层差别比较大,所以本地人在当地比较有能量,认识本地人更有帮助。但现在时代不一样了啊,本地人就一定混得好吗? 我认识一大堆本地卖早餐的阿姨,可是有用吗?"
>
> (阿荣,男,38岁,来自江西赣州)

最后,数据表明,城市新移民的工具性支持仍然依赖于强关系网络,但中间性关系的作用也不容忽视。且情感支持和交往支持均受中间性关系网络的影响,仅有信息支持与弱关系正向相关。一方面,当前我国的城市新移民仍然在很大程度上依赖于亲缘、地缘关系所能够提供的经济帮助与决策建议,这点与此前的农民工研究一致;另一方面,基于友缘、业缘等关系的中间性关系,开始在城市新移民的社会支持网络中发挥重要作用,不仅仅在由强关系提供的工具支持上作用显著,同时还能够为城市新移民提供情感支持与交往支持。这一变化的出现首先是来自于"老乡"概念的模糊化,在传统社会中,老乡往往是指来自同一地方的熟人,其中天然地带有朋友的含义,而进入现代社会,老乡的范围从一个村落扩展到一个城市甚至省份,这样一来,老乡的地缘特点有所增强、友缘特点则被逐步弱化,原有的"老乡"往往被"朋友""熟人"等概念取代。其次,由于城市新移民一般都接受过中学教育或大学教育,再加上频繁的职业更替,他们的熟人网络逐渐从过去的血缘、地缘转化为学缘、业缘,并成为其社会资本的主要组成部分。

　　总体而言,社会网络和在此基础上累积的社会资本对外来移民意义重大,良好的社会支持网络能够缓解心理压力,提升身体健康和个人幸福感,[①] 相对应的是,社会网络的缺乏会导致情绪抑郁、身体不适,甚至生活困难。[②] "从社会资本的角度来看,社会资本由社会关系和这些关系所带来的不同数量和质量的资源构成。"[③] 布尔迪厄将社会资本视为"现实或潜在的资源的集合体,这些资源与拥有或多或少制度化的共同熟识和认可的关系网络有关。换言之,与一个群体中的成员身份有关。"因此,城市新移民中的不同次级群体所建立的社会关系网络也有所区别,正是通过在本地建立起各式各样的社会网络,城市新移民们才获得了不同的社会支持。在这一过程中,社交媒体,尤其是关系导向型社交媒体,在维系原有的社会关系以及提供社会支持上发挥了一定作用,但对于如何与陌生人之间建立起新的社会关系仍有待探索。

---

①　Gottlieb B H. *Social Networks and Social Support in Community Mental Health in Social Networks and Social Support*[M].Beverly Hills: Sage Publicaitons, 1981.

②　Berkman L F, Glass T, Brissette I, et al. From social integration to health: Durkheim in the new millennium *Social Science & Medicine*[J].2000, 61(6): 843-857.

③　Portes A. Social Capital: Its Origins and Applications in Modern Sociology[J]. *Annual Review of Sociology*, 1998(24): 1-24.

第五章　社交媒体与城市新移民的社会认同

一、城市新移民的社会认同建构

（一）个体认同的内在逻辑

认同的构成方式一直是人类学领域中最复杂、最具有争议性的问题之一。"认同"这一概念最早源自于哲学,意味着"同一性"。柏拉图、笛卡尔、弗洛伊德等学者都对认同有过精彩的阐释与分析,但他们大多强调的是个体的自我认同的形成。此后,查尔斯、米德、帕森斯等人对认同的论述进一步拓展和深入,就认同的社会特质进行延展。本书认为,认同是指个体在社会中塑造而成的,以自我为轴心展开和运转的对自我身份的确认,其中,社会性比自我的反思性要更加重要,这点也是延续了米德的观点。米德认为,人首先必须是社会的、群体的存在,其次才能作为个体而存在,认同的本质是以"我"为圆心来审视"他者",从容实现"主我"和"客我"的和谐统一。这里所提到的"主我"是指一种自我的深度感和向内感,一种个体内在的、自然的冲动,是先天存在的;"客我"则是主体和他者之间的社会关系,是自我的社会价值规范的内化,认同就是这种社会关系中主题的位置感和归属感。① 我们也可以将之视为自我认同的两个侧面——自我认同和社会认同。自我认同是依据个人经历所形成的反思性理解的自我,是一种内在化的过程。社会认同则是在特定的社会语境下对集体的特定的价值、文化和信念的共同的态度。换言之,自我认同是个体独立形成的,而社会认同则依赖于群体,并往往需要通过维持个体在这一群体中的某种社会位置来维持。

---

① ［美］乔治·H.米德.心灵、自我与社会［M］.赵月瑟译.上海:上海译文出版社,2008.

库利的"镜中我"理论进一步阐释了自我认同与社会认同的紧密关系,肯定了社会关系在自我建构中的重要性。库里认为,人们总是需要从他人的目光中来获取对于自身形象的认知,任何的自我认知都能脱离群体和社会而存在。① 卡斯特尔更是明确指出,"认同的建构所运用的材料来自历史、地理、生物,来自生产和再生产的制度,来自集体记忆和个人幻觉,也来自权利机器和宗教启示。但正是个人、社会团体和各个社会,才根据扎根于他们的社会结构和时空框架中的社会要素和文化规划,处理了所有这些材料,并重新安排了它们的意义。"② 毫无疑问,作为某种社会关系的总和,我们每一个人都必然受到某种特定文化形态的影响,而自我认同正是在这一社会化的过程中形成的,也无怪乎卡尔霍恩做出这样的论断:"没有名字,没有语言,没有文化,我们就不知道有人。自我与他人,我们与他们之间的区别,就是在名字、语言和文化当中形成的……自我认识——不管如何觉得自我是发现出来的,终归是一种建构的结果——永远不会和他人按照独特的方式所做出的判断完全相脱离。"③

可以肯定的是,认同,尤其是社会认同,是被建构起来的,就如同社会中的不同群体也都是被建构起来的一样。任何个体自出生之日起就天然地归属于某类群体,如性别、种族、阶级等,但更多的群体来自于个体的后天选择,而无论是天然从属的群体,还是后天选择的群体,个体所属的群体都对个体至关重要,因为个体总是要从他人那里获取对自我的评价和反射来建构认同。这样一来,个体既能够通过反射性评价来了解自己,如通过观察和想象他人如何看待自己来建立主观认知,还能够通过了解他人来了解自己,这一过程被称为社会比较,指的是人们将自己的先天条件和后天获取与他人进行比较来反观自我。而这一比较的结果就是人们将自己与相似的人们归于同一类群体,从而在特定情境下称为他们态度和行为的基础。此时,个体对于群体的选择既是主观的又是客观的,这也是群体形成的第一步——个体的自我归类。特纳等人将这种选择导致的群体聚集过程称为社会范畴化,并认为这是个体建立社

① [美国] 查尔斯·H.库利.社会组织[M].北京:中国传媒大学出版社,2013.
② [美] 曼纽尔·卡斯特尔.认同的力量[M].曹荣湘译.北京:社会科学文献出版社,2006:6.
③ Calhoun C. *Social Theory and the Politics of Identity*[M]. Oxford: Blackwell, 1994: 9-10.

会认同的必由之路。[①] 因此,社会认同意味着个体知晓自身归属于某个社会群体,并因为这种被赋予的群体资格而自发产生某种情况,由此获得了特定的某种意义。

综上所述,认同总是在基于自我反思的基础上试图重新寻找自我的某种一致性,从而导致个体需要通过社会比较来获得自我的维度,于是,一方面,个体通过与相似的他人进行比较来获得对于自我的正确感知,并形成群体;另一方面,人们也通过差异与区分来界定和辨认自我。因为,"我"或者"我们"的概念总是相对于他者来建构的,人们不断将他人感知为与自己相似的和与自己相异的,从而划分出不同的群体并形成与此相应的社会认同。换言之,认同是行动者自身的意义来源,也是自身通过个体化的过程建构起来的。认同尽管能从支配性的制度中产生,但只有在社会行动者将之内在化,并围绕这种内在化过程建构其意义的时候,它才能成为认同。因此,认同的目的不仅仅是寻求生存方式的同一性,也同样涉及排斥和差异,这就意味着认同几乎无时无刻不处于变动当中,这导致了像移民这样处于变动中的社会个体的认同建构的复杂化。

（二）移民的社会认同

对当地社会的认同是移民融入城市的重要前提。学界将移民的城市融入过程划分为经济适应、社会融入和心理认同三个层面,经济适应为移民在当地获得安身立命的基本生存条件奠定了基础;社会融入意味着移民能够在当地建立社会关系网络和获取一定的社会资本;心理认同则代表移民已经对本地的生活和社群产生了归属感,将自己感知为城市的一员。[②] 就社会认同的逻辑而言,本书认为这三个层面一一对应着移民的职业认同、群体认同和地域认同。在来到迁移城市后,移民首先要解决的问题是获得一份稳定的工作以维持生活并拥有固定住所容身,这是移民城市适应的基本保障和前提。因此,对于当前自己所拥有的工作和收入的认同度越高,移民就越可能持续维持这种选择,从而在城市中定居下来。在前一章节中我们已经论述过移民社会交往的重要

---

① ［澳］约翰·特纳等.自我归类论[M].杨宜音,王兵,林含章译.北京:中国人民大学出版社,2011.
② 梁波,王海英.城市融入:外来农民工的市民化——对已有研究的综述[J].人口与发展,2010,16(4):73-85+91.

作用,被当地社群吸纳形成稳固的群体认同同样对移民们的城市融入意义重大。最后,不仅仅是对于职业和社群的选择,个体对某个地方的归属同样对人们的"安居"有着无可取代的作用。因此,本章节将从这三个方面来展开论述城市新移民的社会认同建构过程。

1. 城市新移民的职业认同

职业认同的第一层含义是指人们对所从事的某种职业的认同程度。张文宏和雷开春认为,移民的职业认同能够在一定程度上决定他们做出长期迁移的决定,在此意义上,职业认同是反映移民社会认同的重要标志。[①] 秦昕等人发现,签订劳动合同的农民工享有的福利越多、工作时间越短、加班频率越低,则他们自我感知的工作社会地位越高,对城市社区的认同程度也就越高,乡土认同相应降低。[②] 来自西方的研究也表明,尽管职业类别没有发生大的变化,但更好的工作机会是大多数移民迁移美国的首要原因。在访谈中"能够获得更好的工作机会"也是很多城市新移民做出迁移决定前的重要凭据:

> "人跟着工作跑,这是肯定的。我们这代人大都没有什么'故土难离'的感情,关键还是要看哪里有更好的工作机会,哪里能过得更好。至于这个地方具体是哪里,其实也没有那么重要。我的朋友里很多都移民了,不就是因为那边机会更多嘛。"
>
> （Cathy,女,34 岁,来自湖北武汉）

> "现在人为什么扎堆往大城市跑？图它通勤时间长还是房价贵？当然是因为大城市工作机会多呀,你看我们搞互联网的,在杭州能拿到几十万的年薪,回老家去只能去修修电脑。这不是钱的问题,是自尊的问题。在这里,我是被需要的人才,但是到了别的地方可就不一定的。很多行业都是这样的,只有大城市才有舞台。"
>
> （Benny,男,36 岁,来自湖北黄石）

---

① 　张文宏,雷开春.城市新移民社会认同的结构模型 [J].社会学研究,2009,24(4)：61–87+243–244.
② 　秦昕,张翠莲,马力,等.从农村到城市：农民工的城市融合影响模型 [J].管理世界,2011(10)：48–57

满意的职业为城市新移民提供了自尊的重要基础。根据社会身份理论，人们总是希望建立一个积极的自我概念，如果无法获得，个体就会选择离开现有的群体来重构身份感知。[①] 对于城市新移民而言，职业的成功是他们最有效提升社会地位的方式，由此带来的地位感知则更进一步促使他们建立起积极的本地身份认同。研究表明，城市新移民对职业的认同度越高，就越可能获得满意的社会地位，而他们的社会地位越高，越可能选择在城市定居，并且希望子女也做出同样的选择。任远的研究表明，经济性流动人口，尤其是白领移民的长期居留意愿要远高于其他类型的流动人口。[②]

职业是移民在迁移之前最可能根据现实需要来进行理性选择的部分，因此，对于职业的认同不同于对于群体的认可和对于地方的依恋，它更多的是一种理性的考量。张展新发现，经济发达地区总能为人们提供更好的竞争环境和职业发展空间，因此这也成为移民们做迁移决定的重要影响因素，因为他们总是希望通过地域迁移来获得更好的工作机会和更高的社会地位。[③] 在此意义上，职业意味着移民能够选择的生活方式和社会经济地位，因此本章认为职业认同并不仅仅停留在它的第一层面——对于职业的认同，还包括了由此带来的地位认同。地位认同，顾名思义，即个体对自身社会经济地位的身份认同。对于大多数城市新移民而言，社会经济地位取决于他们所从事的职业以及隐藏在职业背后的教育水平、经济收入和社会资源。在很大程度上，迁移本身就是移民对于改善社会经济地位所做出的主观努力。然而，移民的客观地位往往与他们迁移的动机相违背，他们的社会地位也并不一定会在迁移后得到提升。那么，哪些因素影响了城市新移民的职业认同？这是本章有待解决的第一个研究问题。

---

① Hornsey M J. Social Identity Theory and Self-categorization Theory： A Historical Review[J]. *Social and Personality Psychology Compass*，2008，2(1)：204–222.

② 任远. 谁在城市中逐步沉淀了下来？——对城市流动人口个人特征及居留模式的分析 [J]. 吉林大学社会科学学报，2008(4)：113–119.

③ 张展新. 从城乡分割到区域分割——城市外来人口研究新视角 [J]. 人口研究，2007(6)：16–24.

2. 城市新移民的群体认同

群体认同是社会认同的核心议题。归根到底,社会由各种各样的社会群体构成,对"我归属于哪个群体"的回答,在一定程度上构成了社会认同的底层框架。由于缺乏明确的客观区分,集体观念的形成是移民形成群体认同的重要标志,而集体观念的形成与增强都有赖于"语言、宗教信仰、种族、文化特质、历史的共享,以及与族群紧密联系的符号"①。伴随着全球人口流动的逐步加快与数字技术的飞速发展,地理空间对于集体观念的影响力逐步缩小。阿帕杜莱指出,"群体身份的面貌已不再是熟悉的人类学上的对象,在这种情况下,各种群体不再以地域组成的方式紧密联结,在空间上不再受限,在历史上不再连续,在文化上也不再同质。"② 于是,对某种地域文化的共识不再是群体认同中最重要的因素,取而代之的是对与"我"一样或不一样的他人的认可,在此基础上形成的群体归属成为界定群体认同的关键。

对于城市新移民而言,群体认同不仅仅在试图回答"我是谁"的问题,也是对于"我将成为谁"的不懈追寻,这与霍尔对认同最重要的判断不谋而合。③ 作为一个处于变动和流迁中的群体,城市新移民能够在一定程度上自主选择自己的群体归属,他们一方面通过感知自我与相似的人们形成群体,另一方面又渴望融入某些与他们并不那么相似的群体,而这些相异的群体往往由本地居民构成。大量关于农民工的研究证实了这一点,老一辈农民工和新生代农民工都有较为强烈的融入本地群体的愿望,这也构成了他们在城市里建构群体认同的主观前提。④ 但对于农民工以外的其他移民群体的相关探讨,还有待拓展。

此外,在移民们融入当地群体的过程中,他们会通过不断划分各种

① De Vos G. Ethinic Pluralism: Conflict and Accommodation. In L.Romanucci &G.de Vos. *Concepts of Ethnic Identity: Creation, Conflict and Accommodation*[M]. CA: Alta Mira Press, 1995.
② Appadurai A. Global Ethnoscapes: Notes and Queries for a Transnatioanl Anthropology. In Abu-Lughod, L, .Appadurai, A, .Limon, J, E, . et al. *Recapturing Anthropology. Working in the Present*[M]. Santa Fe: School of American Research Press, 1994.
③ [英]斯图亚特·霍尔,[英]保罗·杜盖.文化身份问题研究 [M].庞璃译,河南:河南大学出版社,2010.
④ 杨富平,刘美华.意愿与行为:外来人口与本地居民之间的社会互动——基于东部"人口倒挂"藕村的个案分析 [J].南方人口,2016,31(2):16-25.

群体内部和外部的边界来定位自身,从而最终确立起多元而复杂的群体认同。任何的群体认同划分都不是固定的和单一的,对城市新移民而言,家乡的人群、迁入城市的当地居民,甚至对基于不同职业来进行划分的多元的移民群体,他们总是在不停歇地借助各种或清晰或模糊的边界来确立自身所处的群体位置。因此,我们可以将城市新移民群体认同建构的过程分为两个层次:第一个层次是移民们拥有融入当地社群的主观需求;第二个层次是他们通过在群体之间和群体内部设置多元的边界来确定群体归属。

(1)群体归属的自主追寻

个体的归属,一方面来自于基于先天特质、自主形成的先赋性群体,另一方面则很大程度上取决于个体自身的自主选择。费斯廷格认为,为了对自己做出一个现实的评价,个体会选择跟与自己相似的人结交,因为个体总是能够更容易地从与自己相似的他人那里获得正面的认同,因此,出于相互需求的满足,群体自然得以形成。[1] 这一观点阐述了大部分群体,尤其是先赋性群体得以建立的心理基础,但是在一定程度上忽视了人们会下意识地希望与比自己社会地位更高的人们建立交往,从而进入那些原本与他们并不相似,但却被他们向往的社会群体当中。

此外,对个体与他人相似性的考量也不总是固定不变的。特纳指出,人们对于他人和自我的知觉所感知到的相似性,是个体受到吸引进而形成认同的决定性因素,但这种相似性并不仅仅指与"现在的自己"相似,同样也包含了与"未来的自己"或者说"理想的自己"的相似性。[2] 因此,移民的群体认同既包括基于现有自我而形成的归属感,也就是那些基于与现有自我相似的群体而形成的认同,也包括对于进入更高级别群体的一种假想和希冀,即理想的未来自我所属。在本节中,我们将重点放在后者,即城市新移民对于融入当地群体的积极情感,这也是现实中移民在本地实现社会融入的重要内容。

首先,我们需要指出的是,移民做出迁移决定往往是他们认为或者希望能够在迁移地过得更好,尽管经济收入的增加并不必然带来移民阶

---

① [英]Rupert Brown.群体过程[M].胡鑫,庆小飞译.北京:中国轻工业出版社,2007.

② [澳]约翰·特纳等.自我归类论[M].杨宜音,王兵,林含章译.北京:中国人民大学出版社,2011.

层和生活满意度的提升,但这种对迁移后美好生活的向往之情必然会对他们的认同重构产生影响。换言之,城市新移民在迁移之后往往都希望获得更高的社会地位和更高的心理优势,对于那些教育程度和收入水平均较低的移民而言,这种身份的重构实际上是对于重新积累社会资本的某种努力。

> "我老叔让我找个本地媳妇儿,那我当然也想啊,就怕人家看不上我们农村来的。不过现在想这些也没用,好好赚钱的吧,起码有点儿经济基础了才有可能呗,要不然人姑娘图你啥?……这都出来了那肯定得混出个人样儿呗,要不别说别人看不起,自己都看不起自己。"
>
> （涛涛,男,19 岁,来自辽宁锦州）

虽然并不是所有的城市居民都比新移民们拥有更高的经济收入和社会阶层,但是在城市新移民群体认同建构过程中的"城市居民"意象本就是一种主观感知和想象的建构物。尤其是对于农民工而言,城乡二元体制将农村人与城市人天然地割裂为两个社会权利并不对等的主体,从而导致了他们的阶层差异。出身于农村的 Ben 对此深有感触:

> "你不觉得只要带上'农民'两个字就有一种底层的感觉吗?好像只要是农村出身就没文化没钱没地位。就像有人一说他家是上海的,是北京的,不管他家到底是干什么的,但人的第一反应就觉得大城市出来的就是天生的高人一等。人家北京人、上海人自己不也这样觉得?所以说实话,我确实会因为自己出身农村而自卑。"
>
> （Ben,男,25 岁,来自湖南邵阳）

因为地理的迁移,大多城市新移民都面临原有社会资本断层的问题,这时本地居民在迁入地所拥有的社会资源被凸显出来,本地居民本身也成为移民们重获社会资本的关键性资源。对于本地居民而言,虽然他们不一定都拥有良好的经济收入和社会地位,但是血缘和地缘关系能够为他们提供远超于移民们的原始性社会资源。正如布尔迪厄所说,"社会资本是现实或潜在的资源的集合体,这些资源与拥有或多或少制度化的共同熟识和认可的关系网络有关，换言之，与一个群体中的成员身份有关。"①

因此，对于初至城市的农民工群体而言，他们原有的社会资本无法被有效地在当地进行转换，即使是基于地缘关系而形成的人际网络也往往会将他们带入社会交往内卷化的漩涡之中，从而影响他们与那些相异的人们交往。对于此类移民而言，他们一方面渴望与本地人建立起更为密切的联结来积累社会资本，另一方面又会因主观感知到的社会距离而受到群体融入的阻碍：

> "我以后找老婆想找个杭州本地的最好啦，实在不行附近周边的也可以。我一个孤家寡人的，又没什么亲戚在这边，如果能在本地成个家，以后有什么事情也能找到人帮忙。不过就是这么想想，估计人家肯定看不上我的，毕竟我是农村出来的，又没车没房，人家大城市的肯定不愿意把女儿嫁给这种人，那要我我也不愿意的。"
>
> （小旬，男，20岁，来自河南驻马店）

大量对于农民工的研究表明，来自农村地区的流动人口有强烈的融入本地群体的愿望，他们与本地人的交往情况会直接影响他们的生活满意度和能否融入当地社会。② 与城市里的本地居民相比，大多数农民工在生长环境、教育程度、收入水平以及所拥有的社会资本上都有较大的差距，因此对于农民工而言，与城市居民建立交往意味着与更高阶层的群体搭建联系，能够帮助个体在一定程度上获取更多的本地资源，从而实现移民们"过得更好"的初始目标。然而，也正是因为来自农村地区的移民与城市居民的相异较大，他们可能在现实中受到社会排斥或感到某种社会距离，因此对于农民工移民来说，他们也更难与本地居民形成群体认同。

然而，也有学者指出，新生代农民工与市民的交往水平会缩小群体

① Bourdieu P. The Forms of Social Capital. In Richardson, J. *Handbook of Theory and Research for the Sociology of Education*[M]. CT: Greenwood Press, 1986: 241–258.

② 聂伟，风笑天. 就业质量、社会交往与农民工入户意愿——基于珠三角和长三角的农民工调查[J]. 农业经济问题，2016，37(6): 34–42+111.

间的社会距离,从而增强他们与本地居民的现实交往和情感认同。[①] 换言之,移民与城市居民的社会交往情况能够克服因收入、地位等差异而造成的偏见,从而有利于移民群体认同的形成。正是因为与城市居民的交流增多,才加深了农民工与城市居民之间的沟通与了解,缩小了相互之间的心理距离,最终有利于农民工在本地的社会融入。[②] 王桂新和武俊奎也指出,"本地居民和农民工通过更紧密的联系将对方吸纳到自己的社会网络中来,从而丰富了各自的社会资本。双方联系密切有助于了解对方,一方面能够消除各自的偏见对交友意愿的负向影响,另一方面能够改变农民工因身份认同带来'自卑感'而自我隔离不愿意与本地居民交友的状况。"基于以上观点,提出本章节的第一个研究假设:

假设 1:城市新移民的本地关系构成中当地居民越多,他们的群体认同越高。

与农民工群体不同,来自城镇的移民与城市居民的差异有所缩小,从客观上来说更容易被城市居民接纳从而形成群体认同,然而,从主观的融入意愿上来说,来自城镇的移民并不像来自农村的移民那样强烈。相较于来自农村的移民,来自城镇的移民对于与本地居民建立情感联系、群体认同的迫切性与主观意愿似乎都有所下降,他们更相信通过职业成功获得的社会经济收益能够更直接地有利于他们在本地的生活:

> "我从来不会觉得是本地人就会有多了不起,要不然我就一直留在武汉好了,干嘛还要出来? 当然,你家要是有皇位可以继承那另当别论。但对于大多数人来说,学历、工作、性格、能力这些才是决定你能不能在任何地方站稳脚跟的东西,而不是说我认识多少个杭州本地人。这个社会就是慕强的,所以你说要我特意去融入本地人什么的,那我是不会的,但我当然也不会拒绝有能力的、谈得来的本地人成为我的朋友。"

> （Cathy,女,34 岁,来自湖北武汉）

---

① 王毅杰,茆农非.社会经济地位、群际接触与社会距离——市民与农民工群际关系研究 [J].南京农业大学学报（社会科学版）,2016(4):60-70+156-157.
② 邢朝国,陆亮.交往的力量——北京市民与新生代农民工的主观社会距离 [J].人口与经济,2015(4):52-59.

"武汉本地人到处都是啊，我没想过要特意跟他们交朋友或者融入他们这个问题耶，这重要吗？就算没有武汉朋友，我在武汉生活得也蛮好啊。只要你工作稳定、收入可观，我觉得在哪里都能过得好吧？我平时玩得来的几个同事好像都不是本地的耶，但我觉得这没什么影响啊，你不说我还从来没有想过这个问题耶。"

（Bean，女，29岁，来自湖南长沙）

然而，虽然不像从农村向城市迁移的城市新移民那样拥有强烈的融入本地群体的愿望，但从城镇向城市迁移的城市新移民也认同与本地人的交往有助于他们在本地的工作与生活：

"中国就是个关系社会，没关系寸步难行的。我跟你说个事，前年我妈来武汉看病，想挂协和一个专家号怎么都挂不上，我当时愁死了，结果有一次无意中跟我们办公室的人聊到了，我们主任当时一个电话打过去就帮我弄到了第二天下午的号。不得不说，人家本地人确实是关系多、路子广，关键时刻我们这些外地人还是要求到他们头上去的，毕竟人家在这里生活了多少年，我才来了多少年。"

（阿波，男，26岁，来自江西南昌）

那么，当融入某一群体的主观意愿并不强烈时，来自城镇的新移民还能够与本地居民建立起群体认同吗？有哪些因素影响了这一认同的建构？社会学经常将阶层地位作为个体实力的间接体现，并将经济地位的成功视为城市融入的重要影响因素。[1]李培林与田丰指出，相比那些从事体力工作和半技术工作的农民工，从事技术工作的农民工会更容易建立本地认同。[2]李飞和杜云素的研究表明，白领阶层的移民比蓝领阶层的移民更容易在本地定居和实现社会融入。[3]崔岩也发现，人们在本

① 李强.试析社会分层的十种标准[J].学海，2006(4)：40-46.
② 李培林，田丰.中国农民工社会融入的代际比较[J].社会，2012，32(5)：1-24.
③ 李飞，杜云素.城镇定居、户籍价值与农民工积分落户——基于中山市积分落户入围人员的调查[J].农业经济问题，2016，37(8)：82-92+111-112.

地感知到的社会地位越高,就越可能认同本地人身份。[①] 那么,到底是包含了移民的成长经历、社会环境的迁出地,还是反映个体收入、社会权利和文化资本等资源的阶层地位更能够显著影响移民们的群体认同呢? 基于此,提出以下假设:

假设 2:迁出地显著影响城市新移民的群体认同。

假设 3:主观社会地位显著影响城市新移民的群体认同。

(2)流变中的群体边界

泰弗尔和特纳认为,人们倾向于根据他人与自我的相同与相异来对其他人进行分类,并不断将他人感知为与自我是同一或不同范畴的成员,由此建立心理联系,这种个体与群体建立心理联系的过程就是自我范畴化的过程。[②] 方文认为,社会范畴的基本策略是二元编码,正是借助这样一种非此即彼的概念区分,不同群体之间的符号边界得以形成。[③]

边界,即区别和差异,是一种想象中隔绝空间的界线,群体边界即不同群体之间得以相互区别和自我界定的某种价值标准。方文将之视为一种符号性的刻度,他指出,"边界,首先意味着差异、区隔或界线。具体说,边界是人和物的限度或边缘的界线,是自身与他人或他物得以区分并表明差异的刻度……人在认知活动中对人和物进行区分所形成的边界,有的是现实性的和有形的,但更多的则是概念性的和想象性的……"。[④] 对城市新移民来说,构成群体边界的就是这样一种概念性的、想象性的和符号性的边界,它基于一种主观性的自我分类和社会范畴化来予以建立。

任何的边界都是一种想象性和主观性的自我划分,即使是国家直接明确规定的国界线也并没有明确的物质实体来予以划定。在群际情境中,我群的成员与他群的成员各自感知到自身与对方所分别隶属的范畴身份,并在共识中建立起无形的群际边界。个体的关系被置换为群体之间的关系,被置换为内群体与外群体的关系。通过群际之间的社会比

---

① 崔岩.流动人口心理层面的社会融入和身份认同问题研究 [J].社会学研究,2012,27(5):141-160+244.

② [澳] 迈克尔.A.豪格,[英] 多米尼克.阿布拉姆斯.社会认同过程 [M].高明华译.北京:中国人民大学出版社,2011.

③ 方文.群体符号边界如何产生:以北京基督信教群体为例 [J].社会学研究,2005(1):38.

④ 方文.群体符号边界如何形成:以北京基督信教群体为例 [J].社会学研究,2005(11):32-33.

较,群体之间的差异被不断放大,群际边界由此得到维持并不断强化。因此,对于城市新移民而言,群体边界的形成分为两个步骤,第一是形成"我们"的群体认知,确定"我"与"我们"的归属关系,第二是通过认知到"他们"进而强化群体边界。

首先,建构"我们"的群体认同实质上就是移民对于城市共同体的想象与认可。这种想象不是凭空的捏造,而是形成任何群体认同必不可少的认知过程。安德森将民族视为一种"想象的共同体",他提出,"它是想象的,因为即使是最小民族的成员,也不可能认识他们大多数的同胞,和他们相遇,或者甚至听说过他们,然而,他们相互联接的意象却活在每一个成员的心中。"① 伊兹欧尼认为,共同体是对一组共享的价值、规范和意义,以及一个共享的历史和身份认同的一定程度的承诺。② 换言之,共同体通过建构共同的意义和创造共同的经历来予以想象性地建构。阿波对于疫情期间邻里之间守望相助的经历回顾就生动地演绎了共同体的形成过程:

> "在此(新冠肺炎)之前从来没有这么深的感触,就是当时不是封城吗? 然后小区里大家就需要一起团菜啊什么的,而且那段时间大家心情都比较沉重吧,所以互相之间很能感同身受。其实之前相互之间根本不熟悉,连住我对门的邻居也不过就是眼熟,但因为特殊时期大家心情很相似,而且在家也没事情做,就会在群里互动比较多。你要说有什么很具体的聊天啊什么的其实也没有,但就是不知道为什么,在那个时期有这样一种感觉,不管你是武汉人他是湖南人你是山东人,在这一刻我们都是在同一片天空下经历过同样的冒险的同伴,在这一刻我们都是生活在武汉的普通人,那是我第一次体会我爸经常说的战友情。特别是当时不是有一个热搜就是武汉一个小区里大家一起合唱吗? 我当时在抖音上刷到眼泪都要忍不住了,真的,外面的人是不会懂那种感觉的。"

> (阿波,男,26岁,来自江西南昌)

---

① [美]本尼迪克特·安德森. 想象的共同体:民族主义的起源与散布 [M]. 吴叡人译. 上海:世纪出版集团,上海人民出版社,2011:6.
② 周濂. 政治社会、多元共同体与幸福生活 [J]. 华东师范大学学报,2009(5),16—24.

　　共同体,最早可溯源自亚里士多德的政治共同体,是为达到某些善之日的所形成的共同关系或团体[①]。此后,这一概念延伸至社会学等多个学科,一方面意指不同形式的各种组织,另一方面又具有情感纽带的意涵[②]。在一定意义上,社会共同体就是不同形式的社区,但是传统的社区相对而言强化了地域的意义,而非社会心理与社会文化方面的属性。滕尼斯最早把共同体(Community)从社会(Society)的概念中分离出来作为一个基本的社会学概念。"共同体(Germeinschaft)"在德文中的原意是共同生活,滕尼斯用它来表示建立在自然情感这一基础之上的社会联系或共同的生活方式,这种联系产生了守望相助、富有人情味的生活共同体,包括家庭、邻里和村落。人们在这里扮演着不同的角色,彼此之间联系紧密、互动频繁、相互依存[③]。

　　对于城市新移民而言,"我们"的形成有两种可能的路径,第一种是成功与本地居民建立起"我们"的共同体感知,从而成功地实现社会融入,这是最理想的情况。第二种则是在社会交往内卷化的过程中,拉大与本地居民的社会距离从而阻碍移民在本地的融入。而无论是哪种路径,社会距离都是其中最为重要的影响因素。帕克最早将社会距离运用于族群关系研究,他将社会距离描述为一种主观的关系状态,用以指代人们准备与他人建立起的具体关系的亲密程度。[④]博加德斯在此基础上设立了社会距离量表,并发现个体对群体的偏见会影响其与该群体成员的交往意愿。[⑤]此后,社会距离被广泛地应用于各类社会群体研究。社会距离既有客观标准,如教育、收入等,也带有极为强烈的主观色彩,即在认知和情感上所形成的主观心理距离,其中,后者是当前对于社会距离的主要考量方式。对于农民工的社会距离与认同关系,学者们也进行了考察并形成了较为一致的结论,即社会距离越小,农民工的本地认

①　萧高彦.爱国心与共同体政治认同之构成 [M].台北：中央研究院中山人文社会科学研究所，1995.

②　[英]雷蒙·威廉斯.关键词：文化与社会的词汇 [M].刘建基译.北京：生活·读书·新知三联书店，2005.

③　[德]斐迪南·滕尼斯.共同体与社会 [M].林荣远译.北京：商务印书馆，1999.

④　Wark C，Galliher J F. Emory Bogardus and the Origins of the Social Distance Scale[J].*The American Sociologist*，2007：383-395.

⑤　Geisinger K F. Bogardus Social Distance Scale[J]. *The Corsini Encyclopedia of Psychology*，2010(1).

同程度越高。^① 基于此，提出以下假设：

假设 4：城市新移民与本地居民的社会距离越大，他们在本地的群体认同程度越低。

其次，通过区分"我们"与"他们"，城市新移民们进一步强化了群体认同的符号边界。社会认同理论主张，社会被形塑为不同的社会群体和范畴，但这些社会类别并不是孤立存在的，它们只有在相互比较与借此展开的自我界定时才能获得意义。^② 在此过程中，群体之间得以相互区分，群际边界由此产生。对城市新移民而言，构成群体区分和差异的基础，并不是某种客观的表征，而更多的是人们主观上借助某些表征与仪式所强调的主观区分。人们正是依据一定的符号性分类标志，来确立"我族"与"他族"之间的社会边界，并借助这种族群边界来建构和表达族群认同的。^③ 显然，在群际情境中，我群的成员与他群的成员各自感知到自身与对方所分别隶属的范畴身份，并在共识中建立起无形的群际边界。个体的关系被置换为群体之间的关系，被置换为内群体与外群体的关系。通过群际之间的社会比较，群体之间的差异被不断放大，群际边界由此得到维持并不断强化。值得注意的是，城市新移民的群际差异的划分不仅仅意味着他们通过与其他人群的划分来建构起自己的本地认同，同样也能在一定程度上解释农民工的"双重脱嵌"问题。

任何差异都可能带来相应的群际边界划分，但是，不是任何的群体都能够成为本群进行社会比较与边界划分的具体对象。社会心理学认为，人们总是偏向于跟与自己相似的他人进行比较，以获得正确的自我认知，群体亦如此。不难发现，在不同群体的边界划定与社会比较的过程中，人们总是会去选择那些与自身在某些方面类似，或至少存在可比性的其他群体，而不会盲目地进行群际比较与竞争。对于农民工群体而言，家乡的父老与城市居民就构成了他们首选的对照组。

一方面，新生代农民工完全地摒弃了家乡赋予他们的农民身份。他们认为自身已经丧失了父辈所具有的与土地相关的技能，不可能再回到家乡务农。因此，他们均在访谈中有意识地将自己与家乡的务农者们区

① 徐延辉，邱啸. 居住空间、社会距离与农民工的身份认同 [J]. 福建论坛（人文社会科学版），2017(11)：127–136.
② [澳]迈克尔·A.豪格，[英]多米尼克·阿布拉姆斯. 社会认同过程 [M]. 高明华译. 北京：中国人民大学出版社，2011.
③ 黄少华. 网络空间的族群认同 [D]. 兰州大学，2008：119.

分开来：

> "没想过回去，这么多年了也没什么熟人，以前的同学都好多年没来往了，也说不到一起去吧？大家早就不是一路人了。我爸都说每次给我大伯打电话除了问问老人也不知道该聊什么，毕竟大家生活的环境太不一样了，很难有什么共同话题。"
>
> （玲玲，女，21 岁，来自广西柳州）

> "我老家那边的人又穷又懒，每年除了种点儿玉米种点儿菜就啥事不干，那七大姑八大姨的天天串门子，男人们也是，也不想着出去好好赚钱，就想着拿国家的补贴过活，没意思。……我种不了地，我也不愿意种，累死累活那才能赚几个钱。男人，就是要到外边儿来闯，混得再差也比在家种地强。"
>
> （老阳，男，33 岁，来自辽宁丹东）

另一方面，新生代农民工也认为自己与城市居民差异很大，而且很难与他们建立亲密的社会联系，因而难以融入当地社群：

> "在城里也挺孤单的。像我们这种从小跟着父母到处跑的，很难有什么交心的朋友。虽说在城里长大吧，跟人家城里的孩子肯定也还是不一样的，人家都是读了书的，不像我们早早就出来打工，互相之间肯定也说不到一起去。"
>
> （玲玲，女，21 岁，来自广西柳州）

> "我之前谈过一个武汉本地的姑娘，都有结婚的打算了，结果请她爸妈吃饭，她爸妈一上来就问家里是哪里的、父母是干嘛的，一听说我家是农村的，父母在家务农，她妈脸就有点拉下来了。然后又问买房了没，房贷怎么还，我都无语了。后来因为我不愿意在房子上加她名字，两人掰了。搞笑吧？我觉得本地人特别现实，而且大家成长环境差太多了，还是不要走太近的好。"
>
> （明明，男，31 岁，来自湖北荆州）

相较之下，从城镇迁移到城市的其他城市新移民对于他群就没有这么明确的划分。虽然也有少部分受访者提到了家乡的同学朋友，但他们并没有强调自身与迁出地的社群之间的群体边界，相反，他们提到了未来回到家乡的可能以及与迁出地人群深刻的情感羁绊。换言之，从城镇迁出的移民划分出的他群边界更为模糊，他们也更可能形成流动的群体认同。

> "杭州人蛮好的，但我还是更喜欢淮安人，感觉我们那里的人更亲切一点哈哈。可能就是习惯了吧，毕竟我来这里 5 年多，但是在淮安都生活了 20 多年了，家人朋友也大多在那边。不过其实都差不多啦，都蛮好的。"
>
> （薇薇，女，31 岁，来自江苏淮安）

> "哎呀，很难说的，我可以说我（武汉人和太原人）都是不？我在太原长大，在武汉工作成家，两个地方我都有家人朋友啊，你要我非要选一个就好像我小时候逗我女儿爱妈妈还是爱爸爸一样，其实都差不多啦。以后退休了我就天热了回太原住几个月，冷了再回武汉住几个月，完美。"
>
> （阿花，女，41 岁，来自山西太原）

但是，群体边界并不总是固定不变的。维滕布林克的研究显示，本群对他群的感受会随着情境而发生变化。[1]越来越多的心理学研究证实，群际关系的常态是基于不同情境而产生的矛盾型情感，而不是非此即彼的单一看法。人们对不同群体有不同的情感，即使是同样的负面情感也并不完全相同。对于同一群体来说，依据群体之间互动的情境和背景不同，人们对目标群体的评价和情感体验也会产生变化。[2]

巴斯认为，群体边界并不意味着群体之间互动的消失，而是在群体

---

① Wittenbrink B, Judd C M, Park B. Spontaneous prejudice in context: variability in automatically activated attitudes[J]. *Journal of Personality & Social Psychology*, 2001, 81(5): 815–827.

② 方文. 中国社会转型：转型心理学的路径 [M]. 北京：中国人民大学出版社，2012.

互动与相互依赖的基础之上不断进行重构与维系。[①] 因此,群际竞争与群际互动总是同时进行的,基于不同的历史时刻、历史事件和参照对象而有所变化。这种群体边界的流动与变动,归根到底要在群体认同的建构机制中寻找解释。科恩指出,"族群认同是人们在交往互动和参照对比的过程中建立的一种关系,族群边界会随着交往互动和参照对比的对象的改变而伸缩。"[②] 阿波就提到了他在疫情前后群体认同的变动:

> "我跟你说,虽然以前我不讨厌武汉人,但是我也没觉得武汉人有多好,真的就是封城以后我的想法就完全变了。我现在真心觉得武汉人虽然可能脾气比较爆,但大多都比较直爽又讲义气,特别是我们小区的武汉人,那都没话说,我对他们现在都感情很深。"

（阿波,男,26 岁,来自江西南昌）

对于阿波而言,突发的风险事件和由此形成的集体记忆影响了他所设定的群体边界的变化。对于任何群体的认同建构来说,共同的集体记忆都至关重要。群体认同既是集体记忆的前提,又是它的结果。群体认同为集体记忆的建构预设了意义框架,而集体记忆的建立又反之重构了群体认同,在这一重构的过程中,个体所设置的群体边界悄悄地发生着改变。

此外,值得注意的是,在城市新移民群体内部也会形成次级群体之间的边界划分。什么是群内边界? 正如前文所述,边界,即差异,是群体成员基于对自身的认知、在与他者进行比较的基础之上作出的具体区分。所谓群内边界,即群体内部成员划分的不同归属类别之间的界线。群内边界并不存在于一切群体内部,而要受到群体规模、结构、等级等多方面的影响。但是,显然,在城市新移民群体内部,群内边界是清晰存在的。尤其是对于白领移民与新生代农民工,他们相互之间群内边界的划分甚至在某些时候比群际边界更为清晰:

> "都是外地人那又怎么样? 你说的那些是坐办公室的,不像我们这种赚辛苦钱的啦。他们有车有房的,我们可比不

---

① ［挪威］费雷德里克·巴斯.族群与边界:文化差异下的社会组织 [M].李丽琴译.北京:商务印书馆,2014.

② 黄少华.网络空间的族群认同 [D].兰州大学,2008:103.

了。……命没有人家好咯，脑子也没有人家灵光。"

（老白，男，27 岁，来自广东汕尾）

"那你要这样比就没办法啦，我肯定觉得我跟本地人的相似性要比跟他们（农民工）高啊，毕竟我同事很多就是武汉本地的啊，大家收入什么的都差不多，算一个阶层吧。要不是你这样问，我还真的从来没想过我跟农民工也可以算一类。"

（星星，男，32 岁，来自河南信阳）

甚至在新生代农民工内部，不同的职业和收入情况也会导致他们对彼此之间的相异性感知被放大：

"哈？我不可能是农民工吧？顶多算社畜吧。农民工应该指的是那些在工地上打工的没什么文化的农村人吧，跟我这种应该还差别挺大的吧？如果年收入上 20 万还能被称为农民工，那我估计很多人都想做农民工吧。"

（小凤，男，28 岁，来自河南商丘）

群内区分与比较的结果就是权利与地位的产生。社会心理学认为，社会地位总是相对的，想要获得更高的社会地位，就需要高那些与我们不同的人一等，因此，我们会采取抬高自己的群体和贬低对方群体来维护自己的社会同一性。[1] 不论是群际边界的产生，还是群内边界的设立，总是在不断地比较与区分中形成。在此过程中，边界得以产生，群体归属感得以增强。方文指出，"社会认同既是层级的，同时也是多元的，在任何具体的语境中，行动者都同时禀赋多元群体资格。"[2] 因此，笔者认为，群体边界的划分也是多元而多变的。从群体自我归类、群际边界和群内边界三个方面，城市新移民及内部的次级群体划定了自身的群体边界，在为"我们"确立了具体社会范畴的同时，也通过群际情感和群内互动来界定自身，确立了群体的社会认同。与此同时，根据情境的变化，三重边界也随之发生变化，由此演化出复杂流动的认同图景。

---

[1]　[美] 戴维·麦克斯.社会心理学 [M].张志勇，乐国安，侯玉波译.北京：人民邮电出版社，2006.

[2]　方文.学科制度和社会认同 [M].北京：中国人民大学出版社，2008.

3. 城市新移民的地域认同

地域认同,是对个体与地方之间关系的一种认同。在地理学中,地域认同常常被表征为人们对某个地理位置的感觉和归属。雷开春和张文宏指出,外来移民不一定是对所有的城市都照单全收,而可能只是对某一特定的城市和地域有独特的情感。因此,地域认同也能在一定程度上体现移民对于城市的某种社会认同状况。[①]

与此同时,前文对城市想象的论述曾经提过文化特质是城市重要的标志物,因此,城市新移民的地域认同也不应该仅仅被视为对某种地理方位的感知,更重要的是对当地文化的某种采纳与接受。正如很多国际移民研究所关注的那样,移民们进入当地社会面临的首要问题是如何平衡家乡传统文化与迁入地文化,从而重构自我感。[②]进入一个全新的城市不仅意味着空间方位的转移,更重要的是文化差异的冲突,移民们必须理解新的社会环境并决定是否融入到当地文化当中。而移民对于地方的认同主要以文化的模式集中体现出来。换言之,移民对于地方的情感依恋在很大程度上是对于某种文化氛围的习惯和偏好。因此,地域认同既囊括了对于地方的情感,也包括了对于城市文化的接受程度。其中,城市美食作为城市文化的重要组成部分,被受访者多次提及:

> "我现在都感觉本地人挺有素质的,自古不就说江南出美人出才子吗?可能杭州的文化就决定了这个城市是温柔如水的吧,这一点我还是很喜欢的。杭州这边吃的我也挺喜欢的,我自己都奇怪,没想到我现在居然可以吃得这么清淡。河坊街还有湖滨银泰那附近有很多本地的小馆子都很不错,我超爱吃大肠和熏鱼,周末就会约着男朋友一起去。"
>
> （莉莉,女,26 岁,来自安徽合肥）

> "可能是我来武汉太久了吧,太习惯了,都不会觉得自己原来是个外地人了。虽然隔一段时间都会想我妈做的刀削面,但

---

① 张文宏,雷开春. 城市新移民社会认同的结构模型 [J]. 社会学研究, 2009, 24(4): 61-87, 243-244.
② Lewis, C, C. Personal and Cultural Identity[J]. *Human Development*, 2000(43): 101-113.

是现在早上上班路上买碗热干面，或者吃面窝，夏天跟朋友和家人去吃烧烤、小龙虾，冬天还要喝藕汤都成习惯了。感觉我现在完全是本地人的胃了呀！最神奇的是我现在可以端着一碗热干面边走边吃，以前我刚来武汉的时候看到都觉得好神奇，山西从来不会看到有人端碗刀削面边走边吃，现在我自己也可以做到了。唉，看来我果然已经是个正宗的武汉人了。"

（阿花，女，41 岁，来自山西太原）

事实上，"外地人"和"本地人"本身就是一种地域身份意识，是人们依据地理界限而划定的群体边界，用以区分"我们"和"他们"。地域不仅仅包括传统自然地理学所指的纯物理性的空间位置，更重要的是在这一地方上所形成的历史和文化。地域认同从空间和文化关系上来界定群体的身份归属，同样是移民社会认同的重要组成部分。而作为移民社会认同的三个层面：职业认同、群体认同和地域认同，彼此紧密联系却又差异显著，地域认同的建立并不意味着职业认同的群体认同的建立，其他两者也是如此。比如对受访者小施而言，对于杭州景观深厚的喜爱之情能够促使她产生较为强烈的地域认同，但与本地人的交往有限使她难以形成群体认同：

"我真的太爱杭州了，春天的西湖、夏天的云栖竹径、秋天的九溪烟树和冬天的灵隐寺。我真的觉得杭州跟所有其他的地方都不一样，它真的很美。在这里生活真的好幸福！只要不不提房价，哈哈哈。……本地人我不太了解耶，好像也不太接触得到，我一般都是跟校友一起玩，他们里面可能有本地的吧，没具体问过。"

（小施，女，26 岁，来自江西南昌）

总体而言，职业认同、群体认同和地域认同作为城市新移民社会认同的组成部分，共同塑造着移民在城市中认同建构的方方面面，但它们彼此并不必然相互影响，从而构成了多元而复杂的当代移民认同图景。

（三）移民内部次级群体的社会认同

正如前文所述，城市新移民是一个复杂的社会群体，不能一以概之。

本节将城市新移民划分为新生代农民工、白领移民和大学毕业生低收入移民三个群体来展开分析,试图从这三个次级移民群体的社会认同差异来一窥移民社会融入的运作机制与内部逻辑。

20世纪80年代开始的大规模社会流动,在创造了一个全新的社会群体——农民工的同时,也为这一群体赋予了有别于"农民"和"工人"的由制度与文化共同建构的第三种身份。[①]一方面,这一群体在乡土社会中出生成长,深深受到传统乡土关系的牵绊;另一方面,他们长时间生活在城市社会中,居住环境、社会关系以及职业身份都发生了巨大的变化,从而体现出一种"两栖"的流动性身份认同。在此过程中,农民工的融入困境成为学界关注的焦点,虽然农民工对自己的身份意识有了更多的追寻和诉求,但是受限于城乡二元体制,他们的身份归属模糊,既无法再以农村人的身份来定位自身,也难以实现向城市人的全面转变,只能生活在两种身份的夹缝之中苦苦挣扎。[②]

伴随着代际更替,出生于20世纪80年代后的新生代农民工开始占据农民工的主体。不同于老一代农民工,这一群体出生、成长在流动的社会转型时期,与乡土社会的羁绊不像他们的父辈那样深厚,且他们进入城市大多不仅仅是为了获得经济收入的增长,更多的是为了实现社会身份的转变。因此,他们拥有更强的向上流动的欲望和更强烈的主体身份意识,且在经历城市中的"漂泊性流动"中更明显地意识到了自己的融入困境。周贤润指出,其身份的模糊性、职业的非农化和对市民化的强烈愿望造成了一种脱节的断裂状态,进一步导致了新生代农民工群体的"半城市化"和阶层的"半无产化",从而催生了他们的市民化想象和阶层意识冲动。[③]

新生代农民工,是当前中国城市移民中最重要的组成部分。刘传江和程建林认为,与父辈相比,新生代农民工在教育程度、自我身份感知和市民化意愿方面都有显著不同。[④]但即使这样,他们仍难以被城市接

①　陈映芳."农民工":制度安排与身份认同[J].社会学研究,2005(3):15.

②　周贤润.从阶级认同到消费认同:农民(工)身份认同的代际转向[J].中国农业大学学报(社会科学版),2017,34(4):24-32.

③　周贤润.新生代农民工的消费认同与主体建构[J].北京社会科学,2021(9):121-128.

④　刘传江,程建林.第二代农民工市民化:现状分析与进程测度[J].人口研究,2008,32(5):10.

纳,无法完全融入其中。[①]从他们频繁的职业流动来看,这一群体有着强烈的向上流动与融入本地社会的愿望,然而囿于其成长的社会环境,他们既无法像父辈们那样从城市回归农村,又无法突破城乡二元体制的壁垒,一方面,新生代农民工失去了乡土的根,从原有的社会结构中已经抽离出来;另一方面,他们在城市中漂泊无依,无法嵌入新的社会结构,只能主动或被动地游离,成为"双重脱嵌"的"陌生人"。

双重脱嵌指的是农民工群体没有融入城市又脱离了农村的生存状态,他们既游离于城市的制度性权利结构和福利保障体系之外,又在客观纽带和主观认同上脱离乡土社会。[②]学者们从不同角度来探讨这一特殊状态出现的原因,朱妍和李煜从制度性角度出发,认为是既有的城乡二元对立结构导致了农民工的"制度脱嵌",叠加这一群体主动与乡村社会"传统脱嵌"所导致的后果。黄斌欢立足于生命历程,指出新生代农民工童年时期的留守经历使他们天然与乡土社会脱离,同时又阻碍了他们真正地融入城市。[③]赵巍指出,同时脱离城市和农村的分工体系导致新生代农民工处于"双重脱嵌"的危险之中。[④]无论是何种原因,可以确定的是学界对于新生代农民工的"双重脱嵌"达成了基本共识。因此我们认为新生代农民工群体在职业认同、群体认同、地域认同和整体社会认同上的得分可能都会比较低,但是不是城市新移民群体内部得分最低的次级群体还有待进一步考察。

进入 21 世纪后,中国国内的社会流动进一步加速,城市移民群体开始分化。受教育程度更高、收入水平更高且往往从事非体力生产的白领移民开始形成一股宏大的力量,他们中的大多数往往并不是来自于农村地区,而是从中小型城市向大城市进行的迁移,这样就导致了他们构成了新的阶层,拥有更多的社会资本和更高的社会地位。那么,他们的社会认同是否有别于农民工群体,与城市居民相类似呢? 与此同时,诸如大学毕业生低收入移民这样的群体,赋予了当前城市新移民内部一定的

---

① 吴鹏森,杨玲丽.新生代农民工进城生活状况及其对犯罪的影响 [J].青少年犯罪问题,2015(2):29-39.

② 朱妍,李煜."双重脱嵌":农民工代际分化的政治经济学分析 [J].社会科学,2013(11):66-75.

③ 黄斌欢.双重脱嵌与新生代农民工的阶级形成 [J].社会学研究,2014,29(2):170-188+245.

④ 赵巍.从留守儿童到三和青年——新生代农民工的社会化与自我认同 [J].求索,2021(2):90-97.

多元性。作为移民的他们，相同的是，不论从属于哪个次级群体，其身份认同都不会伴随迁移自动生成或被城市生活主动赋予，它有其价值、结果和实践的建构逻辑。然而不同的是，他们重构社会认同的逻辑与结果。因此本章希望能回应以下研究问题：白领移民和大学毕业生低收入移民对迁入城市的职业认同、群体认同、地域认同以及整体社会认同状况如何？他们与新生代农民工群体的社会认同现状有无显著差异？若有，哪些因素影响了城市新移民次级群体不同的社会认同建构路径？

（四）社会距离与社会认同

社会距离是城市新移民在本地建立社会认同的重要变量。塔尔德最早使用这一概念反映社会各阶层之间的差异程度，齐美尔在这一基础上提出社会距离是人与人之间的心理屏障，赋予了其主观色彩，帕克继承和发扬了齐美尔的观点，并将社会距离概念引入美国的种族关系研究，自此，社会距离成为衡量个体或群体之间关系的重要理论工具。各个群体之间的社会距离越大，意味着他们在实际生活中的接触越少、关系越疏远，融入对方生活的意愿也就相对越弱。事实上，虽然社会距离理论早期大多被用于探讨西方的跨国移民，但我国的城市新移民在许多层面上都与其具有高度类似性。[1] 首先，户籍制度所带来的城乡二元体制使大量农村人口被排斥在社会保障体系之外，他们无法与城市居民享有同样的社会权利，在心理上往往也并不将自己视为与本地人类似的个体，从而阻碍了他们的城市融入；其次，大量外来人口在迁移之后逐渐形成聚集，交往内卷化进一步加剧，他们没有机会与本地居民接触和交往，双方的隔阂进一步加大。因此，缩小城市新移民的社会距离对于他们建立社会认同和实现社会融入都具有重要的意义。

迪尔凯姆和韦伯曾指出，制度是"固化和维持群体间社会距离的重要机制"。[2] 立足于城乡二元社会结构体制而制定的一系列政策，长期以来导致了城市人口与农村人口的社会分割，也加深了城市居民对外来人口的偏见、歧视和排斥，造成了两个群体之间的社会距离。[3] 这种

---

① 曾东林，吴晓刚，陈伟. 移民的空间聚集与群体社会距离：来自上海的证据 [J]. 社会，2021, 41(5): 56-79.

② 王桂新，胡健. 城乡—区域双重分割下的城市流动人口社会距离研究 [J]. 中国人口科学，2018(6): 43-54, 127.

③ 胡荣，王晓. 社会资本与城市居民对外来农民工的社会距离 [J]. 社会科学研究，2012(3): 101-106.

影响是双向的，一方面，城市人口恐惧外来人口会对自身的利益造成冲击；另一方面，这种表现也让外来人口对于与城市人口展开交往心生排斥，从而进一步加剧了移民的认同困境。可见，社会距离的存在根源在于偏见。帕克认为偏见是"保持社会距离的倾向"，Triandis 将社会距离视为偏见的重要指标，博加德斯更是指出社会距离是对于偏见的直接测量。因此，减少偏见、促进沟通是缩小社会距离的关键。群际接触理论认为，不同群体之间的接触会引发积极的态度改变，减少偏见，促进群体之间友好的交往。Schwab 等人的研究支持了群体接触与偏见减少之间的因果关系，并指出不论是现实中的直接接触还是想象中的联结都有助于改善群体之间的偏见。[①]

当人们进入媒介社会，数字技术为人们提供了更多的交往可能。依托于虚拟网络的社交媒体为人们提供了一定程度的匿名性，减少了交往中现实身份地位以及空间限制对交往的阻碍，创造出更多的接触机会。同时，与现实中的交往不同，"线上接触可以减少群体规范带来的压力和焦虑，多样化的兴趣群体身份认同有利于增强相似性，减少现实身份带来的偏见和刻板印象，从而达到更为理想的接触效果"。[②] 国内对于农民工的相关研究也证实，市民与移民之间的群际接触与社会交往能够有效地缩小群体之间的社会距离。因此，本章引入社会距离变量来测量其对于城市新移民社会认同建构的影响作用，试图回答以下研究问题：社会距离如何影响城市新移民的社会认同？ 对于城市新移民的不同次级群体而言，他们的社会距离有何差异？ 这种差异如何影响他们的社会认同建构？

二、社交媒体与移民的社会认同

大众媒介是建构移民社会认同的重要因素，这一点毋庸置疑。早在 19 世纪初，学界就开始关注媒介使用在移民城市适应与社会融入过程中所发挥的作用。媒体使用对于移民在当地获取信息、维系社会关

---

① Schwab A K, Sagioglou C, Greitemeyer T. Getting connected: Intergroup contact on Facebook[J]. *The Journal of Social Psychology*，2019，159(3)：344–348

② 钟瑛，邵晓. 新媒体使用对城市新移民与本地居民社会距离的影响研究——基于心理资本中介作用的分析 [J]. 新闻大学，2021(1)：75–120.

系和积累社会资本上的作用是毋庸置疑的,但对于是否能够带来其身份认同的改变,学界并未达成一致。一部分学者认为,媒体使用能够帮助移民构建融入城市生活的社会网络,降低其对陌生环境的焦虑和不确定感,[①] 以提供社会支持和其他资源[②],从而重构社会认同。如彭远春的研究发现,大众媒介对农民工的影响力比对其他社会群体更强烈,"它将现实城市生活与农村的过去、现实与未来情形置于农民工眼前,不可避免地给农民工带来惊愕与冲击,促发其思想、价值观念的改变,并说服其接受变迁和融入城市生活"。[③] 胡昊指出,新生代农民工借助媒介获取的信息资讯显著影响其社会认同。[④] 郑欣认为,媒介是新生代农民工日常生活中重要的组成部分,已经深深地嵌入他们的城市生活中,最终必然会导向从农民到市民的身份再造。[⑤] 另一方面,也有研究指出,媒体使用可能减缓移民社会融入的过程,降低移民对于迁入地社会的信任,减少人们在真实世界中与人面对面交流的时间[⑥],从而阻碍移民的社会融入。如宋瑾和罗安平认为,由于媒介素养的缺失,农民工子女无法辨别互联网与现实中的城市落差,从而阻碍了他们的城市融入。[⑦] 方晓恬和窦少舸发现,新生代农民工在虚拟网络游戏中通过逃避现实中的人际交往、实现虚拟阶层上升来获得情感满足,在此基础之上的身份认同和自主创造的"意义"的最终结果就是被整合进文化工业机制,无法对现实产生影响。[⑧]

伴随着媒介化社会的全面推进与传统媒介的衰落,新媒介,尤其是

---

① Becchetti L, Pelloni A, Rossetti F. Relational goods, sociability, and happiness[J]. *SSRN Electronic Journal*, 2008, 61(3): 343-363.

② Mundra A D. Social network and their impact on the employment and earnings of Mexican immigrants[J]. *Demography*, 2007, 44(4): 849-863

③ 彭远春. 论农民工身份认同及其影响因素:对武汉市杨园社区餐饮服务员的调查分析[J]. 人口研究, 2007(2): 81-90.

④ 胡昊. 新生代农民工手机电视使用对其城市融入的影响[D]. 北京:中国青年政治学院, 2015.

⑤ 郑欣. 媒介的延伸:新生代农民工城市适应研究的传播学探索[J]. 西南民族大学学报(人文社会科学版), 2016(6): 142-148.

⑥ Frey B S, Benesch C, Stutzer A. Does watching TV make us happy?[J]. *Journal of Economic Psychology*, 2007, 28(3): 283-313.

⑦ 宋瑾, 罗安平. 互联网对农民工子女融入城市的影响及对策分析[J]. 新闻界, 2010(1): 56-57, 121.

⑧ 方晓恬, 窦少舸. 新生代农民工在网络游戏中建构的身份认同——基于对13位《王者荣耀》新生代农民工玩家的访谈[J]. 中国青年研究, 2018(11): 56-61.

社交媒体在移民们建立社会联结、获取社会支持的过程中扮演的角色日益重要。由于社交媒体的飞速崛起，移民的城市融入进程发生了显著的改变，以青年为主的城市新移民群体也不可避免地被裹挟进媒介技术创新所快速驱动的社会变革中。社交媒体是中国当代青年在日常生活中开展社会交往、获取社会支持、积累社会资本、增加社会参与的重要手段，并成为他们社会生活的重要组成部分，因此必然对他们的心理发展和社会融入存在一定影响。早期的研究，主要聚焦在使用社交媒体是否能够对移民的社会认同产生直接影响这一问题上，对此学者们观点不一，如 Páscoa 等人认为，作为社交媒体的 Facebook 能够有效促进社会化、对抗孤立，从而实现社会融合。[①] 但王锡苓和李笑欣的研究表明，社交媒体为城乡迁移者构建了社会关系网络，但却无法对他们的身份认同产生影响。[②]

社交媒体，是一种"用户生产内容、建立联系、分享信息，与其他用户进行互动并消费他们自身所生产内容"[③] 的社会化媒介形式。相较于其他媒体形式，社交媒体是一个前所未有的、彰显社会身份的、自我呈现舞台，网友们可以通过选择名称、头像、签名、页面风格和具体的内容来对自我身份进行重塑，从而突出自己的某些社会特质。同时，不同于传统媒体较为单一的传播功能，社交媒体在信息获取、社会交往、自我呈现等许多方面，都发挥着重要的效用，因此，对于社交媒体对移民社会认同建构的影响无法从单一的角度来展开探讨，而需要综合考量。然而，韦路和陈稳的研究指出，社交媒体使用只能在某些方面促进城市新移民的社会融合，主要体现在能够提升他们在城市中的社会认同并建立起更为广泛的社会关系网络，从而增强社会归属感，但这种社交网络的拓宽大多是基于弱关系网络，人们很难从其中获取深度的社会支持。同时，他们进一步指出社交媒体使用的不同模式会产生不同的影响，如社交媒体的社交功能，有助于拓展城市新移民的社会关系广度并加深其社

① Páscoa G, Gil H. Facebook and the elderly: The importance of social software in lifelong learning[J]. *Information Systems & Technologies*. IEEE, 2012.
② 王锡苓，李笑欣. 社交媒体使用与身份认同研究：以"皮村"乡城迁移者为例[J]. 现代传播，2015(6)：118-124.
③ Berger K, Klier J, Klier M, Probst F. A Review of Information Systems Research on Online Social Networks[J]. *Communications of the Association for Information Systems*, 2014, 35(1)：145-172.

会参与程度,但其他功能却未能产生显著的效果。^①基于此前学界所进行的各种探讨,本书认为,问题的关键不在于是否使用社交媒体所导致的直接效果,而在于社交媒体的具体类型和功能能够在这一过程中发挥的作用。因此本章节希望回应以下两个研究问题:社交媒体使用的不同类型对城市新移民的社会认同如何产生影响?社交媒体的不同功能是如何影响城市新移民的职业认同、群体认同、地域认同以及整体社会认同建构的?

三、核心变量

该章节的核心变量是移民的社会认同,将会分别对城市新移民的职业认同、群体认同、地域认同以及整体社会认同进行测量,同时引入社会距离变量。

（一）职业认同

要求受访者运用李克特五级量表对 5 个陈述句的赞同程度进行赋分,分值从"非常不赞同(1)"到"非常赞同(5)"依次赋分。具体的测量句式为:"我对职业的工作内容感到满意。""我对职业的薪水感到满意。""我对职业的福利待遇感到满意。""我对职业的发展前景感到满意。""我对职业的社会声望感到满意。"经检验,该量表的信度为 0.822,符合信度要求。

（二）群体认同

对于社会认同量表的设置参考了程威特、吴海涛和周子铭的量表设计^②,采用 5 个陈述句对受访者对本地的社会认同进行测量,答案采用李克特五级量表,从"1 非常不赞同"到"5 非常赞同"进行赋分。具体的测量问题为:"我很愿意融入本地人当中,成为其中一员。""我觉得本地人愿意接受我成为其中一员。""我的行为方式与本地居民存在较大差别。""我感觉本地人看不起外地人。""我觉得我已经是个本地人

① 韦路,陈稳.城市新移民社交媒体使用与主观幸福感研究 [J].国际新闻界,2015(1): 114-130.
② 程威特,吴海涛,周子铭.何以为家:农民工身份认同与落户意愿[J].农村经济,2021(4): 9-17.

了。"经检验，该量表的信度为 0.814，符合信度要求。

（三）地域认同

对于地域认同的测量采用了 5 项测量指标，要求受访者运用李克特五级量表对 5 个陈述句的赞同程度进行赋分，分值从"非常不赞同（1）"到"非常赞同（5）"依次赋分。具体的测量句式为："我喜欢现在居住的城市。""我关注现居城市的变化。""我愿意子女在现居城市发展。""我打算长期在现居城市生活。""我喜欢现居城市的风俗习惯。"经检验，该量表的信度为 0.803，符合信度要求。

（四）整体社会认同

整体社会体认同采用单一题项进行测量，通过询问被调查者"您认为自己属于以下哪类人群？"来展开测量，答案分别为"杭州人 / 武汉人""既是杭州人 / 武汉人，又是外地人""外地人""既不是杭州人 / 武汉人，也不是外地人""不清楚"等 5 个选项。其中，前四项分别赋值 4、3、2、1，第 5 项赋值 –2。

（五）社会距离

对于社会距离的测量是根据博加德斯社会距离量表进行适度修改而形成的。具体的测量问题为："我很愿意与本地人一起工作。""我很愿意与本地人做邻居。""我很愿意与本地人交朋友。""我很愿意与本地人谈恋爱。""我很愿意与本地人组成家庭。"答案采用李克特五级量表，要求受访者从"1 非常不赞同"到"5 非常赞同"对以上陈述句的赞同程度进行赋分。经检验，该量表信度为 0.935。

四、研究发现

（一）城市新移民社会距离与社会认同的描述性分析

表 5-1 呈现了城市新移民内部次级群体的社会认同情况。在整体社会认同上，城市新移民群体将自己认知为既不是本地人也不是外地人的最多，占全部的 27.9%，其次是认为自己既是外地人也是本地人，有 315 个，最少的是仍然将自己认同为外地人的城市新移民，有 182 人，占比 15.9%，这在一定程度上展现了城市新移民的社会认同仍然有较强的

流动性和模糊的群体边界。在城市新移民群体内,新生代农民工最多将自己认同为既不是本地人也不是外地人,占这一群体总数的大多数,为61.9%,建立起本地认同的农民工最少,仅有2.4%。对于白领移民而言,他们的本地认同情况相对较好,有34.6%的白领移民将自己视为本地人,但认为自己既是本地人也是外地人的白领移民最多,有44%,认为自己仍然是外地人的白领移民最少,仅占总体的7%。大学毕业生低收入移民的整体社会认同与前两者均有区别,他们的外地人认同占比最高,有30%,其次是既是外地人又是本地人的双重认同,但认为自己是本地人的人数也不少,有52人,占这一群体的24%。

表5-1　城市新移民的社会距离与社会认同

整体社会认同	新生代农民工		白领移民		大学毕业生低收入移民		其他	
	人数	百分比	人数	百分比	人数	百分比	人数	百分比
本地人	7	2.4%	187	34.6%	52	24.0%	27	27.6%
外地人	74	25.6%	38	7.0%	65	30.0%	5	5.1%
两者都是	8	2.8%	238	44.0%	56	25.8%	13	13.3%
两者都不是	179	61.9%	77	14.2%	30	13.8%	33	33.7%
说不清楚	21	6.2%	1	0.2%	14	6.5%	20	20.4%
合计	289	100%	541	100%	217	100%	98	100%
社会认同与社会距离的平均分(标准差)								
职业认同	2.65(1.16)		3.72(1.02)		3.06(1.27)		3.11(1.49)	
群体认同	2.85(0.93)		3.38(1.05)		3.37(1.46)		3.27(1.31)	
地域认同	3.48(0.86)		3.34(0.95)		3.42(0.87)		3.69(1.02)	
社会距离	2.88(1.29)		3.34(1.26)		3.28(1.09)		3.15(0.94)	

当我们从社会认同的三个不同层面来考量城市新移民次级群体时,这种区别更为明显。从上表中,我们可以看出,在职业认同上,新生代农民工的得分最低(M=2.65,SD=1.16),说明新生代农民工对于他们目前的职业现状并不满意,而无法"立业"可能也会影响到他们的"安

家"，白领移民的职业认同最高（M=3.72，SD=1.02），其次是三个次级群体以外的其他移民（M=3.11，SD=1.49）。在群体认同上，新生代农民工最难以与本地居民建立起群体认同（M=2.85，SD=0.93），得分最高的同样是白领移民（M=3.38，SD=1.05），大学毕业生低收入群体也得分较高（M=3.37，SD=1.46）。与之前不同的是，在地域认同上，得分最低的是白领移民（M=3.34，SD=0.95），新生代农民工的得分排在第二（M=3.48，SD=0.86），仅次于其他移民（M=3.69，SD=1.02），远高于他们在职业认同和群体认同上的平均值，说明新生代农民工群体对于地域的认同强于对职业和本地居民的认同，但三个城市新移民次级群体在地域认同上的得分相差很小，在一定程度上说明对于地域的认同情感并不受到移民收入、地位等外在因素的影响。此外，在社会距离的表现上，与职业认同和群体认同的数据结果类似，新生代农民工的得分最低（M=2.88，SD=1.29），白领移民的得分最高（M=3.34，SD=1.26）。

为回应本章的研究问题，接着对白领移民、大学毕业生低收入移民和新生代农民工的社会认同分别进行MONCOVA检验。如表5-2所示，新生代农民工的职业认同显著低于白领移民（F=13.28，$p < 0.01$），同时，新生代农民工的群体认同也显著低于白领移民（F=9.56，$p < 0.05$）和大学毕业生低收入移民（F=9.43，$p < 0.05$）。可见，新生代农民工在城市融入的过程中在职业认同和群体认同的建立上都存在一定的障碍。

表5-2 新生代农民与白领移民及大学毕业生低收入移民社会认同的显著性差异

主要变量	新生代农民工		白领移民		MONCOVA		Effect Size
模型1	Mean	SE	Mean	SE	Mean difference	F	偏 η^2
职业认同	2.65	0.06	3.72	0.06	1.07	13.28**	0.186
群体认同	2.85	0.13	3.38	0.08	0.53	9.56*	0.097
地域认同	3.48	0.15	3.34	0.04	0.14	3.21	0.015

主要变量	新生代农民		大学毕业生低收入群体		MONCOVA		Effect Size
模型2	Mean	SE	Mean	SE	Mean difference	F	偏 η^2
职业认同	2.65	0.06	3.06	0.13	0.41	3.42	0.014

续表

群体认同	2.85	0.13	3.37	0.07	0.52	9.43*	0.086
地域认同	3.48	0.15	3.42	0.11	0.06	2.44	0.009

注：$*p < 0.05, **p < 0.01, ***p < 0.001$。

（二）城市新移民社交媒体使用与社会认同的回归分析

为回应本章的研究假设和研究问题,对社会认同的不同维度进行回归分析,将人口统计因素、社交媒体类型使用、社交媒体功能使用、社会交往关系和社会距离变量依此分组输入方程进行检验,结果如表5-3所示。

第一,对人口统计因素的考察显示,教育程度越高、个人月收入越高、主观社会地位越高的城市新移民拥有更高的职业认同;已婚、主观社会地位越高、由城镇迁出、居住在杭州的城市新移民拥有更高的群体认同;已婚、由农村迁出、居住在杭州的城市新移民拥有更高的地域认同;主观社会地位越高的城市新移民能获得更高的整体社会认同。由此,假设2和假设3得到验证,迁出地显著影响城市新移民的群体认同,那些来自城镇地区的移民们在本地的群体认同更高;主观社会地位也显著影响城市新移民的群体认同,且这种正向的影响还体现在职业认同和整体社会认同上。

第二,对社交媒体类型的考察发现,内容导向型社交媒体与关系导向型社交媒体对城市新移民社会认同的影响路径完全相异,表现在内容导向型社交媒体仅对地域认同有显著正向影响,而关系导向型社交媒体对除地域认同以外的职业认同、群体认同和整体社会认同,均有显著正向作用。换言之,使用内容导向型社交媒体更多的城市新移民会获得更高的地域认同,但在社会认同的其他层面上无显著影响,而使用诸如QQ、微信等关系导向型社交媒体越多的城市新移民能够建立更强的职业认同、群体认同和整体社会认同。

第三,对社会媒体功能的考察发现,社交媒体的信息获取功能对城市新移民的社会认同均无影响,而使用社交媒体进行社会交往和自我呈现对职业认同、群体认同、地域认同和整体社会认同均有显著作用。此外,越多使用社交媒体的社会参与功能的移民越容易在本地建立起群体认同、地域认同和整体社会认同,但对职业认同无显著影响。

第四,对社会关系网络的检测显示,城市新移民在本地社会关系越广,他们的职业认同、群体认同和整体社会认同也就越强,而当他们建立了更多的本地关系时,他们的群体认同和整体社会认同也会受到显著影响。但对于移民的地域认同建构,社会关系变量并不会发生影响。由此,假设 1 得到验证,城市新移民的本地关系构成中当地居民越多,他们的群体认同越高。

第五,社会距离变量对于城市新移民的职业认同、群体认同、地域认同和整体社会认同都有显著影响,尤其在群体认同和整体社会认同上有较大的影响力。换言之,对于城市新移民在本地社会认同建立,不论从职业稳定、融入群体和地方情感上,移民们自我感知的社会距离越小,他们的社会认同感越强。于是,假设 4 成立。

表 5-3　城市新移民的社会认同回归分析

	职业认同	群体认同	地域认同	整体社会认同
性别	0.084	0.037	0.097	0.052
婚姻状况	0.026	0.142*	0.155*	0.089
年龄	0.043	0.052	0.076	0.058
教育程度	0.169*	0.094	0.066	0.073
个人月收入	0.188*	0.081	0.062	0.059
主观社会地位	0.271**	0.135*	0.094	0.137*
地区	−0.045	−0.148*	−0.292**	−0.935
迁出地	0.047	0.162*	−0.193*	0.052
R2 增量（%）	12.9	10.2	6.8	10.8
内容导向型社交媒体使用频率	0.028	0.056	0.191*	0.080
关系导向型社交媒体使用频率	0.159*	0.173*	0.036	0.208*
R2 增量（%）	5.3	7.8	5.1	7.4
信息获取	0.056	0.084	0.018	0.092
社会交往	0.188*	0.205*	0.159*	0.147*
自我呈现	0.143*	0.138*	0.174*	0.155*
社会参与	0.045	0.276**	0.183*	0.152*
R2 增量（%）	7.3	8.5	6.7	7.8
关系广度	0.314**	0.152*	0.103	0.148*

	职业认同	群体认同	地域认同	整体社会认同
关系构成	0.075	0.242*	0.068	0.163*
R2 增量（%）	9.1	8.3	4.9	8.2
社会距离	0.153*	0.264**	0.175*	0.282**
R2 增量（%）	2.4	3.5	1.8	3.7
R2 总量（%）	37.1	38.3	25.3	37.9

五、结论与讨论

社会认同是城市新移民社会融入的重要衡量标准，是他们对于自身在城市生活中的主观感知和身份定位，不仅影响了他们生活得是否幸福，更会决定他们的定居意向。长期以来对农民工的研究表明，农民工处于既无法融入城市也无法回归乡村的"双重脱嵌"的认同困境之中，对新生代农民工的考察也是如此。本章重点关注了城市新移民总体的社会认同现状，从职业、群体、地域三个层面来考察城市新移民的社会认同建构路径，并对城市新移民内部次级群体的认同现状进行深入剖析，得出了以下结论。

首先，新生代农民工的社会认同现状仍然不容乐观，这一群体在整体社会认同上只有极少数认为自己是本地人，超过半数的受访农民工都认为他们既不是本地人也不是外地人，还有四分之一的农民工认为自己是外地人。显然，对于新生代农民工而言，他们仍然与他们的父辈一样深陷"双重脱嵌"的窘境之中，难以融入当地社会。数据显示，新生代农民工在职业认同和群体认同上都显著低于白领移民，这或许能够为他们的整体社会认同偏低提供第一重解释。本章认为，职业是移民融入当地社会的经济基础和敲门砖，获得好的工作机会不仅能够显著改善移民的经济状况，更能为他们打好良好的心理基础和一定的社会关系，从而帮助他们在本地重新积累社会资本，而对于大多数新生代农民工而言，他们的教育程度和家庭背景难以为他们提供那些体面的工作岗位，由此为他们与本地人的社会交往设置了一定的障碍，他们既不认可自己所从事的职业，又受限于职业对他们时间空间的挤压，难以有机会与本地人建立紧密的社会关系，如从事美发行业的涛涛就谈到：

"没时间，你以为我不想啊？天天九十点才下班。周末人家倒是休息，我们忙得要死，好不容易调休一天只想在家睡大觉。而且也没机会，最多做头发的时候跟客人瞎侃一下，最熟的还是同事。"

（涛涛，男，19岁，来自辽宁锦州）

这样一来，对于那些难以在职业上获得较高收益的新生代农民工来说，他们也就难以建立起积极的职业认同和群体认同。然而，对于新生代农民中的少数者——那些通过教育提升了自己阶层的农村移民而言，境况就变好了吗？不一定。对城市新移民社会认同的回归分析显示，个人月收入仅能正向预测职业认同，但对于群体认同、地域认同和整体社会认同并无显著影响，相较之下，主观社会地位能够显著影响职业认同、群体认同和整体社会认同。换言之，主观社会地位比个人的经济水平更能显著影响城市新移民的社会认同建构，这可能为新生代农民工的认同困境提供了第二重解释路径——经济收入高的移民不一定感知到相同的主观社会地位。有学者发现，我国存在着明显的阶层下移现象，[①]来自武汉的调查数据显示，认同中等偏下层的比例明显偏高，其中权利地位认同向下偏倚极为明显。[②]虽然为了方便分析，本章将所有从农村迁移到城市的移民都统一归入新生代农民工，但不可否认的是，他们中的一部分同样属于白领移民。对于这一群体而言，他们虽然拥有相对优渥的收入和良好的工作环境，但他们往往并不认为自己与从事同一职业的城市居民具有可比性。

"你别看我现在每个月收入还可以，在同行里算中档吧，但是跟本地人真的还是比不了的啦。就不说别的，我现在都还是租房子住咧。人家本地人不说别的，家里房子一般都好几套的，赚多少钱那就是真的可以花多少钱，哪像我们还要小心翼翼地攒钱。都说我们这种收入属于中产，其实都是假中产，人家本地人拿这个工资才算是真的中产。"

（小施，女，26岁，来自江西南昌）

---

① 雷开春.白领新移民的地位认同偏移及其原因分析 [J].青年研究，2009(4)：60-70+95.

② 刘欣.转型期中国大陆城市居民的阶层意识 [J].社会学研究，2001(3)：8-17.

　　"收入还可以吧，不过也就是够花，毕竟要还房贷还车贷的，一年到头大头都还银行去了。还是人家武汉本地人舒服，爸妈把房子车子都给准备好了，有的还给带孩子，我们比不了的。"

（小风，男，28 岁，来自河南商丘）

　　新生代农民工的阶层认同下移，一方面来自于他们与都市同龄人的对比，认为城市居民能够凭借家里提供的支持拥有更高的生活水准，另一方面也是由于我国长期以来对于中产身份的认知偏差。在移民迁移之前的城市想象中，不少受访者都提到了"中产"一词，并将这个概念用以描述城市居民和未来自己理想的生活状态。中产阶层，从字面含义上，指的是既不是富人也不是穷人的处于社会中间阶层的普通人，而这与我国对于中产阶层概念的理解有极大的差别。① "中产阶层"一词在我国的社会语境中，往往被理解成那些受过良好的高等教育、拥有丰厚的薪水和出众的工作能力的社会精英。② 徐江更是直接指出，公众想象的中产阶层往往指代那些"高收入和高消费的企业主、职业经理人和精英知识分子"③，也就是社会学家所界定的中产阶层中的少数上层。于是，新生代农民工，甚至部分城市新移民的主观社会地位感知低于他们实际的收入水平，但他们对城市居民的阶层感知又往往较高，这就为两个群体之间开展社会交往设置了障碍。从数据上来看，新生代农民工的社会距离得分在所有的城市新移民次级群体中得分最低，现实中有限的相处机会使他们难以与城市居民建立起更为亲密的社会联系，这就导致了偏见的产生：

　　"武汉人就是看不起外地人的，特别是看不起我们这种农村出来的。现在别个给我介绍对象，我都直接说不要介绍本地的，不要浪费大家的时间，一上来嫌七嫌八的，搞得谁没有自尊

① 李春玲 . 准确划分中国中产阶层需要多元指标 [J]. 人民论坛，2016(6)：71-72.

② 向德平，田北海 . 对白领焦虑症的社会学思考 [J]. 社会，2003(5)：32-34.

③ 徐江 . 新中产阶级崛起：中国富裕时代的开始 [J]. 经贸世界，2001(4)：22-25.

心一样，我特别讨厌别个说'你们农村'怎么怎么样，武汉这边女的都太势利眼了，高攀不起。……家里人觉得我们出来了有出息，其实还不是打工的，被人看不起。在外面就算了，回家我可不想过这种日子，还是找一个跟我家庭条件差不多的好。"

（明明，男，31岁，来自湖北荆州）

虽然新生代农民工在职业认同和群体认同上都存在一定的问题，但是有趣的是，城市新移民的所有次级群体在地域认同上都得分较高，且差距极小。地域认同是指移民对于地方及其所形成的文化传统的情感认知。由于数字技术的普及和现代化的推进，各个地区之间的文化差异逐渐减小，因此做出迁移决定的移民往往在迁移之前就已经对迁移地的风土文化有一定的了解，这点在移民的城市想象中已经得到证实，因此对于地域的这种认同虽然是移民社会认同中最为浅层的一类，但它较为稳定，且在移民迁移之前就已经基本形成，不太受到人口因素的影响。

其次，本研究发现社交媒体对于城市新移民社会认同的不同层面产生了不同的影响。从类型上来看，内容导向型社交媒体对城市新移民的社会认同几乎没有影响，只正向作用于移民的地域认同。内容导向型社交媒体中对于城市的描摹和刻画往往是正面和积极的，诸如抖音、小红书中的城市影像可能包括美丽的风景、美味的食物、有趣的生活，这些内容能够加深移民对于城市的正面想象，提升他们的地域认同。相较之下，关系导向型社交媒体对于职业认同、群体认同和整体社会认同均有显著的正向影响。也就是说，关系导向型社交媒体的使用频率越高，移民们对于职业、当地社群和社会的认同度也就越高，这点与关系广度的影响路径一致，城市新移民在城市内建立的社会网络越广，他们的职业认同、群体认同和整体社会认同也就越高，然而，移民的关系构成仅对群体认同和整体社会认同有显著影响。就关系导向型社交媒体而言，它既可以帮助移民维系与迁出地家人的关系，也可以帮助他们在城市里拓展和维持新的关系，这些关系网络中有些可能是本地人，有些可能是外地人，显然，关系的广度对职业认同的影响更大，而在融入当地群体上，关系的广度和其中本地人构成的作用都同样不能忽视。

对于社交媒体功能的检验进一步支持了这一结论，社交媒体的社会交往功能对移民社会认同的所有层面都有显著影响，而信息获取功能则没有明显作用,说明移民使用社交媒体进行社会交往越多,他们在本地就更容易建立起社会认同。社交媒体的自我呈现和社会参与功能的影响同样显著,前者同样对社会认同的所有层面都有显著影响,后者对除职业认同的社会认同均有显著影响。凯茨与莱斯指出,互联网时代的社会互动中,个体通过表达来反映自身的观点、兴趣和才能,以便于他人进行观察和做出反映。这些表达可以是任何外在的可察觉的形式,包括文本、声音或图像。个体希望借此表达自我,获得名声或得到认可[①]。更有研究者对 twitter 的研究进一步证明,"获取注意力"是当今个体在网上发布内容的主要动机之一[②]。在此意义上,城市新移民利用社交媒体进行自我呈现有强烈的身份塑造和形象展示的意味。戈夫曼用"表演"(perform,也可译为"展演")一词来分析微观社会中个体对于自我形象的塑造行为,并用"前台"来指代展演得以开展的舞台。在此过程中,个体不断从他人的反馈和回应中修正和调整"镜中我",展现出理想的自我形象。社交媒体由此使个人的日常表演得以美化,建构起一个"理想自我"之间的互动情境。这种社交媒体中的自我表达是群体社会互动的基点,人们在社交媒体上发表自己的观点、抒发自己的情感,并从他人那里得到回应和共鸣,通过调整"客我"来重塑"主我",最终达到二者的和谐统一。而社会参与进一步地加深了这种身份的塑造,正是通过媒体中的参与,个体与他者产生交集,参与群体的公共事务,从而为建立群体认同、加深地方情感、实现社会融入提供可能。

最后,社会距离对城市新移民的职业认同、群体认同、地域认同和整体社会认同均有显著影响。这一发现再次重新强调了缩小社会距离对于城市新移民社会融入的积极作用。我们接着测量了社交媒体使用与社会距离的相关性,数据显示,内容导向型社交媒体($r=0.147$,$p < 0.05$)和关系导向型社交媒体($r=0.213$,$p < 0.05$)均对社会距离有显著的正向影响,且社交媒体的社会交往($r=0.169$,$p < 0.01$)、自我呈现($r=0.185$,$p < 0.01$)和社会参与($r=0.153$,$p < 0.01$)功能也均对社会距离进行了正向预测。关系导向型社交媒体使用与社交媒体的社

---

① [美]詹姆斯·E.凯茨,罗纳德·E.莱斯.互联网使用的社会影响[M].郝芳,刘长江译.北京:商务出版社,2002.
② Rui H, Andrew W. Information or attention? An empirical study of user contribution on Twitter[J]. *Information Systems and E-Business Management*, 2012, 10(3): 309–324.

交功能对社会距离的影响不难理解，使用社交媒体可以帮助城市新移民维系社会关系网络，甚至增加与本地居民的交往机会。张海辉的研究发现，社会网络规模越大，群体之间的资源、符号和观念实现相互交流，社会距离也就越小。[①] 关系导向型社交媒体的使用也缩小了移民与本地居民之间的社会距离，这可能是由于关系导向型社交媒体中对城市生活的展演增进了城市新移民对于城市环境的认知和文化的认同，以休闲娱乐为主的目的有助于消除新环境所带来的压力与焦虑情绪，增加城市新移民享受城市生活、融入当地社会的意愿。有研究表明，虚拟空间中的趣味性环境能够有效地提升群体间的友好往来。[②] 而城市新移民在社交媒体上的自我呈现也增加了被本地居民了解的机会，有利于刻板印象的消除和群体间亲近程度的加强。McKenna 等人的研究就发现，更好地通过网络进行自我表露能够促进线上亲密关系的形成乃至线下关系的迁移。[③] 社交媒体的社会参与功能对于社会距离的影响也不难理解，当城市新移民们通过社交媒体更多地参与城市生活的方方面面，他们对城市的了解和与本地人之间的交往逐渐加深，交往中因偏见而带来的隔阂也就会减少乃至消失，从而缩小了群体之间的社会距离。关于这一点，我们将在下一章节中进一步展开分析。

---

① 张海辉.不对称的社会距离——对苏州市本地人与外地人的关系网络和社会距离的初步研究 [D]. 北京：清华大学，2004.

② Amichai-Hamburger Y. Reducing Intergroup conflict in the Digital Age. In Giles H. Ed. *The Handbook of Intergroup Communication*[M]. New York, US: Routledge, 2012: 181–193.

③ Mckenna K Y A, Green A S, Gleason M E J. Relationship Formation on the Internet: What's the Big Attraction?[J]. *Journal of Social Issues*, 2002, 58(1): 9–31.

第六章 社交媒体与城市新移民的社会参与

一、城市新移民的社会参与

（一）社会参与概念的拓展

社会参与是衡量社会融入的重要维度，也是推动社会进步的重要方式。[①] 作为社会学的重要概念，"社会参与"早在 20 世纪 40 年代就被提出，但一直到 20 世纪 80 年代初期，学者们对于社会参与的理解仍然具有极大的差异。因为没有准确的界定，这一时期对于社会参与的测量也比较混乱，往往是通过询问一些简单的问题来进行评估，如 Komarovsky 通过研究对象参与俱乐部、公会、教会和各种社会组织的情况来判断社会参与，[②]Hepps 等人通过测量人们参与舞会、朋友聚会、政治活动、俱乐部等社团以及商业活动这五类互动来展开评估，[③] 还有学者通过受访者与亲人朋友的交往次数以及参与社会团体的数量来测量社会参与的情况。[④] 尽管这一时期学者们对于社会参与没有明确的定义，但从具体的测量手段上我们可以看出人们将社会参与主要理解为参与某些社会团体或组织以及社会活动的情况。

20 世纪 90 年代以后，学者们对社会参与的界定逐渐清晰和统一，这一阶段的理解主要是围绕个体参加社会活动的范围来开展的，这与参

[①] Rose A M. *The Power Structure*：*Political Process in American Society*[M]. Oxford：Oxford University Press，1967.

[②] Komarovsky M. The voluntary associations of urban dwellers[J]. *American Sociological Review*，1946，11(6)：686–698.

[③] Hepps R B, Dorfman E. Interfaith marriage and social participation[J]. *Journal of Religion and Health*，1966，5(4)：324–333.

[④] Curtis R F, Timbers D M, Jackson EF. Prejudice and urban social participation[J]. *American Journal of Sociology*，1967，73(2)：235–244.

与一词的表层含义直接相关。Participation 在英文语境中意味着参与某一活动(activity)或事件(event)的行为,而 activity 的释义为"为兴趣或娱乐或达成一定目的而做某事";在中文语境中的含义也近似,《辞海》中将"参与"解释为"参加某种活动",而"活动"则指代"为某种目的而采取的行动"。可见,社会活动是社会参与的重要内涵,且社会参与必然是带有某种目的的,因此学者们根据参与的目的将社会参与根据不同的活动范围来赋予内涵。Wright 认为社会参与囊括了所有可以被称为休闲的互动,以及志愿性工作和参与社团组织。[①]Pohjolainen 将社会参与区分为兴趣、正式参与和非正式参与,兴趣被细分为阅读、学习、绘画、看电影等 12 个不同领域的活动;正式参与被用以指代在社会团体中的身份和行为;非正式参与则指与亲人朋友等非正式的社交活动。[②]Smits 认为社会参与可以被分为社会团体参与、社会文化参与和媒体使用,其中社会文化参与包括去电影院、博物馆、看体育比赛等 10 个类别的社会文化活动。[③]Lindstrom 甚至更细致地将社会参与划分为三个类别,分别是个体积极参与正式或非正式的社会团体、个体参与社会活动和公民对社区的参与行为。[④] 总体而言,这一时期的社会参与的范围被拓宽了,它不仅仅包括对于社会组织的团体的参与,休闲娱乐、兴趣活动、社会交往等内容也都被囊括进来,充分说明了社会参与的复杂性与广泛性。

此后,西方学者又在社会参与概念中引入社会角色、社会交往以及社会价值等多重含义。如 Fougeyrollas 等人认为社会参与是个体为了

---

① Wright L K. Mental health in older spouses: the dynamic interplay of resources, depression, quality of the marital relationship, and social participation[J]. *Issues in Mental Health Nursing*, 1990, 11(1): 49–70.

② Pohjolainen P. Social participation and life-style: a longitudinal and cohort study[J]. *Journal of Cross-Cultural Gerontology*, 1991, 6(1): 109–117.

③ Maria C H S, Rijsselt R J T, Jonker C, et al. Social participation and cognitive functioning in older adults[J]. *International Journal of Geriatric Psychiatry*, 1995(10): 325–331.

④ Lindstrom M, Hanson B S, Ostergren P O. Socioeconomic differences in leisure-time physical activity: the role of social participation and social capital in shaping health related behaviour[J]. *Social Science & Medicine*, 2001, 52(3): 441–451.

完成与其社会文化身份对应的社会角色与环境互动的结果；①Eyssen
等指出社会参与是在社会生活领域与他人互动并承担的具体角
色；②Dijkers 则将社会参与理解为为满足某种需求而在家庭、邻里和
社会与他人进行的直接或间接接触；③Thompson 强调社会参与是积
极参与社会中的事宜并与那些为他们提供情况和社会支持的人们互
动；④Hammelj 甚至指出社会参与不仅包括积极参与社会层面的各项事
物，还包括在此过程中实现的个人意义与由此获得的满足感。⑤

　　国内学界对于社会参与的理解更加聚焦在个体对于社会生活的参
与层面，如吴鲁平认为，社会参与是指社会成员基于对社会生活的某种
愿望或需求而以某种方式参与国家政治、经济、社会、文化生活以及社
区公共事务的社会发展过程，具体表现为对社会生活各个方面境况的关
心、了解与行为投入。⑥吴明烨认为社会参与是人们通过参与社会事务
和社会互动而实现社会融入的行为。⑦也有学者将其界定为公众对社
会、社区等共同体的公共事务的参与和通过这种参与行为来提升自身或
他人境遇以改变社会共同体前景的行为。⑧因此，社会参与是一个多元
的复杂概念，它不仅仅包括政治参与，同样涉及对于经济、文化等方面
的涉入。

①　Fougeyrollas P，Noreau L，Bergeron H，et al. Social consequences of
long term impairments and disabilities：conceptual approach and assessment of
handicap[J]. *International Journal of Rehabilitation Research*，1998，21(2)：
127-141.
②　Eyssen I C，Steultjens M P，Dekker J，et al. A systematic review of
instruments assessing participation：challenges in defining participation[J]. *Arch
Phys Med Rehabi*，2011，92(6)：983-997.
③　Dijkers M P，Yavuze G，Ergin S，et al. A tale of two countries：
environmental impacts on social participation after spinal cord injury[J]. *Spinal
Cord*，2002，40(7)：351-362.
④　Thompson E，Whearty P. Older men's social participation：the importance
of masculinity ideology[J]. *Journal of Men's Studies*，2004，13(1)：5-24.
⑤　Hammel J，Magasi S，Heinemann A，et al. What does participation mean?
An insider perspective from people with disabilities[J]. *Disabil Rehabil*，2008，
30(19)：144511460.
⑥　吴鲁平 . 城市青年政治心态与社会参与的特点 [J]. 青年研究，1995(8)：1-5.
⑦　吴明烨 . 青年的道德信念与社会参与：台湾经验 [J]. 青年探索，2013(1)：
33-37.
⑧　郭小聪，代凯 . 公民参与的争辩与经验研究——十五年来海外相关研究述评 [J].
厦门大学学报 (哲学社会科学版)，2014(3)：29-41.

作为社会参与的第一个层面，政治参与是其中最为重要的组成部分，是民主政治的核心概念。所谓政治参与，是指公众介入政治过程，"带有影响政府行动意向或实际效果的行为"[①]。具体而言，政治参与包括投票、政党与选举工作、社区工作、接触政府工作人员、参加政治会议和抗议活动等线上和线下的公民行为。[②] 目前对于政治参与影响因素的研究普遍强调个体特征的差异，其中，社会经济地位被认为与政治参与行为密切相关。现有研究一般采用主观社会地位认同的划分方法来展开测量，主观社会地位即"个人对自己在社会阶层结构中所占据位置的感知"[③]，如王俊秀的研究表明，主观地位不同的社会群体在社会行动方面的表现均有显著差异。[④] 其中，社会经济地位感知较高的群体一般会更活跃地参与到公共事务之中去，因为这一群体对于自身诉求能否得到有效回应有较高的要求且行动力较强。[⑤] 然而，对于那些社会下层而言，他们的公共参与带有明显的维权特征，更可能以对抗性形式体现。[⑥]

社会参与同样包括文化上的参与。布尔迪厄认为，文化参与是文化资本的形成和表现形式，是通过积累和垄断文化资源来最大化生活机会的一种手段，不同阶层的个体基于自身的文化品位开展文化活动来实现阶层的区分和聚集，并由此进行文化权利的再生产。[⑦] 已有研究证实了受教育程度、收入水平等个体特征与文化参与的密切联系，如苏林森等人发现，经济收入水平对人们的文化消费乃至文化参与都具有直接的促进作用；[⑧] 严成樑等人指出收入水平对文化消费的影响由正向转向负

---

① Verba S，Schlozman KL，Brady H. *Voice and Equality：Civic Voluntarism in American Politics*[M]. Cambridge，MA：Harvard University Press，1995.

② 王丽萍，方然. 参与还是不参与：中国公民政治参与的社会心理分析——基于一项调查的考察与分析 [J]. 政治学研究，2010(2)：14.

③ Jackman M R，Jackman R. An interpretation of the relation between objective and subjective social status[J]. *American sociological review*，1973，38(5)：569–582.

④ 王俊秀. 不同主观社会阶层的社会心态 [J]. 江苏社会科学，2018(1)：24–33.

⑤ 蒲岛郁夫. 政治参与 [M]. 解莉莉译. 北京：经济日报出版社，1989：108.

⑥ Zheng Y，Wu G. Information technology，public space，and collective action in China[J]. *Comparative political studies*，2005，38(5)：507–536.

⑦ Bourdieu P. What makes a social class? On the theoretical and practical existence of groups[J]. *Berkeley Journal of Sociology*，1987(32)：1–17.

⑧ 苏林森，程思琪. 居民收入对文化消费的影响——基于中国综合社会调查数据的分析 [J]. 城市问题，2018(12)：66–71.

向,但教育程度对居民的文化消费始终具有促进作用。[①] 此外,社会经济地位的作用同样不容小觑。魏勇认为,社会地位是决定个体所能获得的文化资源的重要因素,那些地位较高的人们往往占有和利用各类文化资源并获益的可能也就更大。[②]

社会参与的最后一个层面,经济参与,是指个体对经济活动的主动卷入。由于对这一概念的探讨更多地从属于经济学领域,因此,我们只对移民社会参与的政治和文化两方面来进行考察,而不涉及经济层面的参与。

(二)移民的社会参与

在关于社会参与的研究中,青年与流动人口是学界一直以来的关注焦点,因而,兼具这两个特性的城市新移民的社会参与问题就显得尤为重要。然而,我国流动人口的社会参与一直处于较低水平,尤其是农民工群体。[③]2017年中国流动人口动态监测调查数据明确表明,我国60%以上的农民工在城市中没有参加过任何公共活动,他们中的半数以上在城市中没有参加任何社会组织。现有研究着重探讨了农民工群体社会参与水平偏低的问题,对于城市新移民整体和内部其他次级移民群体的关注较为有限,为此,本章试图从城市新移民的三个次级群体在社会参与不同层面上的现状着手,厘清其中的运作机制。

移民的社会参与,即结构性社会融入,是社会成员在组织层面参与公共事务的过程,[④] 也是移民在城市适应过程中与本地社会开展互动而开展的社会身份重构,更是个体认同感与归属感的外在行为表现。[⑤] 因此,社会参与被视为移民社会融入中"社会维度"的核心变量,更是衡量移民城市适应水平与定居意愿的关键要素之一。

---

① 严成樑,雷小钧.我国居民文化消费影响因素探析 [J].南华大学学报(社会科学版),2016,17(1):48-54.

② 魏勇.居民文化参与的个体动因和社区调节——基于多层线性模型的检验 [J].图书馆论坛,2021,41(6):56-66.

③ 祝仲坤.过度劳动对农民工社会参与的"挤出效应"研究——来自中国流动人口动态监测调查的经验证据 [J].中国农村观察,2020(5):108-130.

④ 颜玉凡,叶南客.认同与参与——城市居民的社区公共文化生活逻辑研究 [J].社会学研究,2019,34(2):147-170,245.

⑤ 唐有财,侯秋宇.身份、场域和认同:流动人口的社区参与及其影响机制研究 [J].华东理工大学学报(社会科学版),2017,32(3):1-10.

1. 从政治参与到社区参与

对现代政治参与的关注始于西方选举政治的发展,主要以选举行为来测量公众参与政治生活的情况,此后,政治参与的内涵逐渐扩大,参与的方式与形式不断增多,开始涵盖选举、社会组织、接触政府工作人员、维权抗争与社区参与等活动。陈云松为政治参与的划分标准设立了三个准则,分别是是否正式、是否制度化、是否常规。[①] 高勇将政治参与区分为吸纳式政治参与和关切式政治参与,前者指的是诸如基层选举、社区参与等体制内参与的方式,后者则指代低组织性的行动小组政治活动,如维权抗议、发表政治见解等冲突性参与形式。[②] 吉登斯认为,全球化时代下人们的政治参与从解放政治向生活政治全面转变。[③]"注重身份、相互关系与生活方式的选择以求个体的自我实现,以及人、社会与自然和谐相处"[④]的生活政治成为当前个体政治参与的主要模式。因此,本章也将关注焦点置于城市新移民日常生活中的政治参与——社区参与。

社区是公共政治的基层组织形式,社区参与是由社区成员自愿参加社区公共事务和公共活动的过程。此前对于社区参与的研究大多以城市居民为主,很少涉及移民群体,然而,近年来,随着户籍制度改革的加速,城市公共权利的共享机制不断完善,移民社区参与的主观意愿与合法性都得以增强。同时,作为城市建设发展的重要构成,城市新移民已经成为城市社区参与必不可少的主体之一。当前对于非户籍人口社区参与的研究中产生了一些初步的共识:首先,学者们发现移民的社区参与程度整体偏低,参与意愿和参与意识普遍不高;[⑤]第二,移民参与社区活动的类型主要集中在娱乐、文体等公共性社区活动,而缺乏在政治事

[①]　陈云松. 互联网使用是否扩大非制度化政治参与——基于 CGSS2006 的工具变量分析 [J]. 社会, 2013, 33(5): 118–143.

[②]　高勇. 参与行为与政府信任的关系模式研究 [J]. 社会学研究, 2014, 29(5): 98–119+242–243.

[③]　[英] 吉登斯. 超越左与右: 激进政治的未来 [M]. 北京: 社会科学文献出版社, 2000: 11.

[④]　孟利艳. 对政治越有疏离感越不参与政治吗——青年的政治态度偏好与线上、线下生活政治行为选择 [J]. 中国青年研究, 2020(2): 74.

[⑤]　向德平, 高飞. 社区参与的困境与出路——以社区参理事会的制度化尝试为例 [J]. 北京社会科学, 2013(6): 63–71.

务和公共权利等关键领域的深度参与；① 第三,移民中的精英阶层与普罗大众在社区参与的程度上存在一定差异,如刘晔认为社区参与是一种精英代理行为,只有少数较高社会阶层的居民参与其中；② 颜玉凡等人也指出社区参与受到社会阶层的影响；③ 谈小燕发现,精英阶层的社区参与在一定程度上能够带动普通大众,在一定程度上有利于整体的社区参与；第四,来自农村的移民受到乡土意识和自我封闭情结的制约,从而妨碍了他们的社区参与。④ 因此,基于以上研究发现,本章希望回应以下研究问题:当前城市新移民的社区参与整体情况如何? 城市新移民不同次级群体的社区参与情况分别如何? 他们相互之间有何差异? 如有差异,是哪些因素导致了这些差异?

2. 从文化参与到休闲参与

休闲活动是大众文化生活的核心内容,对于移民来说也不例外。人们能够通过参与休闲活动来拓展社会交往和丰富日常生活,从而促进人际关系改善和自身发展进而实现更进一步的社会融入。⑤ 虽然早在1991 年,就有学者关注休闲活动在移民社会融合过程中的作用机制,并将休闲定义为"日常生活的一部分社交和愉快的活动",而融合则是"在一个新国家的某种归属感,以及在需要时能够充分参与那个社会的某种能力"。⑥ 然而,"尽管人们对移民休闲问题越来越感兴趣,但这方面的研究仍处于早期发展阶段"⑦。

① 姚华平,陈伟东.城市农民工社区文化参与及其相关性因素分析——以武汉市为分析个案 [J].理论与改革,2006(3):115-118.
② 刘晔.公共参与、社区自治与协商民主——对一个城市社区公共交往行为的分析 [J].复旦学报(社会科学版),2003(5):39-48.
③ 颜玉凡,叶南客.城市社区居民公共文化服务弱参与场域的结构性因素 [J].南京师范大学学报(社会科学版),2016(2):57-66.
④ 谈小燕.基于社区精英视角的"村转居"社区治理——以成都瑞泉馨城为例 [J].农村经济,2013(11):13-17.
⑤ 赵莹,林家惠,吕垠霏.城市移民的休闲涉入对社会融入的影响——以广州市外来务工人员为例 [J].旅游论坛,2020,13(4):9-19.
⑥ Rublee C B, Shaw S M. Constraints on the Leisure and Community Participation of Immigrant Women: Implications for Social Integration[J]. *Loisir Et Societe*, 1991, 14(1): 133-150.
⑦ Monika S, Yi J. Impact of Immigration on Ethnic Identity and Leisure Behavior on Adolescent Immigrants from Korea, Mexico and Poland[J].*Journal of Leisure Research*, 2017(12): 49-79.

毫无疑问的是,休闲生活对移民在本地社会幸福感知的作用不可取代。Hendriks 等人发现,移民花费在能够让人产生幸福感的休闲娱乐中的时间较少是他们与本地居民幸福感差距的重要因素之一。[①]Lee 等人的研究也指出,日常休闲运动对移民的文化适应和社会融入具有显著的正向影响。[②] 来自国内的研究也表明,休闲文化生活是影响移民幸福感的主要变量。[③] 而感到幸福无疑会让移民更好地享受城市生活和融入当地社会。

对于年轻人来说,休闲活动的影响甚至更为显著。大量研究表明,休闲活动在年轻人的日常生活中发挥着重要的作用,能够有利于他们更好地在群体之中确立自己的身份和保持自尊。[④]对于年轻化的城市新移民而言,在他们迁入城市的早期阶段,休闲活动同样可以帮助他们发现自己在新的群体中的位置,重新建构自己的社会网络和社会身份,已有研究支持了这一可能。Tirone 和 Pedlar 认为,休闲有助于青年移民融入主流社会,特别是能够有益于他们发展和建立重要的社会关系。[⑤] 体育学界的相关探讨更进一步地探讨了这种影响。Doherty 等人认为,体育休闲活动在一定程度上代表了当地的主流文化,因此体育休闲参与的增加能够有效的帮助移民,尤其是青少年移民融入当地文化。[⑥]Ullman 和 Tatar 也指出,参与各类体育休闲活动能够为青年移民融入当地社会提供机会,[⑦] 在这一过程中,移民获得的成就感与愉悦感对他们来说至关重要,能够有助于他们建立积极的自我认同和维持自尊。[⑧]

① Hendriks M, Kai L, Veenhoven R. Why are Locals Happier than Internal Migrants? The Role of Daily Life[J]. *Social Indicators Research*, 2016: 481–508.
② Lee Y S, Funk D C. Recreational sport participation and migrants' acculturation[J]. *Managing Leisure*, 2011, 16(1): 1–16.
③ 王婉飞. 休闲管理 [M]. 杭州: 浙江大学出版社, 2009.
④ Kelly J R, Godbey G. *Socialogy of Leisure*[M].Venture Pub, 1992.
⑤ Tirone S, Pedlar A. Understanding the Leisure Experiences of a Minority Ethnic Group: South Asian Teens and Young Adults in Canada[J]. *Loisir Et Société*, 2000, 23(1): 145–169.
⑥ Doherty A, McGraw P, Tylor T. *Managing People in Sport Organizations*[M]. London: Routledge, 2007.
⑦ Ullman C, Tatar M. Psychological Adjustment among Israeli Adolescents Immigrants: A Report on Life Satisfaction, Self Concept, and Self-Esteem[J]. *Journal of Youth and Adolescence*, 2001(30): 449–463.
⑧ Mannell R C. Evolution of Cross-Cultural Analysis in the Study of Leisure: Commentary on "Culture, Self-Construal, and Leisure Theory and Practice" [J]. *Journal of Leisure Research*, 2005, 37(1): 100–105.

从具体的影响机制上来看,首先,休闲活动为个体提供了社会接触的场所和机会,从而有助于他们拓展在本地的社会网络,进而积累社会资本。静静的案例就是一个较为突出的典型,正是通过粉丝社群活动的参与,静静在迁入城市快速建立起社会网络,进而有助于她的社会融入:

"挺适应的,除了离得父母远一点,其他时候都没怎么感觉自己是到了一个新的地方重新开始生活。毕竟除了工作以外的时间都在做自己喜欢的事情,和自己喜欢的人接触,就挺OK的。……大家(后援会成员)关系很好,我要是有需要她们都会来帮忙,比如当时搬家,跟我关系好的几个妹子一大早就来帮我整理东西,弄了一整天,到晚上一起出去吃烤肉,甚至租房子都是副会长介绍的,更不要说平时大家一起做活动啊、逛街啊什么的,几乎没什么感觉孤单的时候。"

(静静,女,32岁,来自湖南长沙)

移民常见的休闲活动,不仅仅包括兴趣社团的各类活动,更多的移民会通过开展体育运动或其他多元化的室外活动来拓展自己的生活圈:

"我们做媒体的人认识的人会比较多,最开始是做一个专题有机会认识了一个骑友,当时刚好他们有一个去莫干山的两天一夜,我就也去了,后来就经常参加他们的活动。大家年纪相近所以也比较说得来,他们应该算是我在杭州认识的第一帮本地朋友了。我们目前去过最远的是安徽,计划等疫情后有机会了一定要去趟西藏。"

(阿荣,男,38岁,来自江西赣州)

"最开始的契机是一个客户姐姐想周末的时候组织一些女性的活动,她跟我比较熟,所以我就去帮忙,后来自己也很乐在其中就一直做下来了。……我们最常做的就是插花、茶道和素食这些主题,来的人不太固定吧,基本就是朋友或者朋友的朋友,提前跟我们预定,缴纳一定的费用就可以参加。我自己还挺喜欢这种形式的，也因为这个认识了不少朋友。"

（莉莉，女，26 岁，来自安徽合肥）

其次，休闲活动被认为能够帮助克服偏见和歧视，如 Stack 和 Iwasaki 指出移民在增加体育休闲活动的参与频率后，他们所感知到的社会排斥有所减弱。[①]但也有研究发现休闲娱乐中的制约因素会对移民的社会融入产生阻碍，Brunette 等学者发现移民无法通过体育休闲活动融入主流团体，反而因为肤色和社会地位而招致拒绝和被边缘化；[②]马纯红指出，如公共闲暇生活空间缺失和户籍制度等结构性因素导致外来移民无法像本地居民一样享有公共闲暇资源；[③]朱玲认为过度劳动会严重挤压农民工的休闲娱乐时间；[④]潘泽泉、林婷婷更是明确提出，日工作时间超过 10 小时的农民工，能够进行休闲娱乐的时间显著减少，这导致了他们的社会交往进而阻碍社会融入进程的推进。[⑤]无论休闲活动在移民社会融入的过程中如何发挥作用，可以确定的是，休闲参与能够在一定程度上促进移民的社会融入，但这种参与是否会受到社会地位、经济收入等变量的影响，以及不同的城市新移民次级群体的参与情况如何还有待检验。

二、社交媒体与社会参与

（一）社交媒体与政治参与

学界普遍认为，接触媒体对于政治议题的报道不等同于实际的政治参与行为，但新闻媒体的接触对于政治参与具有显著的正向影响，是鼓

① Stack J，Iwasaki Y.The role of leisure pursuits in adaptation processes among Afghan refugees who have immigrated to Winnipeg，Canada[J]. *Leisure Studies*，2009，28(3)：239-259.
② Brunette M K，Lariviere M，Schinke R J，et al. Fit to Belong：Activity and Acculturation of Chinese Students[J]. *Journal of Sport Behavior*，2011.
③ 马纯红.农民工闲暇生活与城市社区建设研究 [M].湘潭：湘潭大学出版社，2007.
④ 朱玲.农村迁移工人的劳动时间和职业健康 [J].中国社会科学，2009(1)：133-149+207.
⑤ 潘泽泉，林婷婷.劳动时间、社会交往与农民工的社会融入研究——基于湖南省农民工"三融入"调查的分析 [J].中国人口科学，2015(3)：108-115+128.

励和促进参与的重要因素①。但陈韬文和周葆华的研究显示,传统媒体的新闻接触对私下场合的政治讨论以及网络空间的意见表达均具有显著的正向影响,但并没有影响对资源动员要求较高的实际参与行为,如向政府机构提出意见等②。

关于互联网信息接触对政治参与的影响,也存在诸多争议。部分学者认为互联网自诞生之日起就天然具有公共领域的潜质,其与生俱来的多元信息渠道和双向反馈机制有利于公众表达和政治参与③,"社交媒体的盛行与在线交流的普及使爆炸增长的多元化消息来源成为可能,传统的权威被削弱"④。同时,网络的匿名性、信息的海量性、编辑把关的软化以及政府审查和控制技术难度的提高,使得网络媒介的发展对于公共领域的建构无疑是有利的。

然而,越来越多的学者开始关注互联网信息接触对政治参与的负面影响。他们认为,网络使用降低了公民的社会资本和网下联系,以虚拟互动代替现实行动,可能影响网下参与。同时,互联网的信息冗杂性与娱乐化导向也可能对政治参与造成负面影响。Price 等人指出,相较普通民众,接受过高等的教育和拥有更高收入人群的政治兴趣与政治参与程度更高。而对于普通市民来说,要从广袤的网络信息海洋中获取真正有用的信息并不是一件容易的事,网络信息往往显得支离破碎,信息的关注显得短暂而片面⑤。Bardoel 与 Deuze 也认为,在浏览信息的过程中,人们极易被那些耸人听闻的充满戏剧性的娱乐化信息所吸引。相较轻松有趣的娱乐信息,严肃沉重的政治话题很难勾起人们的持续兴趣。娱乐化泛滥的后果就是政治兴趣的急剧衰退。虽然大量的政治信息成为人们触手可及的东西,然而大众的政治关注与政治兴趣却急剧的减少

①　Mcleod J M. The expanding boundaries of political communication effects, in In Bryant J J, Zill-mann D. *Media effects*: *Advances in theory and research*[M]. NJ: Lawrence Erlbaum, 1994.

②　Chan J, Zhou B. Expressive behaviors across discursive spaces and issue types in Shanghai[J]. *Asian Journal of Communication*, 201(4): 150-166.

③　Bouliannes S. Does internet use affect engagement? A meta-analysis of research[J]. *Political Communication*, 2009(5): 193-211.

④　Metzger M, Flanagin A, Medders R. Social and Heuristic Approaches to Credibility Evaluation Online[J]. *Journal of Communication*, 2010.

⑤　Price V, Nir L, Cappella J N. Normative and Informational Influences in Online Political Discussions[J]. *Communication theory*, 2006(3): 47-74.

了,最终的结果就是鸿沟的持续扩大①。在此意义上,总体数量庞大、质量层次不齐、来源真假难辨的互联网信息为政治传播带来了层层阻碍。在信息海洋的"包裹"之下,普通民众即使阅读、接收信息,也很少进行独立深入的思考,于是,政治参与的行为动力逐渐消弭。

进入媒介社会,社交媒体在人们政治参与过程中发挥的作用日益重要。目前中西方学界对于这一议题的探讨较多,总体来说,可以划分为"肯定论"和"怀疑论"两种基本观点,前者强调社交媒体有助于公民的制度化与非制度化政治参与,而后者则认为社交媒体加剧了"沉默的螺旋"效应和"懒汉行动主义"等负面影响,对政治参与没有实际影响。②

一方面,许多研究者对于社交媒体的政治参与影响持乐观态度,他们认为,社交媒体显著降低了政治参与的时间成本和经济成本,能够为人们随时随地获取相关信息或是直接发表观看看法提供机会;③推动了政治参与模式的变化,带来了一种"内容上自我生成,发布上自我导向,接受上自我选择"的"新的社会化沟通形式"。④ 在社交媒体上,"用户可以在线加入政治团体,下载候选人应用程序,通过网上交流工具分享政治观点,滚动浏览主页新闻来查看朋友活动并点评朋友的帖子,参与有关政治问题的积极对话。这一公民参与形式也直接驱动网络竞选主战场由网站转至社交媒体平台,政治候选人借助于社交媒体与选民特别是年轻选民进行密切的互动,宣传自己的政纲。"⑤ 在传统媒介时代,大众相对处于被动接受的地位,更容易受到受政治精英所主导的主流媒体所灌输的观点左右,社交媒体的出现从根本上改变了信息传送的方式,普通人获得了更多的参与机会,Bucy 和 Gregson 认为,传统媒体是普通民众获取信息的重要渠道,但它是单向和变动的,而社交媒体具有象

① Bardoel J, Deuze M. 'Network Journalism': Converging Competences of Old and New Media Professionals[J]. *Australian Journalism Review*, 2001, 23(2): 91–103.
② 周凯,李斐.社交媒体与政治参与——一个理论框架的建构 [J].编辑之友, 2017(7): 54–59.
③ Gainous J, Wagner K W. *Tweeting to Power: The Social Media Revolution in American Politics*[M].New York: Oxford University Press, 2013.
④ Kenski K,Hardy B W, Jamieson K H. *The Obama Victory: How Media, Money and Message Shaped the 2008 Elections*[M]. Oxford: Oxford University Press, 2010: 251–287.
⑤ 陈家喜,陈硕.数字时代的西方政治参与变革:社交媒体的影响及限度 [J].经济社会体制比较, 2020(4): 90.

征性赋权的特质,它为那些政治积极分子提供了更为活跃和直接的参与方式。[①] 杜仕菊和曹娜也提出了类似的观点,他们指出,社交媒体为公众围观和介入公共事务提供了极大的自由度,能够显著提升人们参与政治的兴趣和意向。[②]

同时,社交媒体改变了政治传播中的权利关系,控制者、消费者、发布者和接受者的角色不再单一而固定,Schlozman 等人更是明确提出,那些善于使用数字技术的年轻人比年长者从社交媒体中获益更多。[③]Kensiki 等学者的研究发现,传播方式鲜活、即时的社交媒体极大调动了原本对政治冷漠的青年人与女性的政治兴趣和热情,促使他们积极参与到选举之中。[④] 不仅如此,社交媒体也为那些边缘群体和少数人群提供了发声的机会,他们通过社交媒体联系同道中人,并将个体的力量汇聚起来,从而提高政治参与效能感以改变这些少数群体原本的被动角色。[⑤] 在此意义上,社交媒体不仅有助于个体表达政治主张和参与政治事务,更重要的是能够能够将个体联结起来促成集体行动。

另一方面,社交媒体对政治参与的影响也不总是积极的。有学者指出,社交媒体虽然使公民接触相关公共事务的机会有所提升,但由于社交媒体中的信息传播极大地受限于"熟人网络",从而导致在这些网络中传播的信息高度同质或者具有较强的偏向性。[⑥]Baumgartner 和 Morris 认为,社交媒体使用能够促进在线政治表达,但对线下政治参与的影响并不显著。[⑦] 甚至,有学者提出,线上政治参与可能对线下的参

---

① Bucy E P, Gregson K S. Media Participation: A Legitimizing Mechanism of Mass Democracy[J]. *New Media & Society*, 2001, 3(3): 357-380.

② 杜仕菊,曹娜. 论微博时代的公民政治参与 [J]. 上海市社会主义学院学报, 2012(1): 56-60.

③ Schlozman K L, Verba S, Brady H E. Weapon of the Strong? Participatory Inequality and the Internet[J]. *Perspectives on Politics*, 2010, 8(2): 487-509.

④ Kenski K, Hardy B W, Jamieson K H. *The Obama Victory: How Media, Money and Message Shaped the 2008 Elections*[M]. Oxford: Oxford University Press, 2010: 251-287.

⑤ Tucker J A, Theocharis Y, Roberts M E, et al. From Liberation to Turmoil: Social Media and Democracy[J]. *Journal of Democracy*, 2017, 28(4): 46-59.

⑥ Zúniga H G D, Jung N, Valenzuela S. Social Media Use for News and Individuals' Social Capital, Civic Engagement and Political Participation[J]. *Journal of Computer-Mediated Communication*, 2012, 17(3): 319-336.

⑦ Baumgartner J C, Morris J S. MyFaceTube Politics: Social Networking Web Sites and Political Engagement of Young Adults[J]. *Social Science Computer Review*, 2010, 28(1): 24-44.

与行为产生负面影响,韩晓宁和吴梦娜发现,人们对社交平台上的信息接收越关注,他们对政治参与的热情越低,这是由于大量负面信息造成了信息过载,从而减弱了个体参与政治的意愿。[①]Morozov 将在虚拟空间中积极点赞与转发但却极少参加现实生活中的政治活动的现象称之为"懒汉行为主义",公民对公共事务的社会责任在点击的那一刻随之消失,线下的政治参与也将不再被纳入考量。[②]Hampton 等人也认为,如果人们认为自己与社会的主流观点,或者说与社交媒体上看到的占据主导地位的观点不一致时,他们可能会因为担忧与周围人意见不一致而被鼓励,从而选择隐匿真实观点,形成"沉默的螺旋"效应。[③]此外,社交媒体上泛滥的谣言、假消息、负面新闻以及数字鸿沟等随之而来的传播问题更是为公众的政治参与设置了诸多障碍。那么,对于城市新移民而言,社交媒体对他们的社区参与产生了何种影响?这种影响是如何发生的?这些问题在本章函待回应。

（二）社交媒体与休闲参与

早在 1959 年,赖特就指出大众媒介最重要的功能之一是提供娱乐,但在此后数十年的发展中,学界更多将关注焦点置于媒介的其他功能,如阐释与社会化等。在为数不多的对于媒体娱乐功能的探讨中,过往研究多着重文化批判或个体对既有规训和秩序进行的抵抗,却忽视了大众传播媒介作为现代文化的重要载体,其本身就是休闲娱乐的重要承载物。在当代社会的组织结构中,大众媒介与休闲娱乐早已融为一体,媒介的娱乐化功能前所未有地被强调,这在一定程度上导致学者们发出"娱乐至死"的呼喊。一时间,大众似乎成为一击即中的固定靶,挣扎在茫茫娱乐信息海中,随波逐流。然而,人自诞生之日起就拥有休闲娱乐的需求,或者说游戏的需求。

人类生而喜爱游戏。现代教育学、心理学的研究成果已广泛表明:人类从婴幼儿时期起就喜爱游戏,他们通过重复的游戏体验来认识世界,游戏构成了日常生活的极大部分,"游戏是婴幼儿认识世界的基本

---

① 韩晓宁,吴梦娜.微博使用对网络政治参与的影响研究：基于心理和工具性视角 [J].国际新闻界,2013(11)：88-102.

② Morozov E. The brave new world of slacktivism[J]. *Foreign Policy*, 2009, 44(19)：5149-5160.

③ Hampton K N, Rainie L, Lu W, et al. Social Media and the 'Spiral of Silence'[J]. *Technical Report*, 2014.

途径,是他们通过实际行动探索周围世界的一种积极活动,对婴幼儿的思维发展起着极其重要的媒介作用。"① 从社会人的角度,学者们对人类的游戏需求进行了进一步探讨。早在古希腊时代,亚里士多德就对游戏的自由状态做出了阐述,"游戏似乎是各种休息,由于人们不能持续不断的工作,所以休息。"② 正是因为游戏,人们摆脱了现实生活中物质、精神的困扰,完全投入到娱乐的状态中,从而获得一种自由无比的理想境界。游戏的目的即是娱乐。康德也认为没有目的的自由的游戏可以产生快感,"希望、恐怖、喜悦、愤怒、轻蔑等感情在这里活动着,每一瞬间交换着他们的角色,是那样地活泼,好像通过它们作为内面的运动促进了身体内部全部的生活机能。一种由此产生的心情的舒畅证明了这一点,尽管在这些游戏里无所获也没学习到什么。"③ 席勒在此基础上进一步深化了游戏的概念,视游戏为一种生命现象,认为人之所以会产生游戏的冲动,是因为生命力的盈余。游戏的根本特点是人性中理性与感性的和谐,审美与游戏融为一体,艺术与文明也扎根于游戏之中。审美游戏成为人类优越性的体现,"只有当人在充分意义上是人的时候,他才游戏;只有当人游戏的时候,他才是完整的人。"④ 卡尔·格罗斯在继承席勒理论的基础上,从生物学的角度提出,相对于一种剩余精力的发泄活动,游戏实际是生物的一种本能冲动和一种偏好,"当人们自然而然地进入到游戏状态中去的时候,不自觉地表现为自己好像是生活在一种戏剧之中,在这种情况下人们已经被游戏的魅力整个地带走了。"⑤ 伽达默尔也赞同游戏能给人以自由、轻松和愉快的观点,他认为只有游戏才能给人以自由从而实现人们自我价值的圆满,但同时他也提出:游戏并不是由游戏者的意识所决定,相反游戏本身具有本体论上的优先性,因为它吸引游戏者进入游戏的领域中,游戏者所表现的正是游戏本身,此时"游戏的魅力,游戏所表现的迷惑力,正在于游戏超越游戏者而成为主宰。"⑥

① 伍叶琴.游戏:婴幼儿思维发展的主要媒介 [J].西南师范大学学报(哲学社会科学版).1998(3):64-67.
② [希腊]亚里士多德.尼各马可伦理学 [M],苗力田译.北京:中国人民大学出版社,2003.
③ [德]康德.判断力批判 [M],邓小锋译.北京:人民出版社,2002.
④ [德]弗里德里希·席勒.审美教育书简 [M].上海:上海人民出版社,2003.
⑤ 朱狄.艺术的起源 [M].北京:中国社会科学院出版社,1982.
⑥ [德]伽达默尔.真理与方法 [M].上海:上海译文出版社,2004.

搁置对于游戏与游戏者本体性的争议，我们可以确定的是，人类生而游戏。在我们意识混沌时，我们使用游戏来认识世界，当我们逐渐成长，我们仍然在游戏中释放自由，获得快感。游戏构成了我们社会生活中不可缺少的部分，它标志着活动的自由和生命力的畅通，表达了人类生命的乐趣和对美的追求，而游戏的最终目的是娱乐。

随着社会经济水平的跨越式增长和科学技术的革命性发展，个体开始转向对精神世界的探索，人们将大量的时间精力投入到休闲娱乐中，以此获取愉悦的体验，游戏的地位得到了进一步凸显。不可否认的是，媒介技术的发展将人类的游戏性娱乐转变为娱乐性游戏，在很大程度上打破了审美精神与人文理性的制衡，娱乐开始脱离审美游戏的范畴，成为一种自我沉溺的游戏，人的内在尺度逐渐丧失，这也是为何波兹曼做出"娱乐至死"的论断："我们的政治、宗教、新闻、体育、教育和商业都心甘情愿地成为娱乐的附庸，抛开怨言，甚至无声无息，其结果我们成了一个娱乐至死的物种。"[①]

百年前电视的诞生，将人们从静态的娱乐文化时代带入动态的娱乐文化时代，那么以互动性、平民性和虚拟性为特征的互联网则将娱乐文化推向了新的高峰。与印刷文化不同，电视与互联网文化中的人们需要一种更容易接受与理解的话语形态，视觉语言成为其主要的媒介手段，此时媒体的本质和任务从提供信息转化为提供娱乐。视觉语言的仿真造成了记忆、历史和时间的断裂，能指与所指的联系消失或改变，一个超真实的世界开始重构。在这个世界中，人们得到的是色彩和音响的感性刺激，而不再是故事和意义的理性思考。缺乏条理与理性的图像语言导致了人们注意力的涣散和理性思辨精神的丧失。以互联网为依托的新媒体进一步扩大了影像的生产，即时传播使信息的效用逐渐脱离日常生活，琐碎而没有实在意义的信息泛滥，理性传统被娱乐所侵染，情感的幻觉和人的欲望成为媒介消费的主体，娱乐化与消费主义建构起当代大众文化。

诚然，对于人们的社会参与而言，尤其是政治参与，媒介的娱乐功能将原本庄严复杂的政治这一公共话语转化为戏谑的大众影像，在很大程度上消解了政治事务的严肃性。在数字媒介所提供的舞台上，现实政治被解读为一种可以进行再次加工的素材，在反权威反精英的需求下，民

---

① [美]尼尔·波兹曼.娱乐至死[M].桂林：广西师范大学出版社，2004.

众将其重塑为一种合乎游戏规则的非理性讯息,游戏和现实之间的界限渐渐消弭,政治和娱乐融合交汇。

然而,我们也必须意识到任何事物都具有两面性,媒介休闲娱乐功能的影响不总是负面的。已有研究表明,相对于严肃的讯息,人们更容易接受以感性的娱乐方式传递的讯息和随之而来的价值观念。[1] 在这个意义上,媒介的娱乐功能在启发民众的民主意识、促进政治监督等方面具有一定的积极作用。我们很难说政治家们是从什么时候开始将自己作为娱乐素材展现在电视和网络上的,但是可以确定的是,政治通过媒介娱乐化走下神坛,以一种更加柔和和感性的方式开始真正进入普罗大众的日常生活当中。网民们开始选择一种调侃和消遣的娱乐方式在互联网上讨论政治问题,网络民意在嬉笑怒骂中形成,这种带有娱乐性质的公共讨论成为政府了解民意的重要渠道。公众政治智慧以委婉的方式得以呈现,政治诉求以柔和的形式得以表达,娱乐化的公共讨论在一定程度上实现了舆论监督,在一定程度上提升了公民的政治参与度与政治热情。

人们通过娱乐方式参与政治,这是中国公民社会建构的重要标志之一。社交媒体的特殊性质从其诞生之日起就为公共领域的构建提供了极大的可能性,而媒介娱乐化进程则进一步促进了社会政治环境的弱化。相比传统的政治宣传与严肃的政治讨论,大众更倾向于在轻松和娱乐中了解和碰触政治。与此同时,在娱乐化的氛围之中,选民们也更容易潜移默化地接受信息中所蕴含的价值观念与政治主张。

在一定程度上,当代对于媒介娱乐功能的各种批判可以被归结于人类对未知事物与生俱来的恐惧感受。当人类在自己的创造物面前感到被动与沉溺时,我们就开始警惕起来。事实上,自电子媒介发明之初,技术悲观者们就希望引起人们的警觉以抵御大众媒体和大众文化对于当代社会的渗透与重塑,这种尝试延续了历史上精英主义一贯的思维传统,或许有些风声鹤唳,但也不是无的放矢。就此意义上,对于大众文化中娱乐之无限需求的预期受到精英文化高高在上的意识姿态所左右。已有研究表明,在获取信息、参与社区事务、政治参与与教育目标等方面,大众使用媒体的兴趣远胜于用来娱乐和休闲。[2] 同时,媒介本身就

---

[1]　Gierzynski A, Eddy K. *Harry Potter and the Millennials: Research Methods and Politics of the Muggle Generation*[M]. Johns Hopkins University Press, 2013.

[2]　[美] 曼纽尔·卡斯特. 网络社会的崛起, 夏铸九等译. 北京: 社会科学文献出版社, 2000.

在很大程度上丰富了大众的日常生活，为普通民众参与政治与公共事务提供了多样化的途径，极大地贴近大众内心深处对于游戏的渴求并将反抗需求以柔化的方式表达出来，为社会安定与公共民主提供了更大的可能性。

更重要的是，我们必须意识到，休闲娱乐本身并非毫无意义，相反，对于个体的发展而言，它意义重大。信息技术发展带来的媒体变革改变了大众文化的结构，从而拓宽了大众文化的视野，丰富了大众文化的内涵，但是并没有改变大众文化的性质，在很大程度上，数字媒介维护、修复和强化了大众文化，并且基于此丰富了人们的日常生活与精神世界，对于个体人格的塑造和群体归属的形成都有重要意义。我们将人们对于休闲娱乐活动的这种社会性涉入行为称之为休闲参与，与前文所论述的政治参与并置，并将它们视为普通人社会参与最重要的两个类别。

休闲参与是指人们在闲暇时间为满足个体的某种需求，以寻求快乐、幸福的生活为目的，自主选择进行的具有积极意义的社会活动情况。休闲是人类的基本需求，也是个体的基本权利之一。伴随着生产力的飞速发展，闲暇已经成为了时代特征之一，人们开始有意识地开展休闲活动。对于浸染在数字技术中的年青一代，城市新移民不再以经济收入的增长为迁移的唯一目标，他们希望通过迁移获得个人发展、享受高品质的生活、实现人生价值，然而，闲暇作为他们参与社会的重要方式并没有得到足够的重视。当前对于移民休闲参与的研究大多集中在社会学领域，且数量较少，新闻传播学涉猎极少。在社会学领域，学者们主要关注农民工休闲生活的问题、成因和影响机制。朱力最早开始关注流动人口的闲暇生活，他认为，健康科学的休闲活动能够慰藉心理、愉悦精神、休息身心，从而提高农民工对于城市的认同感和归属感。[①] 马纯红深入调查农民工休闲生活的现状，归纳了他们休闲生活的主要模式，并提出构建科学、文明、健康的农民工休闲生活的主要路径。[②] 廉思基于北京市服务业新生代农民工的实证研究发现，有限的经济收入、过度的劳动时长和较高的工作强度形塑了农民工业缘为主、范围狭窄的社会

---

① 王力.从流动人口的精神文化生活看城市适应 [J].河海大学学报（哲学社会科学版），2005(3)：30-35.
② 马纯红.农民工闲暇社会与城市社区建设研究 [M].湘潭：湘潭大学出版社，2007.

网络,从而制约了他们的精神文化提升。[1]何华莉更是直接指出农民工的休闲生活在模式上同质、时间上不足、活动上单调、空间上封闭,社交型和提高型的真正的休闲活动极少,大多都是消遣和闲呆等打发时间和恢复体力的低级休闲。[2]郭星华和胡文嵩也得出了类似的结论,提出外来务工人员较少涉及城市的娱乐项目,大多是在业缘群体内部娱乐或自我消磨。[3]总体而言,社会学者们一方面肯定了休闲参与对于农民工城市融入的积极作用,但也提出受制于一些外部因素导致农民工的休闲参与更偏向于消磨工闲时光的内部消遣,而较少进行真正有意义的城市休闲活动。

在此基础上,新闻传播学界也以农民工为主要研究对象,探讨媒介使用对他们休闲参与的影响作用,并得出了一些积极的结论。学者们认为媒介使用有利于农民工的休闲参与,进而促进了他们的社会融入,如郑欣和高梦媛指出,大众媒介是农民工日常生活中最重要的文化娱乐消费工具,在他们的城市休闲活动中发挥着不可或缺的娱乐功能。同时,媒介还能够通过提供多元化的信息激发人们的文化自觉意识,使他们实现城市中人际关系网络的建构,为城市生活的适应奠定基础。[4]滕驰基于少数民族进城务工人员的调查发现自媒体最大的价值在于提供休憩和娱乐,其廉价、自主、平等的特性能够为少数民族进城务工人员实现休闲资源的替代和心理体验的补偿,其中的文化自觉和价值引导有助于少数精英群体进行生活方式的重造、社会网络的重构和社会地位的重建,从而最终促进他们的城市适应。[5]张霁和黄基秉基于微博的考察也指出微博能够传递休闲信息、丰富休闲体验和引导健康休闲,由此改变了传统的休闲模式。[6]然而,学者们也指出,媒体带来了某些休闲资源

---

① 廉思,陶元浩.服务业新生代农民工精神文化生活的实证研究——基于北京的调查分析 [J].中国青年研究,2013(5):55-59.
② 何华莉.城市农民工闲暇生活研究——以安徽省合肥市为例 [D].安徽大学,2006.
③ 郭星华,胡文嵩.闲暇生活与农民工的市民化 [J].人口研究,2006(5):77-81.
④ 郑欣,高梦媛.媒介化体验:新生代农民工闲暇生活研究 [J].山西大学学报(哲学社会科学版),2017,40(4):91-99.
⑤ 滕驰.从少数民族进城务工人员闲暇生活变迁看城市适应——基于自媒体的视角 [J].西南民族大学学报(人文社科版),2018,39(10):63-67.
⑥ 张霁,黄基秉.试论微博的休闲传播 [J].成都大学学报(社会科学版),2010(5):37-39.

的补偿和替代的同时也可能减少了他们参与现实生活中社会活动的可能,当移民的休闲方式逐渐转向虚拟空间,尽管他们的休闲需求得到了一定的缓解,但社会隔离可能进一步加深了。[①]

综上所述,学界对于媒介与移民休闲参与的关照大体上可以提炼出两个共识:第一,媒介本身成为移民休闲参与的重要方式,人们从媒体中获取休闲信息、建立关系网络、丰富休憩体验和实现心理抚慰,从而帮助移民适应城市生活;第二,媒介中的休闲参与替代了移民现实生活中的休闲活动,从而降低了移民参与真正有意义的休闲活动的机会,最终阻碍了移民的社会融入。此时,媒介本身成为了移民休闲参与的一种形式,而就媒介其他功能对移民休闲参与的作用考察相对缺乏。本章想要探讨的是,使用社交媒体是否会对城市新移民的具体休闲参与产生影响? 社交媒体的不同类型和不同功能会发展出哪些影响路径?

三、核心变量

本章的核心变量的城市新移民的社会参与,主要从社区参与和休闲参与两方面来展开测量。

（一）社区参与

社区参与主要包括社区活动参与和社区组织参与两个层面,因此本章也将从这两个方面来测量城市新移民的社区参与。

（1）社区活动参与。通过询问受访者"在过去一年中你对以下活动的参与情况如何"来展开测量,具体活动分别为"社区的各项活动""社区的公共事务决策""向居委会/业委会/物业提供建议"和"特殊时期的志愿者工作",答案采用李克特五级量表,从"1 从不"到"5 总是"进行赋分。经检验,该量表的信度为 0.819,符合信度要求。

（2）社区组织参与。通过询问受访者"在过去一年中你对以下组织的参与情况如何"展开测量,具体组织分别为"业主委员会""小区内的兴趣社团(如广场舞团队)"和"小区的各种微信群(如团购群)",答案采用李克特五级量表,从"1 从不"到"5 总是"进行赋分。经检验,该量表

---

① 赵莹,林家惠,吕垠霏.城市移民的休闲涉入对社会融入的影响——以广州市外来务工人员为例 [J]. 旅游论坛,2020,13(4):9-19.

的信度为 0.803, 符合信度要求。

（二）休闲参与

对移民的休闲参与, 本章在周琭璐的变量设计 [1] 上进行改良, 采用 11 个问题对受访者参与不同休闲活动的频率进行测量, 答案采用李克特五级量表, 从"1 从不"到"5 几乎每天"进行赋分。经检验, 该量表的信度为 0.793, 其内在一致性较高。经过对社交媒体使用变量的因子分析, 主成分分析共提取出 3 个因子, 分别命名为消遣参与（Cronbach's Alpha=0.84）、娱乐参与（Cronbach's Alpha=0.81）和社交参与（Cronbach's Alpha=0.78）, 如表 6–1 所示。

表 6–1　休闲参与变量的因子分析

	成分		
	消遣参与	娱乐参与	社交参与
看电视	0.812		
玩手机	0.804		
看书 / 杂志	0.759		
在家听音乐	0.723		
去电影院看电影		0.729	
逛街购物		0.713	
外出就餐		0.688	
在户外进行体育锻炼			0.638
现场观看体育比赛			0.604
与朋友聚会			0.585
参加文化活动, 如听音乐会, 看演出 / 展览等			0.572

此外, 由于本章节主要考察城市新移民的社会参与情况, 因此对于社交媒体功能划分中的社会参与变量同样被纳入本章的因变量当中来予以检验, 并将其命名为"社交媒体参与"变量。

---

[1]　周琭璐. 休闲区隔: 中国居民休闲参与的社会分层机制及其代际差异研究 [J]. 四川轻化工大学学报 (社会科学版), 2020, 35(6): 17–36.

四、研究发现

（一）城市新移民社会参与的描述性分析

数据显示，城市新移民的社区参与情况较差，社区参与活动（M=2.84，SD=0.94）与社区组织参与（M=2.93，SD=1.36）的程度都较浅，频率均在"3（经常）"以下，相较之下，城市新移民的休闲参与要高的多，尤其是消遣参与（M=3.81，SD=0.76）和娱乐参与（M=3.80，SD=1.25）的得分都很高，说明城市新移民会更多地参与文化活动，而不是政治活动。对于城市新移民次级群体进行考察，我们发现，新生代农民工在社区参与上的表现不容乐观，他们在社区活动参与（M=2.35，SD=0.88）和社区组织参与（M=2.48，SD=0.73）上的得分要远远低于白领移民的社区活动参与（M=3.08，SD=1.43）与社区组织参与（M=3.16，SD=1.56），如表6-2所示。换言之，虽然白领移民的社区参与也并不积极，但仍然要比新生代农民工的情况好的多。在休闲参与的社交参与中也出现了类似的差距，新生代农名工的消遣参与（M=3.58，SD=1.24）和娱乐参与（M=3.62，SD=1.29）的频率均比较高，且与白领移民、大学毕业生低收入移民等其他城市新移民次级群体的差异不大，但在社交参与上（M=2.64，SD=0.83）远低于白领移民（M=3.69，SD=1.24）和大学毕业生低收入移民（M=3.15，SD=1.29）。为了进一步测量新生代农民工和白领移民在社会参与情况上的差距，本章进行 MONCOVA 检验，如表6-3所示，新生代农民工的社区活动参与、社区组织参与和社交参与显著低于白领移民。换言之，新生代农民工在社区参与和休闲参与中的社交参与都存在程度差、频率低的情况，可能在一定程度上阻碍他们的社会融入。

表6-2 城市新移民的社会参与情况

	城市新移民（N=1145）	新生代农民工（N=289）	白领移民（N=541）	大学毕业生低收入移民（N=217）	其他（N=98）
社区活动参与	2.84（0.94）	2.35（0.88）	3.08（1.43）	2.94（1.02）	2.69（1.24）
社区组织参与	2.93（1.36）	2.48（0.73）	3.16（1.56）	3.01（1.35）	2.86（1.53）

续表

	城市新移民（N=1145）	新生代农民工（N=289）	白领移民（N=541）	大学毕业生低收入移民（N=217）	其他（N=98）
消遣参与	3.81（0.76）	3.58（1.24）	3.89（0.76）	4.07（0.58）	3.48（0.73）
娱乐参与	3.80（1.25）	3.62（1.29）	3.97（1.33）	3.73（1.57）	3.59（1.47）
社交参与	3.27（1.23）	2.64（0.83）	3.69（1.24）	3.15（1.29）	3.13（1.27）
社交媒体参与	3.34（1.04）	3.12（1.53）	3.52（1.24）	3.29（1.01）	3.11（1.26）

表6-3　新生代农民与白领移民社会参与的显著性差异

主要变量	新生代农民工		白领移民		MONCOVA		Effect Size
模型1	Mean	SE	Mean	SE	Mean difference	F	偏 η^2
社区活动参与	2.35	0.11	3.08	0.06	0.73	9.45*	0.149
社区组织参与	2.48	0.09	3.16	0.12	0.68	8.71*	0.117
社交参与	2.64	0.04	3.69	0.07	1.05	13.27**	0.219

（二）城市新移民社会参与的回归分析

为进一步回应本章的研究问题，接下来对城市新移民社会参与的不同层次进行回归分析，将人口统计变量、社交媒体类型使用、社交媒体功能使用依此分组输入方程进行检验，结果如表6-4所示。

首先，在所有的人口统计因素中，性别、年龄和教育程度对城市新移民的社会参与均无影响，但已婚的移民在社区组织参与和社交参与上频率更高；个人月收入更高或主观社会地位更高的移民更多地进行社交参与活动，且主观社会地位高的移民也会更多地参与社区活动和社区组织以及社交参与活动。同时，杭州的城市新移民更多地参与社区活动；迁出地为城镇的移民也比来自农村的移民更多地参与社区的活动与组织。

其次，社交媒体使用频率对于城市新移民的社会参与有一些影响，具体表现在当人们更多地使用内容导向型社交媒体时，他们的消遣参与和社交媒体参与都显著提升；而当他们更多地使用关系导向型社交媒

体时,他们的社区参与、消遣参与、社交参与和社交媒体参与都显著增
多。换言之,关系导向型社交媒体对城市新移民的社区参与和社交参与
影响更大,而无论是哪种社交媒体使用都能够显著提升移民的消遣参与
和社交媒体参与。

最后,对于社交媒体其他三种功能的检验显示,当城市新移民更多
地使用社交媒体的信息获取功能时,他们的休闲参与和社交媒体参与显
著提高;当城市新移民更多的使用社会交往功能时,他们的社交媒体参
与显著增加;当城市新移民更多地使用自我呈现功能时,他们的消遣参
与和社交媒体参与显著提升。

表6-4　城市新移民的社会参与回归分析

	社区活动参与	社区组织参与	消遣参与	休闲参与	社交参与	社交媒体参与
性别	0.037	0.052	0.078	0.048	0.073	0.065
婚姻状况	0.042	0.158*	0.029	0.053	0.182*	0.034
年龄	0.049	0.083	0.048	0.093	0.045	0.083
教育程度	0.043	0.086	0.085	0.074	0.083	0.024
个人月收入	0.059	0.073	−0.081	0.095	0.175*	0.058
主观社会地位	0.137*	0.288**	−0.096	0.068	0.258**	0.062
地区	−0.145*	0.038	0.093	−0.081	−0.069	0.057
迁出地	0.158*	0.229*	0.048	0.063	0.094	0.083
R^2增量(%)	13.6	9.8	5.4	2.8	14.2	3.1
内容导向型社交媒体使用频率	0.033	0.042	0.372**	0.093	0.028	0.258**
关系导向型社交媒体使用频率	0.127*	0.155*	0.125*	0.087	0.079*	0.246**
R^2增量(%)	2.6	4.4	6.8	2.3	3.5	7.6
信息获取	0.035	0.072	0.027	0.156*	0.062	0.285**
社会交往	0.048	0.026	0.045	0.058	0.084	0.166*
自我呈现	0.032	0.083	0.258**	0.142*	0.088	0.269**
R^2增量(%)	5.5	4.2	6.6	6.2	2.8	7.2
R^2总量(%)	21.7	18.4	18.8	11.3	20.5	17.9

五、结论与讨论

社会参与是城市新移民社会融入的重要手段和检验标准。伴随着这一概念内涵和外延的拓展,个体的社会参与出现了不同的类别与层次,它绝非是抽样的、单向的、固化的学术概念,而是涉及移民城市生活方方面面的自主融合。在社交媒体时代,个体参与社会生活变得更加高效,人们不仅可以快速地获取社会资讯、参与话题讨论、发表评论,还可以借此建立社会联系、参与社会团体、组织社会活动。但是,社交媒体使用如何影响人们的社会参与,当前的探讨仍然较为有限,本章从社区参与和休闲参与两个角度来考察城市新移民的社会参与情况,并得出了一些有趣的结论。

第一,城市新移民的社会参与情况整体不容乐观,尤其是新生代农民工的社会参与情况极差,具体表现在他们很少参与社区组织的活动和相关团体,以及能够直接有益于他们在本地建立社会联系的社交参与,但他们对于消遣参与和娱乐参与的卷入程度较深。在社区活动参与、社区组织参与和社交参与这三种方式上,白领移民与新生代农民工出现了显著性差异,经过对人口学变量的进一步检验,我们从经济收入、主观社会地位和迁出地三个变量上发现了可能的解释。首先,经济收入高和主观社会地位高的城市新移民体现出较为鲜明的强社交参与的特点。可见,当前移民休闲参与的方式存在较大的阶层差异,在一定程度上体现出品味的阶层性特征。具体来说,诸如看电视、玩手机这些在家可以独自完成的消遣活动并不因社会分层因素而受到影响,可能代表着人们消遣需求的普遍性,外出观影、就餐等娱乐活动也是如此,说明移民最基本的休闲生活并不受到阶层、收入等因素左右,大众都有消遣娱乐的需求。然而,在诸如观看体育比赛、展览等社交参与上,差别开始出现。虽然人际交往是社会关系的基础层面,但我们必须意识到文化活动极大地受到品味和阶层状况等因素的制约。韦伯指出,"'阶级'是根据人们与生产和商品之间获得的关系来进行分层的;而'身份群体'则是根据人们消费商品的原则(这些原则反映了某种特殊的'生活方式')来进行分层的。"[①] 在此意义上,观看演出、展览,甚至在户外进行体育锻炼对年

---

① 李春玲,吕鹏.社会分层理论 [M].北京:中国社会科学出版社,2008:58.

轻人来说都成为一种中产阶级的生活方式，由此将不同收入、阶层的移民区分开来。布尔迪厄很早就指出生活方式是独立于生产分层的分层指标，移民们自己也认知到了这一点：

> "哪有时间出去玩的啦？每天都要赚钱啦。像我们这种人有空时玩玩手机就当放松啦，只有有钱人才会天天有时间到处去玩。我放假的时候就想在家里躺着，哪里都不想去。……其实家里小孩也会想出去玩，但没办法啦，出去玩都要花钱，后来我给他买了个平板，他有游戏打就不说要出去玩了。"
>
> （新华，38 岁，来自广东清远）

> "现在有一种很有意思的现象，就是年轻人里一般只有中产阶层才会有运动的习惯。我们部门的 Boss，四十出头，就有晚上去江边慢跑的习惯，我们很多家庭条件比较好的同事也会相约去'超猩'（一家连锁健身房）。我记得以前有个朋友开玩笑说，想要快速知道一个人的经济状况，就看他有没有健身就知道了。"
>
> （Bean，女，29 岁，来自湖南长沙）

显然，新生代农民工社交参与的缺乏会导致他们丧失了拓展社交网络、结识本地朋友的机会，对他们的城市融入无益。其中，尤其值得注意的是过度劳动对移民社交参与，乃至城市融入的负面影响：

> "我吃住都在厂里，一天从早上八点多干到晚上八点多，每周就礼拜天休息一天，你觉得我有可能去逛公园、看演唱会吗？……礼拜天？睡觉啊，睡醒了玩手机点外卖，一天就过去了。……烦啊，但能怎么办呢？我也想节假日去市内逛逛，我一直想去省博物馆，现在都还没去过。没有人可以跟我一起，我认识的都是一个厂里的，大家（周日的休闲方式）都一样。熬吧，熬到过年回家了找以前的同学玩去。"
>
> （晨风，男，23 岁，来自内蒙古乌兰察布）

过度劳动是指个体在一定时间内超出平均劳动时间和劳动强度的

就业状态。[①] 每个人都时间都是一样的,当我们将个体的时间划分为劳动时间和休闲时间,过长的劳动时间就必然会挤压休闲时间。[②] 从晨风的叙述中,我们很清晰地看到过度劳动一方面大量挤占了个体本应拥有的闲暇时间,使人们无法进行真正有意义的休闲参与;另一方面,过度劳动还导致了个体长时间被束缚在工作场域中,社会交往内卷化严重,无法拓展新的社会网络,也就无法推进社会融入的进程。更甚者,过度劳动可能会引发移民的焦虑情绪,甚至严重损害他们的身心健康,降低他们的城市归属感。

同时,主观社会地位对移民的社区活动参与与社区组织参与也有显著正向影响,且那些来自于城镇的移民会更积极地参与社区的活动和组织。不论是主观社会地位还是来自与哪里,这些变量最终都是作用于移民的心理状态,并以此来影响他们的社会融入进程。徐延辉和史敏发现,较低的社会地位会让农民工感到被"边缘化",从而阻碍他们的社会参与,使他们难以形成城市认同、融入当地社会。[③] 陈延秋和金晓彤更进一步指出,积极乐观的心理状态对新生代农民工形成城市归属感有正向影响,能够促进他们的社会参与行为。[④] 受访者老白就明确表示他不愿意参与社区的各项事宜:

> "随便吧,反正我说了也没人会听,那我干嘛还要自找没趣。反正我们不过是在这里租房子,不能跟人家买房子的比。……我物业的微信群都还是上个月才加的,因为上个月停水了我不知道,所以为了方便加了一下群,但我从来不会在群里说话,也很少看他们说了什么,最多看看物业的通知。"
>
> (老白,男,27岁,来自广东汕尾)

政治学用政治效能感一词来解释个体对于政治事务的心理感知,处于较低社会阶层和来自农村地区的城市新移民往往认为自己对相关公

---

① 郭凤鸣,张世伟.最低工资提升对低收入农民工过度劳动的影响[J].中国人口科学,2018(5):42-56,127.

② [美]加里·斯坦利·贝克尔.家庭论[M].王献生,王宇译.北京:商务印书馆,2005.

③ 徐延辉,史敏.社会地位与农民工的定居意愿研究[J].湖南师范大学社会科学学报,2018,47(3):83-90.

④ 陈延秋,金晓彤.心理资本对新生代农民工社会融入的影响——基于社会距离的中介作用[J].青年研究,2016(1):30-38+95.

共议题的影响力较差，为了防止"自找没趣"，他们选择减少社区参与来缩小自己的存在感。已有研究也发现，社会经济地位较高者往往具有更为活跃的参与倾向，因为他们拥有更丰富的社会资源，也就更加敢于和愿意发声来为自己争取权益，然而对于社会下层而言，他们很少参与常规性、体制性的社会活动，往往是在极端案例中以集体行为等抗争性形式来进行参与。[①]

此外，已婚移民会更多地参与社区的组织和社交活动，这与社会学界的共识一致。对于城市新移民而言，家庭比个体有更高的社区融入的需求，也就更可能发生社区参与行为。[②]

第二，不同的社交媒体类型对城市新移民的社会参与影响路径显示出轻微差别，一方面，无论是哪类社交媒体都显著作用于城市新移民的消遣参与与社交媒体参与，这意味着社交媒体已经成为城市新移民重要的娱乐方式和社会参与渠道；另一方面，仅关系导向型社交媒体正向影响移民的社区参与与社交参与。后者很容易理解，城市新移民的社交参与大多集中于熟人社交，因此基于熟人社交网络的关系导向型社交媒体能够直接作用于移民在本地与朋友同事的联系，进而开展社交参与。而对于前者，社交媒体在一定程度上改变了人们参与社区事务的方式，创建了便捷的互动平台，人们能够在各种群组中获得社区相关的第一手资讯，并参与相关公共事务的探讨之中。值得注意的是，关系导向型社交媒体在维系强关系交往的同时也强化了人际关系的"弱关联"，生活在同一空间的社区成员能够通过这一形式快速联结在一起，进一步强化了公共信息传播，拓展了人们参与社区事务的空间和维度。而对于以兴趣社区为主的内容导向型社交媒体，它更多地基于兴趣内容而开展联系，较难与社区这种现实中的空间组织产生交集。由于本研究在疫情期间开展，因此在这一时期武汉地区的移民们频繁使用微信来直接参与小区的各项事务，极大地促进了他们的社区参与：

> "我跟我朋友开玩笑说，新冠让我真正融入我们小区。你知道的，以往大家虽然住在一起，但是都各忙各的，住对门也不太认识，但疫情一来，因为你必须要经常上微信群去看通知啊，

① 王俊秀.不同主观社会阶层的社会心态 [J].江苏社会科学，2018(1)：24–33.
② 彭大松，苗国.家庭化流动背景下非户籍人口的社区参与研究——基于广义分层线性模型的分析 [J].人口与发展，2020，26(5)：62–72.

然后微信群里也有好多第一手的信息，所以我关在家里那段时间没事就刷微信群，然后团菜啊、抢防护物资啊什么的都是冲在最前面，邻居之间也是互帮互助嘛。当时习惯了，后来解封了我们小区搞什么活动我也都积极参加，大家互相帮助嘛，这种感觉也挺好的。"

（柚子，男，25 岁，四川绵阳）

"我应该算是小区里最早买房的那一批，所以我一开始就在业委会里面，不过之前几年一般也没什么事，就是到了疫情那会儿大家的联系才多起来，开始是几个大哥张罗着小区里一起采购，后来就经常在微信群里商量各种事情，把大家的资源都调动起来，就那时候特别有一种守护自己家的感觉。"

（星星，男，32 岁，来自河南信阳）

在新冠肺炎爆发的特殊时期，人们参与社区各项事务的意愿空前高涨，以微信为代表的关系导向型社交媒体在此时作为重要的沟通工具发挥了巨大的作用，从而实现了线上与线下参与的和谐统一，将"真实世界"与"虚拟世界"合二为一，城市新移民的参与兴趣得到了极大的提升，而社交媒体则降低了这种参与的成本。同时，由于关系导向型社交媒体依托的往往是现实生活中的真实关系，因此也使人们的利益表达更加直接和有效。然而，对于更广阔的政治参与的影响如何，当前的研究结果无法得出回应。即使是仅针对社区参与，在脱离了疫情这一特殊的风险情境后，情况也并不那么乐观。数据显示，社交媒体的信息获取、社会交往和自我呈现功能均正向影响社交媒体的参与功能，且部分对城市新移民的消遣参与和娱乐参与有影响，但对他们的社区参与均无显著影响。换言之，当城市新移民在日常生活中使用社交媒体来与家人朋友联系并不能有效促进他们的线下参与。在日常情境中，人们更多地直接在社交媒体上参与讨论和发表观点，而不是借助社交媒体来拓展线下活动，毕竟在社交媒体上关注实时资讯和讨论政治话题所耗费的各种成本和承担的潜在风险要远低于亲身参与。[①]Galdwell 就明确提出，社交媒

---

① 　周凯，李斐. 社交媒体与政治参与——一个理论框架的建构 [J]. 编辑之友，2017(7)：54-59.

体实际上是基于弱关系而进行的横向联结，它虽然能够形成范围广泛的纽带力量，但很难直接促成高风险的行动主义，因为真实的社会运动需要精确、有纪律的组织性，而社交媒体的无领导型在达成共识方面存在一定的困难。①

总体而言，从行动性参与而言，社交媒体虽然是一种有效的组织沟通工具，但其作用具有明显的局限性。虽然关系导向型社交媒体能够将具有相似利益诉求、观念情感的共同体成员聚集在一起，但是基于任何现实中的参与行动都需要个体耗费一定的时间、精力乃至金钱的代价，因此除非在诸如新冠疫情这样的突发风险情境下，社交媒体的"弱连接"特征难以提供行动政治所必须的社会资本。只有当社区中的每一个成员都拥有某种强烈的行动意愿和需求，个体倾向于积极参与公共事务，但在日常情境中，社交媒体虽然也有助于个体拓展社会网络，但从组织意义上来说难以对城市新移民的线下社会参与起到直接有效的影响。无论如何，我们看到了社交媒体在促进城市新移民线上社会参与，尤其是休闲参与的影响，但对于线下的具体行动，社交媒体只有在某些特殊的突发情境下才能够发挥一定的组织作用。

---

① Gladwell M. Small change: Why the revolution will not be tweeted[J]. *New Yorker*, 2011, 86(362): 139–154.

第七章　结语：幸福的彼岸

一、社交媒体与城市新移民的幸福感知

归根到底，无论移民们作出迁移决定是为了获得更好的工作机会、更高的经济收入，亦或是更优的居住环境、更多的社会权利，它们都可以用一个词来概括——幸福。换言之，人们总是希望通过迁移来获得幸福，或者变得更幸福。幸福，是对于生活质量的整体评估和感知，是一种抽象的主观感受。[①] 杨国荣认为，"幸福不仅仅限于主体的感受，它总是在实质的层面涉及实际的生活境遇。"[②] 本书认为，幸福既是一种整体的生活感知，又是对日常方方面面感受的复杂合集。这样一来，幸福不仅是衡量城市新移民城市适应的终极指标，更是每一个个体不懈奋斗的永恒追求。因此，在本书的最后一章，基于对城市新移民与本地居民的幸福感检验，我们希望更细致地对当前移民社会融入的现状与问题进行检视。

（一）城市新移民的社会融入与幸福感

社会融入，是一个动态的、渐进式的、多维度的综合性概念。[③] 西方学术界对移民社会融入问题的关注可以追溯到 20 世纪早期芝加哥学派的探讨，此后针对如何测量移民的社会融合，从从戈登的"二维"模型、杨格 - 塔斯的"三维"模型到恩泽格尔的"四维"模型，学者们针对社会

---

① Diener E, Helliwell J F, Kahneman D. *Internatiaonl Differences in Well-Being*[M]. New York: Oxford University Press，2010.

② 杨国荣 . 伦理与存在 [M]. 北京：北京大学出版社，2011：27.

③ 悦中山，李树茁，[美] 费尔德曼 . 农民工社会融合的概念建构与实证分析 [J]. 当代经济科学，2012, 34(1)：1–11, 124.

融合的方方面面进行了深入和广泛的研究。如果我们将前文所探讨的社会交往、社会认同和社会参与视为社会融入的三个不同面向，那么幸福感就是衡量移民社会融入的最直接有效的指标。毕竟对于城市新移民而言，不论迁移到哪里，他们的最终目的都一样，那就是过得更好、更幸福。因此，作为衡量流动人口在迁移后的社会融入程度与居留意愿最重要的标准之一，[①] 移民幸福感的重要性不言而喻。

然而，来自多国的研究证实，城市移民的幸福感要远低于当地人。[②][③] 一些研究还发现，移民群体所感知到的幸福水平不仅远低于迁入地的原住民，甚至也低于迁出地的居民。即使在控制了一系列社会经济因素之后，这一现象仍然存在。[④][⑤] 同时，已有研究显示，幸福感与年龄之间的关系呈现为 U 型，[⑥] 即在所有的年龄群体中，青年人的幸福指数最低，且这种群体性差异伴随着收入差距的扩大而逐步加剧。[⑦] 在此意义上，兼具青年与移民要素的城市新移民幸福感研究成为值得探讨的重要议题。

长期以来，幸福感都是社会学、心理学和经济学的热门话题。[⑧] 对于幸福感的探讨基于这样一个前提：客观标准（如收入、健康和社会资本等）并不等同于幸福本身，人们必须直接研究幸福，例如通过询问人们所感知到的幸福指数来予以界定。在此前提下，主观幸福感成为当前幸福感研究的主要范式。主观幸福感即"个人根据自定的标准对其生活质量的全面评估"，可以通过单一维度或多项目量表（如生活满意度、

① 陈佳川，魏杨，徐婉婷.幸福度感知、生活水平位置感知与流动人口的留城定居意愿[J].社会科学，2019(11)：88–99.
② Aksel S, Gün Z, Irmak T Y, et al. Migration and psychological status of adolescents in Turkey [J]. *Adolescence*, 2007, 42(167)：589–602.
③ Cheng Z, Wang H, Smyth R. Happiness and job satisfaction in urban China：A comparative study of two generations of migrants and urban locals[J]. *Urban Studies*, 2013, 51(10)：2160–2184.
④ Appleton S, Song L. Life satisfaction in urban China：Components and determinants[J]. *World Development*, 2008, 36(11)：2325–2340.
⑤ Knight J, Gunatilaka R. Great expectations? The subjective well-being of rural-urban migrants in China [J]. *World Development*, 2010, 38(1)：113–124.
⑥ Oswald A J. Happiness and Economic Performance [J]. *Economic Journal*, 1997, 107(445)：1815–1831.
⑦ 刘军强，熊谋林，苏阳.经济增长时期的国民幸福感——基于 CGSS 数据的追踪研究[J].中国社会科学，2012(12)：82–102+207–208.
⑧ Easterlin R A. Explaining happiness [J]. *Proceedings of the National Academy of Sciences*, 2003, 100(19)：11176–11183.

情感体验等)来进行测量。① 主观幸福感受到诸多因素的影响,如个人的收入水平、社会地位、教育程度、婚姻状况、健康水平,甚至经济环境、自然环境和社会文化等。②

大量研究发现,移民很难获得与本地人同等的幸福感。换言之,移民与本地居民在幸福感知上存在一定差距。Knight 和 Gunatilaka 基于中国农民工的幸福感研究发现,移民的期待(如对收入的预期)在迁移后上升,反而导致他们的幸福感降低了,结果就是他们的幸福感同时低于迁出地的农村居民和迁入地的城市居民。③ 期望水平理论认为,正是由于人们在迁徙时对于幸福的期望水平超过了实际的增长,移民较本地人更难以获得幸福。④ 具体而言,当城市移民迁入新的城市后,其所处的社会经济环境发生了巨大的变化,他们对比的参照对象也从原居住地的居民变成了现居住地的居民,虽然相较于原本的生活可能获得了一定经济水平上的提升,但是当在与当前的对比参照组进行横向比较时,这种经济收入的提升所带来的幸福感甚至可能低于迁移之前所对应的幸福感。对德国国境内移民的研究也得出了相似的结论,那些在两德统一后从前东德搬到前西德的人在移民后获得了更高的收入,也变得更加幸福,但仍然比原本就居住在前西德的人的幸福感要低。⑤

除收入因素以外,移民的生活环境与社会关系也发生了很大的变化,在社会融入过程中遭遇的种种挫折都可能降低移民的幸福感知。张雅欣与孙大鑫的研究表明,绝大部分流动人口面临着更高的生活压力与无法企及的预期目标,从而与迁出地和迁入地的居民相比具有更低的幸福感知⑥。Putnam 将这种幸福感差距的原因归结为社会资本,并认为这种初始社会资本的缺乏会导致国内移民无法获得社会支持和开展有效

---

① Diener E, Suh E M, Lucas R E., et al. Subjective Well-being: Three decades of progress [J]. *Psychological Bulletin*, 1999, 125(2): 276-302.

② 周绍杰,王洪川,苏杨.中国人如何能有更高水平的幸福感——基于中国民生指数调查 [J].管理世界,2015(6): 8-21.

③ Knight J, Gunatilaka R. Great Expectations? The Subjective Well-Being of Rural-Urban Migrants in China [J]. *World Development*, 2010, 38(1): 113-24.

④ Easterlin R A. Income and Happiness: Towards a Unified Theory[J]. *Economic Journal*, 2010(473):465-484.

⑤ Melzer S M. Does migration make you happy? The influence of migration on subjective well-bing[J]. *Journal of Social Research & Policy*, 2011(2): 73-92.

⑥ 张雅欣,孙大鑫.人口流动如何影响主观幸福感——基于主观社会地位的中介效应 [J].系统管理学报,2019,28(6): 1029-1040.

的社会活动,从而造成幸福感的受损。[①]值得注意的是,中国移民幸福感差距研究大多关注的是农民工移民,且主要基于经济学的视角展开探讨,还未有研究对城市新移民的情况展开探讨。同时,大量研究表明,青年处于所有年龄段中幸福感的洼地[②]。为了避免不同代际间比较可能产生的误差,本书选取同样为青年群体的本地居民作为对照组,提出本书的第一个假设:

H1:城市新移民的主观幸福感显著低于本地青年居民。

(二)社交媒体与移民幸福感

早在19世纪初,学界就开始关注媒介使用在移民城市适应与社会融入过程中所发挥的作用。媒体使用对于移民在当地获取信息、维系社会关系和积累社会资本的作用是毋庸置疑的,然而其对幸福感的影响在学界仍然存在一定的争议。一部分学者认为,媒体使用能够帮助移民构建融入城市生活的社会网络,降低对陌生环境的焦虑和不确定感[③],以提供社会支持和其他资源[④],最终提升幸福感[⑤]。另一方面,也有研究指出,媒体使用可能减缓移民社会融入的过程,降低移民对于迁入地社会的信任,减少人们在真实世界中与人面对面交流的时间,从而降低幸福感[⑥]。

伴随着媒介化社会的全面推进与传统媒介的衰落,新媒介,尤其是社交媒体在移民建立社会联结、获取社会支持、提升幸福感的过程中扮演的角色日益重要。社交媒体是一种"用户生产内容、建立联系、分享

---

① Putnam R D. *Bowling alone*：*The collapse and revival of American community*[M]. New York：Simon and Schuster，2000.

② Xing Z，Huang L. The relationship between age and subjective well-being：Evidence from five capital cities in Mainland China[J]. *Social Indicators Research*，2013(3)：743-756.

③ Becchetti L，Pelloni A，Rossetti F.Relational goods，sociability，and happiness[J]. *SSRN Electronic Journal*，2008，61(3)：343-363.

④ Mundra A D. Social network and their impact on the employment and earnings of Mexican immigrants[J]. *Demography*，2007，44(4)：849-863.

⑤ Hong S H. The recent growth of the internet and changes in household-level demand for entertainment[J]. *Information Economics & Policy*，2007，19(3-4)：304-318.

⑥ Frey B S，Benesch C，Stutzer A. Does watching TV make us happy?[J]. *Journal of Economic Psychology*，2007，28(3)：283-313.

信息，与其他用户进行互动并消费他们自身所生产内容"[1]的社会化媒介形式。不同于传统媒体较为单一的传播功能，社交媒体在信息获取、社会交往、自我呈现等多方面都发挥着重要的效用，因此，社交媒体对移民幸福感的影响无法从单一的角度来展开探讨，而需要综合考量。如Páscoa等人认为，作为社交媒体的 Facebook 能够有效促进社会化和对抗孤立[2]。韦路和陈稳的研究却指出，社交媒体使用对于城市新移民弱关系的增加上具有显著效果，但无法帮助其获取深度的社会支持。他们还发现，移民在社交媒体上的信息生产会提升生活满意度，而信息获取会降低生活满意度[3]。陈必忠的研究支持了这一结论，即社交媒体上的自我呈现与主观幸福感呈现显著相关[4]。毛良斌指出这一影响主要体现在对于积极情感的提升从，而促进主观幸福感的增强[5]。但关于社交媒体信息获取功能的影响却存在一定争议。有研究表明，社交媒体可能导致人们获取大量负面信息，从而降低社会信任和生活满意度[6]，但也有学者指出社交媒体能有效降低人们获取信息的成本，促进在线讨论，提高政治身份认同，从而提升幸福感[7]。基于此前学界所进行的各种探讨，本书认为，问题的关键不在于使用社交媒体是否会导致移民幸福感的增加/减少，而在于在此过程中，社交媒体如何发挥作用。基于此，提出本文的第一个研究问题。

　　Q1：社交媒体使用如何影响城市新移民的主观幸福感？

　　由于社交媒体的飞速崛起，城市新移民的城市融入进程发生了显著

① Berger K，Klier J，Klier M，et al. A Review of Information Systems Research on Online Social Networks[J]. *Communications of the Association for Information Systems*，2014，35(1)：145–172.

② Páscoa G，Gil H. Facebook and the elderly：The importance of social software in lifelong learning[J]. *Information Systems & Technologies*. IEEE，2012.

③ 韦路，陈稳. 城市新移民社交媒体使用与主观幸福感研究 [J]. 国际新闻界，2015(1)：114–130.

④ 陈必忠. 社交网站积极自我呈现与主观幸福感：多重中介模型 [J]. 心理技术应用，2018，6(9)：20–28.

⑤ 毛良斌. 社交媒体自我呈现与主观幸福感关系的元分析 [J]. 现代传播，2020，289(8)：141–148.

⑥ Robinson M J. Public affairs televiseon and the growth of political case of "the selling of the pentagon" [J]. *The American Political Science*，1976，70(2)：409–432.

⑦ Nie P，Sousa-Poza A，Nimrod G. Internet use and subjective well-being in China[J]. *Social Indicators Research*，2017，132(1)：489–516.

的改变,与此同时,本地的青年群体也难以避免地被裹挟进媒介技术创新所快速驱动的社会变革中。社交媒体是中国当代青年在日常生活中开展社会交往、获取社会支持、积累社会资本、增加社会参与的重要手段,并成为他们社会生活的重要组成部分,因此必然对他们的心理发展和幸福感知存在一定影响作用。Valenzuela 等人认为,使用 Facebook 能够加强大学生的获得感和幸福感[①];郭宇和伊藤直哉的研究发现,基于信息和社交需求的社交媒体使用与人们的线下社会资本与幸福感呈正相关,但基于娱乐和消遣需求的使用对社会资本无显著影响却可以提高幸福感[②]。Kross 等人则提出了完全相反的观点,认为青年人使用 Facebook 的时间越长,主观幸福感越低[③]。牛更枫等人也赞同社交媒体的使用会加深青年人的抑郁,阻碍自我发展[④]。因此,本书认为,不论对于城市新移民还是本地青年居民来说,社交媒体使用对他们的主观幸福感都可能存在多元化的影响路径,这样一来,以社交媒体为切入点来比较其对城市新移民与本地青年居民主观幸福感的作用机制是可行的,由此提出以下研究问题。

Q2:社交媒体使用如何影响本地青年居民的主观幸福感?

Q3:社交媒体使用对城市新移民主观幸福感的影响与对本地青年居民主观幸福感的影响有何差异?

(三)移民的社会交往、社会认同、社会参与和主观幸福感

在城市新移民的城市融入过程中,毫无疑问的是社会交往、社会认同和社会参与都发挥着极为重要的作用,对此在前面内容中我们已经展开了详细的分析和验证。与此同时,社会融入的这三个层面对于移民的主观幸福感而言也同样不可替代。首先,社会关系不仅仅是移民融入本

① Valenzuela S, Park N, Kee K F. Is There Social Capital in a Social Network Site? Facebook Use and College Students' life Satisfaction, Trust, and Participation[J]. *Journal of Computer-mediated Communication*, 2009, 14(4): 879-901.

② 郭羽,[日]伊藤直哉.基于使用与满足的微信使用行为与效果研究[J].新闻界, 2016(8): 54-57.

③ Kross E, Verduyn P, demirapl E, et al. Facebook Use Predicts Declines in Subjective Well-being in Young Adults[J]. *Plos One*, 2013, 8(8): 1-6.

④ 牛更枫,孙晓军,周宗奎,等.基于 QQ 空间的社交网站使用对青少年抑郁的影响:上行社会比较和自尊的序列中介作用[J].心理学报, 2016(10): 1282-1291.

地社会的重要社会资源,它对个体的发展和日常生活的正常开展同样意义重大。大量研究发现,社会网络在提供人们主观幸福感上具有无可替代的作用。① 社会交往所强调的是 "个人与个人之间的互动以及不可替代的相互关系",② 这些关系包括亲属关系、朋友关系、业缘关系、邻里关系等相互关系以及相应的社会支持。因此,一方面,健康合理的社会交往的开展能够有益于人们的幸福感知,个人的社会网络能够提供情感上的陪伴和心理上的慰藉,有利于生活压力的释放,减少人们的负面情绪,甚至能够改善群体内成员的情感交流,提高群体内成员的自我认同感和心理满足感,从而对人们的幸福感和生活满意度具有促进作用。③ 另一方面,对于移民而言,这种影响可能更为明显。对于移民的研究表明,社会交往可以为移民提供工具性支持,如各种实用信息、经济援助等,从而降低他们初到陌生环境所感受到的心理冲击,保持身心维持在一个健康的水平。④ 移民在迁入地会面临原有社会资源断层的问题,因此他们在迁入地重新建立的社会关系网络是他们真正的可被潜在摄取的重要资源,而本地居民作为制度化资源的相拥着,嵌入其中的社会资源的数量和质量都被认为要比其他外来移民具有明显优势,⑤ 这也为移民要与本地居民开展社会交往提供了现实解释。然而,问题就在于社会关系的不同构成是否会对城市新移民的主观幸福感造成不同的影响,由此提出以下研究问题:

Q4:社会关系的广度、构成及强关系、中间性关系、弱关系和由此对应的社会支持的不同层面是如何对城市新移民的主观幸福感产生影响的?

其次,研究表明,身份认同对个体的人格、幸福感具有显著的预测作

---

① Pinquart M, Sorensen S. Influences of socioeconomic status, social network, and competence on psychological well-being in the elderly[J]. *Psychology and Aging*, 2000(15): 187-224.

② Nan L. Social Networks and Status Attainment[J]. *Annual Review of Sociology*, 1999, 25: 467-487.

③ Cartier C, Castells M, Qiu J L. The Information Have-Less: Inequality, Mobility, and Translocal Networks in Chinese Cities[J]. *Studies in Comparative International Development*, 2005, 40(2): 9-34.

④ Berkman L F, Glass T, Brissette I, et al. From social integration to health: Durkheim in the new millennium[J]. *Social ence & Medicine*, 2000, 51(6): 843-857.

⑤ 雷开春. 白领新移民与本地居民的社会支持关系及影响因素 [J]. 青年研究, 2008(9): 24-32.

用。[①] 作为一种社会动物，人不仅渴望从与他人的社会交往中获得认同感，也会希望被自己所在的群体和社会接纳，从而获得归属感，满足个体的发展需要。根据社会认同理论，当个体无法融入群体之中，他们也无法产生积极的社会认同，幸福水平也会相应下降。群体认同的建立让个体相信自己在遇到困难时，能够获得群体或社会其他成员的支持，在一定程度上能够提升个体对自己所处环境的控制感。[②] 而大量研究已经证实，控制感的满足能够提升个体的心理弹性，从而促进主观幸福感的提升。[③] 显然，群体身份认同能够显著提升人们的主观幸福感，因此提出以下假设：

H2：群体认同对城市新移民的主观幸福感具有显著正向影响。

H3：整体社会认同对城市新移民的主观幸福感具有显著正向影响。

此外，个体的社会身份认同不仅仅存在与自我与他人互动的社会网络中，同时也包括自己在社会中所处的空间位置，如对职业的认同和对地方的归属。职业是城市新移民在迁移地安身立命的基础，也是他们获得自我认同和成就感的重要来源，甚至于对其融入群体和当地社会也都有一定的作用，因此，我们认为职业认同同样能提升城市新移民的主观幸福感。同时，地方依恋一直被认为是幸福感的重要来源。移民在新的城市基于劳务关系与地方建立新的归属感，进而形成了地方依恋，由此提升幸福感知。已有研究证实地方依恋与主观幸福感存在正相关，如 Wiles 等人发现对于地方的归属感和依恋感能够帮助老年人维持他们的幸福感；[④]Ujang 等人指出，对城市公园的依恋能够有效提升居民的幸福感。[⑤] 因此，提出以下假设：

---

① Smith T B, Silva L, Lynda S. Ethnic identity and personal well-being of people of color: A meta-analysis[J]. *Journal of Counseling Psychology*, 2011(58): 42-60.

② Deci E L, RyanR M. The "What" and "Why" of Goal Pursuits: Human Needs and the Self-Determination of Behavior[J]. *Psychological Inquiry*, 2000, 11(4): 227-268.

③ Averill J R. Personal control over aversive stimuli and its relationship to stress.[J]. *Psychological Bulletin*, 1973, 80(4): 286-303.

④ Wiles J L, Allen R R, Palmer A J, et al. Older people and their social spaces: a study of well-being and attachment to place in Aotearoa New Zealand[J]. *Social Science&Medicine*, 2009, 68(4): 664-671.

⑤ Ujang N, Moulay A, Zakariya K. Sense of Well-Being Indicators: Attachment to public parks in Putrajaya, Malaysia[J]. *Procedia-Social and Behavioral Sciences*, 2015(202): 487-494.

H4：职业认同对城市新移民的主观幸福感具有显著正向影响。

H5：地域认同对城市新移民的主观幸福感具有显著正向影响。

最后，就社会参与对幸福感的影响，社会学领域自20世纪70年代就展开了相关探讨。总体而言，学者们在分析社会参与对幸福感的影响路径时大多是基于社会参与对人际融合和群体融入的程度来分析其对幸福感的影响。如刘芳发现，人们能够通过参与群体、感受群体氛围以及与群体成员交流互动来影响个体对幸福的感受。[①] 牛更枫对网络交往的考察也显示，在虚拟空间中的个人表露、自我呈现和关系建立有助于个体提高幸福感。[②] 涂尔干也论述过社会参与通过加强社会成员之间的联系来影响人们的心理感知，"社会的影响在我们身上引起同情和团结一致的感情，这些感情使我们和他人接近；正是社会在按它的形象塑造我们的同时使我们授受这些支配我们行为的宗教、政治和道德信仰……我们只有在与社会保持联系时才能坚持这些活动，反之，我们越是感到自己脱离了社会"[③]。由此，提出以下研究问题：

Q5：城市新移民社会参与的不同层面如何影响他们的主观幸福感？

（四）核心变量与分析方法

主观幸福感的测量包括总体幸福指数和幸福度两个部分。总体幸福指数采用最常见的单一题项来进行测量："综合所有因素，你认为自己有多幸福？"，答案从0（非常不开心）到10（非常开心）进行程度赋值。幸福度基于Diener等人在2009年设定的《幸福度量表（flourishing scale）》[④] 来展开，共有八项陈述，采用李克特五级量表（1=非常不同意，5=非常同意）来进行评分（Cronbach's Alpha=0.86）：我的生活有目标且充满意义；我的社会关系能够提供给我支持，令我满意；我的每一天都很投入且充满乐趣；我积极地为他人的幸福生活添砖加瓦；我有能力

---

① 刘芳.青年自组织社会参与：认同、社会表征与符号再生产——以"南京义工联"为例 [J].中国青年研究，2012(8)：65-68.

② 牛更枫，鲍娜，范翠英，等.社交网站中的自我呈现对自尊的影响：社会支持的中介作用 [J].心理科学，2015，38(4)：939-945.

③ [法] 埃米尔·迪尔凯姆.自杀论 [M].冯韵文译.北京：商务印书馆，2010：206，218-219.

④ Diener E，Wirtz D，Biswas-Diener R，et al. *New measures of well-being*[M].The Netherlands：Springer，2009.

胜任那些对我来说很重要的活动；我是一个好人并且拥有美好的生活；我对我的未来充满乐观；人们尊重我。研究者将这 8 项的值加总均值后得到幸福度变量。

本书使用 SPSS13.0 统计软件，分两个步骤来考察城市新移民与本地青年居民主观幸福感的差异及其影响因素。首先，运用多元方差分析来检验移民与本地居民的幸福感差距。当有两个或多个因变量时，多元方差分析能够更好地考量相关变量之间的相关关系。为了避免 MONCOVA 中的多重共线性，本书遵循 Maxwell 的经验法则，即因变量应该低至中度相关，下边界为 0.30，上边界为 0.70。经检验，总体幸福指数与幸福度的相关系数为 0.55，在此范围之内，MONCOVA 不会出现多重共线性。接着，运用多层次回归模型来考察这种幸福感差距的影响因素，为城市新移民 – 本地居民的幸福感差距提供解释。

（五）研究发现

1. 幸福感差距及其影响因素

为了验证假设 1，首先对城市新移民和本地青年居民的幸福感进行 MONCOVA 检验。如表 7–1 所示，模型 A 不考虑月收入，但控制了所有其他的控制变量后，本地青年居民的总体幸福指数和幸福度均显著高于城市新移民（F=13.42，$p < 0.01$）。因此，假设 1 得到验证，城市新移民的主观幸福感显著低于当地的青年居民。在表 7–1 的模型 B 中，月收入被另外控制了，然而城市新移民与本地青年居民的幸福感差距与模型 A 的结果高度类似。两个模型的数据显示，城市新移民和本地居民的幸福感差距并不完全是由人口特征和收入的差异所造成，这也为从日常生活的角度，如社交媒体使用来探讨这些差距可能的影响因素提供了数据支持。

表 7–1　本地青年居民与城市新移民主观幸福感的显著性差异

主要变量	本地青年居民		城市新移民		MONCOVA		Effect Size
	Mean	SE	Mean	SE	Mean difference	F	偏 η^2
模型 A							
总体幸福指数（0 ~ 10）	6.62	0.19	5.77	0.17	0.85	13.42**	0.034

续表

主要变量	本地青年居民		城市新移民		MONCOVA		Effect Size
幸福度 （1 ~ 5）	3.56	0.08	2.87	0.09	0.69	24.83**	0.067
模型 B							
总体幸福指数 （0 ~ 10）	6.63	0.19	5.80	0.18	0.83	13.44**	0.035
幸福度 （1 ~ 5）	3.57	0.08	2.86	0.09	0.71	24.81**	0.069

注：$*p < 0.05$，$**p < 0.01$，$***p < 0.001$。

为了回应本书的三个研究问题,首先通过多层次回归模型分别对城市新移民和本地青年居民主观幸福感的影响因素进行检验。如表7-2所示,个体的社会经济变量,对本地青年居民和城市新移民的主观幸福感都有一定影响,与大部分研究结论一致。首先,婚姻状况对青年群体的幸福感具有显著影响,不论对于城市居民抑或移民而言,已婚青年均比未婚青年拥有更高的幸福感知。顾楚丹等人认为,这是由于在相对个体化的城市社会中,配偶等重要家庭成员能够通过情感补偿来降低城市居民的孤独感和压力,从而提升幸福感[1]。其次,收入水平与青年的幸福感知程度显著正相关,即获得更高收入的青年感到更为幸福,这点在移民和居民中影响一致。这一发现与此前基于经济收入展开的移民研究结果略有出入,这可能是由于青年的收入水平很少能够超过伊斯特林悖论中的收入临界点,因此只体现出收入更高者较收入更低者更为幸福的现象。在此意义上,虽然宜居理论中的富裕社会并不必然导致移民者幸福感的提升,但更富裕社会的移民者相较于较贫穷社会的移民者,确实拥有更高的幸福感知,这点在杭州与武汉两地青年移民的幸福感差距中也有所体现。但在本地青年居民与城市新移民的幸福感差距中,收入因素不具备解释力,这点在表7-1中也得到验证。

---

[1] 顾楚丹，王凤龙，罗峰. 中国城乡居民幸福感的差异及其影响因素研究 [J].世界地理研究，2020(5)：1-14.

表 7-2   主要研究变量与主观幸福感的回归分析

因变量	本地青年居民—主观幸福感		城市新移民—主观幸福感	
	总体幸福指数	幸福度	总体幸福指数	幸福度
性别	0.012	0.008	0.010	0.011
年龄	0.037	0.035	0.044	0.038
教育程度	0.054	0.094	0.039	0.073
婚姻状况	0.257**	0.133*	0.279**	0.313**
月收入	0.131*	0.149*	0.143*	0.297**
主观社会地位	0.192*	0.144*	0.085	0.073
居住地	0.097	0.199	0.337**	0.216*
内容导向型社交媒体	0.042	0.155*	0.057	0.061
关系导向型社交媒体	0.139*	0.142*	0.158*	0.143*
信息获取	−0.172*	−0.048	−0.157*	−0.033
社会交往	0.026	0.044	0.279**	0.153*
自我呈现	0.331**	0.184*	0.229**	0.357**
社会参与	0.218**	0.202**	0.034	0.055
调整 R2	0.313	0.297	0.309	0.311

注：$*p < 0.05$，$**p < 0.01$，$***p < 0.001$。

然而，并不是所有的人口统计变量对本地居民和城市新移民的幸福感所产生的影响都如此一致。相较于城市新移民，主观社会地位和居住地对于当地青年居民主观幸福感的影响更为显著。换言之，认为自己社会地位更高的本地青年居民比认知较低者拥有更高的主观幸福感，但城市新移民的幸福感不受此变量影响。同时，杭州城市新移民的主观幸福感显著高于武汉城市新移民，但在两城的青年居民中并无显著差异。

社交媒体的不同类型对城市新移民和本地居民幸福感知的影响路径也出现了一定差异，具体表现在内容导向型社交媒体对城市新移民的幸福感无显著影响，但与城市居民的幸福度显著正相关；关系导向型社交媒体则对城市新移民和城市居民的整体幸福指数和幸福度都有显著影响。

在社交媒体使用方面，四种功能对于本地青年居民和城市新移民主观幸福感的具体影响也有所不同。自我呈现是唯一对两个群体的主观幸福感均有显著影响的变量——使用社交媒体用于自我呈现程度较高的本地青年居民和城市新移民在总体幸福指数和幸福度上均获得了更高的分数,说明社交媒体的自我呈现功能对于提升青年幸福感具有重要的推动作用。与之相反的是信息获取——运用社交媒体获取信息频率越高的城市新移民,总体幸福指数越低,但这一变量对于城市新移民的幸福度和本地青年居民的主观幸福感并无显著影响。

有趣的是,社交媒体的社会交往与社会参与功能在城市新移民和本地青年居民的幸福感上体现出截然不同的影响路径:一方面,城市新移民使用社交媒体开展社会交往对于其主观幸福感的建构具有显著影响,但对本地青年居民影响不显著;另一方面,在社会参与上,本地青年居民的社交媒体使用对总体幸福指数和幸福度均有显著影响,对城市新移民仅在总体幸福指数上有所影响。

如表 7-3 所示,对于社会融入的三个层面对城市新移民幸福感知的数据分析结果表明,在社会交往上,社会关系构成、强关系交往、中间性关系交往、情感支持、工具支持和交往支持均对总体幸福指数和幸福度有显著正向影响;社会关系广度仅对幸福度有显著正向影响;弱关系交往和信息支持对城市新移民的主观幸福感无显著影响。在社会认同上,职业认同、群体认同、地域认同和整体社会认同全都显著影响移民的幸福感知,其中群体认同所产生的影响是最大的。在社会参与上,社区活动参与、娱乐参与和社交参与与移民的总体幸福指数和幸福度均显著正相关,社区组织参与和消遣参与仅对幸福度有显著影响。

表 7-3　城市新新移民的社会交往、社会认同、社会参与与主观幸福感的回归分析

因变量	城市新移民—主观幸福感	
	总体幸福指数	幸福度
社会交往		
社会关系广度	0.058	0.176*
社会关系构成	0.237**	0.235**
强关系交往	0.254**	0.294**
中间性关系交往	0.157*	0.138*
弱关系交往	0.031	0.066
情感支持	0.148*	0.247**
工具支持	0.164*	0.185*
交往支持	0.159*	0.184*

续表

因变量	城市新移民—主观幸福感	
	总体幸福指数	幸福度
信息支持	0.033	0.052
R2 增量(%)	8.2	9.3
社会认同		
职业认同	0.184*	0.169*
群体认同	0.315**	0.322**
地域认同	0.183*	0.142*
整体社会认同	0.154*	0.181*
R2 增量 %	8.8	8.6
社会参与		
社区活动参与	0.133*	0.152*
社区组织参与	0.078	0.142*
消遣参与	0.041	0.122*
娱乐参与	0.184*	0.192*
社交参与	0.243**	0.252**
R2 增量 %	7.5	8.9
R2 总量 %	24.5	26.8

（六）对移民幸福感差距的可能解释

本研究通过对武汉和杭州两地城市新移民和当地青年居民的主观幸福感比较,基于社交媒体使用的角度对幸福感差异及其影响因素进行了分析。结果显示,城市新移民与本地青年居民的幸福感存在显著差异——本地青年居民的主观幸福感,不论从总体幸福指数上亦或是幸福度上,均强于城市新移民,这一结论与此前的移民幸福感差距研究发现高度相似。虽然相较于第一代农民工移民,当前的城市新移民普遍拥有更高的教育程度与收入水平,但是更好的就业机会与经济回报并不必然导致情感认同与社会接纳。孙力强等人认为,如果流动人口不能在迁入地得到足够的社会支持,以获得心理上的满足感,即使更高的社会经济地位仍无法弥补由此产生的孤独感、排斥感和边缘化,他们也就不会产生明确的居留意愿^①。本书再次验证了这一结论，主观社会地位对城市新移民的幸福感并无显著影响，但对本地青年居民的幸福感具有正向预测作用。即使是具有显著作用的收入变量也无法验证人们在移民后是否生活得更好。收入与主观社会地位所带来的幸福感在很大程度上源于一种象征意义的社会比较，即拥有更多财富和更高地位的人可以通过向下比较来获得满足感，但人们也可能更喜欢与收入和地位更高的人来进行比较，而且这种偏好会在收入增加后持续存在^②。同时，有研究表明，收入不平等是影响幸福感提升的重要因素^③。这样一来，人们很难单纯从收入增加和社会地位提高这件事上来得到满足。在此意义上，作为增加收入的一种特定手段，迁移并不一定能让移民变得更幸福^④。

关键问题是为什么移民不能从迁移中直接获得幸福感，以及如何才能拥有较高的幸福水平。范柏乃认为，造成移民与当地居民的"幸福感断层"的主要原因在于日常生活的差异，相较于经济层面的影响，来自日常休闲文化生活的影响要更为显著^⑤。对于城市新移民而言，社交媒体早已融入他们的日常生活中，成为他们城市适应的重要组成部分，并从信息获取、社会交往和自我呈现上均对其主观幸福感有所影响。但有所不同的是，信息获取仅在城市新移民的整体幸福指数上产生负面作用，而对于幸福度无显著影响。这是由于整体幸福指数使用单一的测量方法，且对幸福并无明确定义，能最大限度地减少对幸福不同解释的可能性^⑥，而幸福度的测量则对幸福的不同层面给出了具体的界定。因此，本书认为城市新移民运用社交媒体进行社会交往和自我呈现更能够显著地提升他们全方位的幸福感知，而在信息获取上的影响则较为有限。相较于互联网能够帮助人们以更高效的方式搜寻信息，以获取更为多样

① 孙力强，杜小双，李国武. 结构地位、社会融合与外地户籍青年留京意愿 [J]. 青年研究，2017(3)：21-30.

② Boyce C J, Brown G D A, Moore S C. Money and Happiness：Rank of Income，Not Income，Affects Life Satisfaction[J]. *Psychological Science*，2010，21(4)：471-475.

③ 种聪，岳希明. 经济增长为什么没有带来幸福感提高？主观幸福感影响因素的综述 [J]. 南开经济研究，2020(4)：24-45.

④ Bartram D. Happiness and 'economic migration'：A comparison of Eastern European migrants and stayers[J]. *Migration Studies*，2013，1(2)：156-175.

⑤ 范柏乃. 我国城市居民生活质量评价体系的构建与实际测度 [J]. 浙江大学学报 (人文社会科学版)，2006(4)：122-130.

⑥ Graham C. *Happiness Around the World*：*The Paradox of Happy Peasants and Miserable Millionaires*[M]. Oxford：Oxford University Press，2009.

化的服务和更好的工作机会、最终提升主观幸福感[1]，使用社会媒体来获取信息降低了人们的总体幸福指数。但若将幸福的各个层面进行明确的界定，这种负面影响则会消失。归根结底，总体幸福指数是人们对幸福的一种单一的情绪感知，当人们从社交媒体上感知到大量的负面情绪，会加深他们的焦虑感与不公平感，从而对社会感到忧心和不满。然而这种负面情绪并不能影响到他们日常的具体层面，因此对幸福度的影响有限。

值得注意的是，社交媒体的社会参与功能对城市新移民的主观幸福感无显著影响，但对本地青年居民的幸福感知影响显著。这可能是由于城市新移民运用社交媒体进行社会参与的整体程度较低。在很大程度上，城市新移民在迁入地的社会融入尚未完成，社会资本和经济条件的不足使他们大多被边缘化于城市的主流社会之外，社会参与的意愿不强[2]。另外，社交媒体的社会交往功能，对于城市新移民和本地青年居民的幸福感影响，也存在一定差异，突出表现在本地青年居民在该项上的社交媒体使用对他们的幸福感并无影响。Kim 认为，媒体所提供的"沟通"功能是移民文化适应的关键维度[3]。尤其是社交媒体为移民提供了与迁出地的家人和朋友保持联系的机会，以帮助他们获得情感支持和缓解孤独感[4]。在城市新移民社会融入的过程中，社交媒体在建立新的社会联系和积累个人社会资本上也扮演着重要角色，而这些都是提升主观幸福感的关键要素[5]。但对于本地的青年居民而言，他们在此方面对于社交媒体的依赖有限，其社会资本和社会支持更多地来自于传统的地缘关系和家庭关系。

此外，对于移民社会交往、社会认同和社会参与的检视结果显示，

① Pénard T, Roussing N, Suire R. Does the internet make people happier?[J]. *Journal of Socio-Economics*, 2013, 46(12): 105–116.

② 刘涛，韦长传，仝德. 人力资本、社会支持与流动人口社会融入——以北京市为例 [J]. 人口与发展, 2020, 26(2): 11–22.

③ Kim Y S. Communication experiences of American expatriates in South Korea: A study of cross-cultural adaptation[J]. *Human Communication*, 2008, 1(1): 511–529.

④ Komito, L. Social media and migration: Virtual community 2.0[J]. *Journal of the American Society for Information Science and Technology*, 2011, 62(6): 1075–1086.

⑤ Steinfield C, Ellison N B, Lampe C. Social capital, self-esteem, and use of online social network sites: A longitude analysis[J]. *Journal of Applied Developmental Psychology*, 2008, 29(6): 434–445.

它们均对移民的主观幸福感有显著影响，其中社会关系构成、强关系交往、群体认同和社交参与的影响最为显著（$p < 0.01$）。这一发现也再次在一定程度上验证了移民在本地建立亲密的社会关系，开展社会交往，实现群体融入对他们的幸福感知的重要作用。同时，弱关系交往和信息支持对城市新移民幸福感知的影响效果有限，也在一定程度上解释了基于弱关系网络的内容导向型社交媒体很难对移民的幸福感知发挥作用的内在逻辑。现代化将中国从传统熟人社会转变为陌生人社会，虽然人们的交往方式和参与渠道不断多元，但人与人之间的社会关系反而变得更加疏离和不稳定，尤其对于城市新移民而言，背井离乡和初来乍到很可能带来的是社会网络的"双重脱嵌"，此时，弱关系很难为他们提供必要的心理慰藉，而亲密的强关系则能将个体之间以及个体与群体紧密地凝聚在一起，提供群体归属的同时也供给社会资源。[1] 在这一意义上，社交媒体的交往功能和参与功能，相较于信息传递更能够对移民重建社会网络和重获社会资源以实现社会融入和感到幸福发挥实质性的作用。

二、本书的主要结论

自 20 世纪 80 年代开始，由农村向城市的大规模人口迁移构成了我国主要的社会流动模式，并产生了一系列的衍生现象与社会问题，进入 21 世纪后，伴随着生产技术的飞速发展与移民内部的代际分层，微观个体所处的时代背景与社会环境发生了巨大的变化，其中最不容忽视的就是媒介技术所带来的传播环境的变迁，新媒体，尤其是社交媒体正在以难以想象的深度和广度改变和塑造着当今社会和身处其中的每一个人。对于城市新移民来说，从迁移前的城市想象到迁移后的人际交往、认同建构乃至公共参与，他们城市生活的每一个细胞都无法脱离媒介而单独存活，因此从社交媒体角度来关注当前中国城市新移民社会融入的动态过程具有无法忽视的现实意义。

（一）社交媒体与移民的城市想象

迁移之前的城市想象对于大多数城市新移民来说是他们作出迁移

① 　彭定萍，丁峰，祁慧博.如何从个体化走向社会融合——社会参与对青年幸福感之研究 [J].中国青年研究，2020(1)：49–55.

决定的一个重要参照,在此过程中,社交媒体为他们的想象建构提供了丰富的信息资源。通过对新移民们的访谈,本书发现,城市想象并不是一个单一的抽象概念,相反,它具体而丰富,不仅包括对于城市的地理想象、文化想象,还包括对于城市居民的群体想象。同时,这种想象也并不是静止固定的,它随着城市移民的迁移而不断地变化,并与人们的生活实践发生勾连。

地理想象是城市想象最浅层的表象,同时也是移民们对城市最早形成的基本认知。在地理想象的建构过程中,电视媒介发挥的作用极为重要,它通过具体的画面在人们的脑海中建立起地理景观从而影响了人们对于城市的具体想象。可以说,对于出生于1980年以后的城市新移民来说,电视是生产城市地理想象的意象工厂,通过被挑选出的具体图像来加深受众对于城市景观的认知。相较之下,城市文化想象和对城市人口的群体想象则更多地依赖于媒介话语的主观塑造,通过某些电视作品的情节铺陈和人物设定来赋予城市和城市人某些不可言说的文化气质,并影响受众的主观感受。

如果说传统媒体对于移民城市想象的建构是通过长时期潜移默化的意象塑造来建构的,受众在此时是被动的,那么移民对于社交媒体的使用则要更加主动和有针对性。在这一章节,我们将社交媒体划分为内容导向型和关系导向型,其中,内容导向型社交媒体对于城市想象的建构主要是通过具体的新闻事件、主导的精英话语、兴趣社群和自主的信息搜寻来予以展开的,而关系导向型社交媒体则立足于熟人社交和个人空间来获取更具可信度的信息以建构更为全面的城市想象。在完成迁移之后,移民会基于生活实践来重构城市想象,且这种重构并不是一蹴而就的,而是一个漫长而持续的流变性演变。总体而言,对于移民的城市想象建构,社交媒体主要是作为一种短时期内的信息来源来发挥作用的,很难像传统媒体时代那样潜移默化的改变人们的思想、观点和情感,因此它往往只能强化或弱化人们原本就有的迁移决定,而无法彻底改变人们的想法与行为。

（二）社交媒体与移民的社会交往

大量研究发现,农民工的城市交往具有极强的内卷化倾向,由此阻碍了他们的城市融入。本书通过对城市新移民三个不同层级的内群体的比较发现,新生代农民工的社会交往仍然带有较强的内卷性,他们仍然在很大程度上依赖于乡土社会中地缘和血缘所提供的强关系，在城市中建立的社会关系的广度和深度都不太理想，与之相对应的是白领移民建立的社会关系网络最广，大学毕业生低收入群体与本地居民建立的联系最多，但大多为弱关系。人口因素的检验结果表明，收入越高的城市新移民拥有越广的社会关系，但主观社会地位更高的移民不仅拥有更广阔的交际圈也更容易与本地居民建立联系。

就社交媒体所能产生的影响而言，关系导向型社交媒体对维持城市新移民已有的社会联系并提供社会支持具有难以替代的作用，但当前人们仍然难以运用内容导向型社交媒体来拓展新的社会关系，不过这并不是终点，访谈中的个案为移民们陌生社会关系的建立提供了鲜活的故事，随着陌生人社交媒体的普及与都市化的进一步深化，我们仍然对未来社交媒体在人际关系网络的拓展上所能发挥的作用抱有积极的期待。

同时，社交媒体的不同功能也给移民的社会交往现状带来了不同的影响，其中值得注意的是社交媒体的自我呈现功能对于弱关系的建立与获取情感性和信息性支持具有正向的作用，但人们越来越多地在社交媒体上展现自我，他们往往也能获得一些预期之内的积极回应，这一发现不仅仅对于移民研究，对于老龄化相关研究也具有一定的启发意义。当我们鼓励孤独的人们更多地在诸如抖音、小红书这样基于陌生人社会网络的内容导向型社交媒体上进行自我呈现，是不是也意味着一些新的关系与幸福的可能？

（三）社交媒体与移民的社会认同

"在每一个地方，我们都遭遇到认同的话语。而且，人们所讨论的不仅仅是认同问题，还涉及到变化问题：新的认同的涌现，旧的认同的复活，现存的认同的变迁"，[①] 伴随着生活空间的转移与社会关系的全面重组，移民的社会认同也理所当然的表现出新的面貌，获取了新的意义。当我们从职业认同、群体认同和地域认同三个层面来检视城市新移民的社会认同建构，社交媒体的影响路径也就获得了一条更为细致的分析脉络。

首先，职业认同是群体认同的重要前提，无法从工作中获得足够收益的新生代农民工也就难以建立起重要的群体认同和社会认同，且相较

---

① Jenkins, R. *Social Identity*[M]. Routledge, 1996：7.

于经济收入，主观社会地位更能够显著影响移民们的职业认同、群体认同和社会认同。布尔迪厄早就提出，文化需求与社会等级相互对照，这使得品味不仅是一种审美范畴，还具有了阶级标记的功能。① 科斯格斯也主张，人们的生命历程以及可能形成的自我认同在一定程度上是已经预设好的，我们会变成什么样的人在很大程度上取决于我们在既定的社会结构中所处的位置。② 其次，地域认同是唯一不受到收入、教育、主观社会地位等几乎所有人口因素影响的认同维度，它更多形成于迁移之前且不太受到迁移之后生活实践的影响。因此，对于各地方政府而言，社交媒体对于地方形象的建构仍然是当前城市形象建构的主要方式，应该予以重视。

在社交媒体的影响路径上，内容导向型社交媒体能够显著强化移民的地域认同，关系导向型社交媒体则对他们的职业认同、群体认同和整体社会认同影响更大，这也在一定程度上证明了移民社会交往与社会认同之间的紧密联系，在城市中建立稳定、健康、广泛的社会网络对于移民更积极地参与工作和融入社会具有重大意义。就具体的功能而言，在社会交往功能之外，自我呈现和社会参与功能的影响同样显著。社交媒体上的自我展演与公共参与可以说是现实生活中的某种演化或替代，人们通过媒体强化自我表征，从他人那里获得积极回应，并通过积极的在线参与来加深群体认同，从而进一步促进移民在当地的社会融入。

（四）社交媒体与移民的社会参与

社会参与是移民社会融入的最后一个维度，也是对于移民社会交往和社会认同的再次强化，三者相互影响、紧密联系。本书用社区参与与休闲参与来检验移民社会参与的两个重要内容——政治参与与文化参与。对于城市新移民内部次级群体的检验发现，新生代农民工更多地进行消遣性参与，而很少进行社区参与与休闲参与中的社交参与，这也进一步加强了他们的交往内卷化，而白领移民则体现出强社区参与与社交参与的特点，说明移民的社会参与在很大程度上受到经济收入与阶层的影响，换言之，主观社会地位高的移民往往也会展开更多的社区活

---

① Bourdieu,P. *Distinction: A Social Critique of the Judgement of Taste*[M]. Harvard University Press,1984.
② Skeggs,B. *Formation of Class and Gender*：*Becoming Respectable*[M]. London: Sage,1997.

动参与和社区组织参与，并积极地开展有易于积累社会资源的社交休闲参与。

社交媒体在人们休闲娱乐上的重要性再一次得到凸显，但仅关系导向型社会媒体对移民的社区参与与社交参与有正向引导作用，说明在当前我国的传播情境中，基于熟人关系的社交媒体仍然是移民开展社会参与最重要的渠道，但数字技术所提供的在线参与很难转化为线下具体的行动，仅在诸如新冠肺炎这样的突发风险情境下能够显著作为组织沟通工具而发挥作用，在日常生活情境中无法对人们的线下社会参与产生直接的作用。

总体而言，城市新移民的社会融入绝不是一个一蹴而就的结果，而是一次不断追求的人生旅程。人们在迁移后试图拥有更美好的生活，于是他们就需要建立起新的社会网络，卷入新的社会活动，通过不断地努力而一点点融入当地社会。但是，问题不在于个体孤立的努力，而在于个体基于他人的期待或排斥而积累的主观情感，这也是为什么在很多时候经济收入的增加并不能有效改善移民们的生活境况，但主观社会地位却可以显著影响城市新移民社会融入的方方面面。

社交媒体为人们提供了建立关系与开展活动的新可能，在这里，人们可以更轻易地与陌生人建立联系，更重要的是，在这里人们能够体会到被需要和被肯定的感受，因此社交媒体往往为移民在迁移早期提供了诸多的心理慰藉，但困难就在于社交媒体仍然无法取代现实生活，在社交媒体中建立的弱关系也无法进入真实情境中提供社会支持，于是它反而成为少数人逃避真实的一种工具。即便如此，我仍然对于社交媒体满怀期待，毕竟在每一种新的媒介出现之初，都极少有人预料到它能如此安静而彻底地改变我们的交往方式、思维逻辑和情感状态。阿帕杜莱认为，来自传统的语言、种族、血缘的原生情感早已全球化了，世界范围内的人们都开始使用由大众媒体构成的棱镜来看待自己和自己生活的世界。① 在中国，这个深深扎根于血脉与土壤的古老大地上，变化，或许才刚刚开始。

---

① ［美］阿尔君·阿帕杜莱.消散的现代性——全球化的文化维度 [M].刘冉译，上海：生活·读书·新知上海三联书店，2012.

三、局限与展望

需要指出的是，本研究也存在一定的局限。首先，本研究采取受访者推动抽样的方式，是基于非概率样本数据来展开的数据分析，描述性结果的代表性有限。但由于项目组在抽样过程中尽可能地对居住地和户籍身份进行了配额抽样，且有效样本量较大，因此本书的主要研究发现，尤其是对城市新移民与本地青年居民的幸福感差距以及相关影响因素的分析具有一定的理论价值和启发意义，可以为后续的移民幸福感研究提供一些灵感和思考。其次，本书将移民的社交媒体使用划分为四种功能来展开量化分析，但缺乏对每种功能更细致的划分，如社会交往中维持已有的社会联系和建立新的社会关系各自发挥的作用可能有所不同，信息获取中新闻资讯和生活服务类信息所造成的影响也可能存在一定的差异，这些都有待在此后的研究中进一步展开。

自 20 世纪 80 年代开始，我国进入了社会流动的高速发展期，从早期的农民工到现在的城市新移民，社会环境发生了急剧的变化，数字技术以令人惊叹的速度全面浸润进整个中国和每个人的日常生活。所以厘清数字媒介，尤其是社交媒体对移民工作生活、社会交往、城市适应和心理变迁等全方位的影响对理解当前中国的社会变革具有重要意义。

如项飙所言，城市新移民的迁移"决不仅是人从厨房走到客厅的过程，也不仅仅是把厨房的稻草拿一些到客厅，把客厅的花瓶拿到厨房，在既定的结构框架下把不同的社会文化因素并置，而是要改建整套房子。稻草和花瓶不但被调换，而且花瓶不再是原来的花瓶，稻草也不再是原来的稻草。"[1] 城市新移民的社会融合问题之所以凸显是因为伴随我国社会环境的全面变革，当下移民的个人特质、生命历程和时代背景都与早期的农民工形成了很大的差别。对于早期农民工而言，他们对土生土长的乡村怀抱着浓厚的情感，因此他们多有一种过客的心理，过着城乡流动式的候鸟生活。且他们大多没有经历过高等教育，在城市中难以拥有体面的工作和优渥的生活环境，因此极难实现真正的城市融入。而城市新移民则不一样，他们既没有浓厚的乡土情结，对城市的认同程

---

① 项飙.跨越边界的社区：北京"浙江村"的生活史 [M].北京：生活·读书·新知三联书店，2000：511.

度要远大于乡村；同时这一群体内部的多元性极大提升，拥有不同成长经历、教育背景的个体都加入了迁徙的大潮之中，他们具有强烈的自我意识和留城意愿，能够根据社会的变化来动态地进行自我规划，以追求个体的价值实现。因此，在他们的城市迁移过程中，他们所遭遇的城市体验和生活经历都是全新的，是与以往截然不同的，他们与谁建立社会关系、建立什么样的社会关系、如何构建起不同意义上的身份认同、如何与地方产生情感联系、怎么参与社会生活和公共事务以及如何娱乐休闲都会对他们的社会融入和幸福感知产生勾连。

在此过程中，如何使用社交媒体以促进城市新移民的社会融入又构成了另一个重要的解释变量。此前的研究大多将社交媒体视为一个固定的、完整、单一的媒介形态，而书文通过对于社交媒体类型和功能的区分试图更细致地还原媒介对个体生命体验的影响机制。我们发现，微信等立足于熟人社交的社交媒体能更加有效地帮助移民维系社会交往与拓展社会网络，而偏向陌生人社交和兴趣导向的社交媒体则更多地是提供一种心理补偿，难以对城市新移民的现实生活产生实质性影响。同时，社交媒体确实为人们拓展社会关系和开展一定程度的社会参与提供了理想的舞台，但是它更多是一种在虚拟空间内的狂欢，曲终人散之后，人们终归要回归到现实世界中来。社交媒体所构造的赛博世界与真实的城市生活就像是两个平行摆放的棱镜，它能够映照出现实中的热情与喧嚣，甚至在网络环境中创造出另一种热闹场面，但这种映射和展演很难对现实棱镜中的画面产生什么影响。此时，社交媒体更多的是对移民真实生活的一种补充和强化，而难以从根本上改变城市新移民社会融入的客观困境。

然而，伴随着越来越多的陌生人社交媒体的出现以及陌生人社会的进一步深化，未来社交媒体能否发挥更大的作用，乃至重塑移民的社交生态和城市生活还犹未可知。归根到底，我们每个人最开始都不过是一座孤岛，传统社会用空间和血缘将我们联系在一起，于是渐渐地形成了一大片陆地。当我们要脱离自出生之时就与自己紧紧粘黏的土地，飘向远方的大陆，颠沛流离与艰难磨合也就再所难免。但数字技术为我们与那些隔着遥远距离的人们的沟通和理解提供了机会，于是一个流动空前加强，隔阂逐渐消融的新世界开始初现棱角。当新冠疫情的到来加快了数字媒介对于人们日常生活的全面深化，一个真正媒介化的大迁移时代或许已经悄然到来，而我们要做的，就是拭目以待。

参考文献

[1] [澳] 迈克尔·A. 豪格, [英] 多米尼克·阿布拉姆斯. 社会认同过程 [M]. 高明华译, 北京中国人民大学出版社, 2011.

[2] [澳] 约翰·特纳等. 自我归类论 [M]. 杨宜音, 王兵, 林含章译, 北京中国人民大学出版社, 2011.

[3] [美] 阿尔君·阿帕杜莱. 消散的现代性全球化的文化维度 [M], 刘冉译. 上海: 上海三联书店, 2012.

[4] [美] 查尔斯·H. 库利. 社会组织 [M]. 北京中国传媒大学出版社, 2013.

[5] [美] 道格拉斯·肯里克, [美] 史蒂文·纽伯格, [美] 罗伯特·西奥迪尼. 自我群体社会进入西奥迪尼的社会心理学课堂 [M]. 谢晓非, 刘慧敏, 胡天翎译. 北京中国人民大学出版社, 2011.

[6] [美] 卡尔·霍夫兰, [美] 欧文·贾尼斯, [美] 哈罗德·凯利. 传播与劝服关于态度转变的心理学研究 [M]. 北京: 中国人民大学出版社, 2015.

[7] [美] 罗伯特·E. 帕克. 移民报纸及其控制 [M]. 北京: 中国人民大学出版社, 2011.

[8] [挪威] 费雷德里克·巴斯. 族群与边界文化差异下的社会组织 [M]. 李丽琴译, 北京: 商务印书馆, 2014.

[9] [英] 雷蒙·威廉斯. 关键词文化与社会的词汇 [M]. 刘建基译, 北京: 生活·读书·新知三联书店, 2005.

[10] 方文. 中国社会转型转型心理学的路径 [M]. 北京: 中国人民大学出版社, 2012.

[11] 李灵灵. 打工作家珠三角都市新移民的文化身份建构 [M]. 北京: 中国社会科学出版社, 2016.

[12] 廉思. 中国青年发展报告 (2013) 城市新移民的崛起 [M]. 北

京：社会科学文献出版社，2013.

[13] 王嘉顺. 城市居民与新移民的社会交往与社会态度研究 [M]. 长春：吉林大学出版社，2019.

[14] 张鹂. 城市里的陌生人中国流动人口的空间、权利与社会网络的重构 [M]. 南京：江苏人民出版社，2014.

[15] 郑欣. 进城传播学视野下的新生代农民工 [M]. 北京：社会科学文献出版社，2018.

[16] 刘春泽. 代际差异中的新生代农民工政治认同研究 [D]. 吉林大学，2015.

[17] 张龙. 风险传播视角下的新生代农民工 [D]. 南京大学，2018.

[18] 胡昊. 新生代农民工手机电视使用对其城市融入的影响 [D]. 北京中国青年政治学院，2015.

[19] 闭伟宁，张桂凤. 从社会交往特点看农民工社会融入的困境与出路基于广西南宁市西乡塘区的调查 [J]. 中南民族大学学报（人文社会科学版），2018,38（02）.

[20] 陈佳川，魏杨，徐婉婷. 幸福度感知、生活水平位置感知与流动人口的留城定居意愿 [J]. 社会科学，2019（11）.

[21] 陈飞，苏章杰. 城镇移民的幸福损失基于期望水平理论的新解释 [J]. 经济学动态，2020（9）.

[22] 程威特，吴海涛，周子铭. 何以为家农民工身份认同与落户意愿 [J]. 农村经济，2021（04）.

[23] 高传智. 共同体与"内卷化"悖论新生代农民工城市融入中的社交媒体赋权 [J]. 现代传播（中国传媒大学学报），2018,40（08）.

[24] 顾楚丹，王凤龙，罗峰. 中国城乡居民幸福感的差异及其影响因素研究 [J]. 世界地理研究，2020（5）.

[25] 郭凤鸣，张世伟. 最低工资提升对低收入农民工过度劳动的影响 [J]. 中国人口科学，2018（05）.

[26] 雷开春. 白领新移民的地位认同偏移及其原因分析 [J]. 青年研究，2009（04）.

[27] 李春玲. 准确划分中国中产阶层需要多元指标 [J]. 人民论坛，2016（06）.

[28] 李培林，田丰. 中国农民工社会融入的代际比较 [J]. 社会，2012,32（05）.

[29] 李强,唐壮.城市农民工与城市中的非正规就业 [J]. 社会学研究,2002（6）.

[30] 李树,陈刚."关系"能否带来幸福？来自中国农村的经验证据 [J].中国农村经济,2012（08）.

[31] 廉思,刘洁.基于理性选择理论的"蚁族"居留意愿研究来自北京市的实证调查 [J].人文地理,2019,34（1）.

[32] 刘传江,董延芳.农民工市民化障碍解析 [J].人民论坛,2011（26）.

[33] 刘丹凌.新传播革命与主体焦虑研究 [J]. 新闻与传播研究,2015,22（6）.

[34] 刘涛.人力资本、社会支持与流动人口社会融入 [J].人口与发展,2020（2）.

[35] 刘涛,韦长传,仝德.人力资本、社会支持与流动人口社会融入以北京市为例 [J].人口与发展,2020,26（2）.

[36] 毛良斌.社交媒体自我呈现与主观幸福感关系的元分析 [J].现代传播,2020,289（8）.

[37] 孟利艳.对政治越有疏离感越不参与政治吗青年的政治态度偏好与线上、线下生活政治行为选择 [J].中国青年研究,2020（02）.

[38] 潘泽泉,林婷婷.劳动时间、社会交往与农民工的社会融入研究基于湖南省农民工"三融入"调查的分析 [J].中国人口科学,2015（3）.

[39] 彭大松,苗国.家庭化流动背景下非户籍人口的社区参与研究基于广义分层线性模型的分析 [J].人口与发展,2020（5）.

[40] 孙力强,杜小双,李国武.结构地位、社会融合与外地户籍青年留京意愿 [J].青年研究,2017（3）.

[41] 孙中伟,刘林平.中国农民工问题与研究四十年从"剩余劳动力"到"城市新移民" [J].学术月刊,2018,50（11）.

[42] 唐有财,侯秋宇.身份、场域和认同流动人口的社区参与及其影响机制研究 [J].华东理工大学学报(社会科学版),2017,32（03）.

[43] 汤兆云.农民工社会融合的代际比较基于 2013 年流动人口动态监测调查数据的分析 [J].社会科学家,2016（09）.

[44] 滕驰.从少数民族进城务工人员闲暇生活变迁看城市适应基于自媒体的视角 [J].西南民族大学学报(人文社科版),2018,39（10）.

[45] 田丰,李夏青.网络时代青年社会交往的关系类型演进及表现

形式 [J]. 中国青年研究,2021（03）.

[46] 王春光 . 新生代农民工城市融入进程及问题的社会学分析 [J]. 青年探索,2010（3）.

[47] 王桂新,胡健 . 城乡—区域双重分割下的城市流动人口社会距离研究 [J]. 中国人口科学,2018（06）.

[48] 王俊秀 . 不同主观社会阶层的社会心态 [J]. 江苏社会科学,2018（1）.

[49] 王婉飞,常谣 . 城市居民和城市新移民拥挤感知：应对机制对比研究以杭州西湖休闲游憩者为例 [J]. 浙江大学学报,2017（1）.

[50] 王小璐,缪颖 . 从自我呈现到自我认同网络化个人主义时代的社会化路径 [J]. 中国青年研究,2018（01）.

[51] 王锡苓,李笑欣 . 社交媒体使用与身份认同研究以"皮村"乡城迁移者为例 [J]. 现代传播,2015（6）.

[52] 王一凡,崔璨,王强,宁越敏,杨振山 . "人才争夺战"背景下人才流动的空间特征及影响因素以中国"一流大学"毕业生为例 [J]. 地理研究,2021（03）.

[53] 王毅杰,茆农非 . 社会经济地位、群际接触与社会距离市民与农民工群际关系研究 [J]. 南京农业大学学报(社会科学版),2016,16（04）.

[54] 汪国华 . 从内卷化到外延化新生代农民工务工地创业社会支持网络研究 [J]. 中国青年研究,2019（8）.

[55] 韦路,陈稳 . 城市新移民社交媒体使用与主观幸福感研究 [J]. 国际新闻界,2015,37（01）.

[56] 吴予敏,朱超勤 . 新生代农民工 QQ 使用与社会资本研究基于社会网络分析的视角 [J]. 现代传播(中国传媒大学学报),2016,38（11）.

[57] 邢朝国,陆亮 . 交往的力量北京市民与新生代农民工的主观社会距离 [J]. 人口与经济,2015（04）.

[58] 许德娅,刘亭亭 . 强势弱关系与熟络陌生人基于移动应用的社交研究 [J]. 新闻大学,2021（03）.

[59] 徐延辉,邱啸 . 居住空间、社会距离与农民工的身份认同 [J]. 福建论坛(人文社会科学版),2017（11）.

[60] 颜玉凡,叶南客 . 认同与参与城市居民的社区公共文化生活逻辑研究 [J]. 社会学研究,2019,34（02）.

[61] 颜玉凡，叶南客 . 城市社区居民公共文化服务弱参与场域的结构性因素 [J]. 南京师范大学学报（社会科学版），2016（02）.

[62] 杨富平，刘美华 . 意愿与行为外来人口与本地居民之间的社会互动基于东部"人口倒挂"藕村的个案分析 [J]. 南方人口，2016,31（02）.

[63] 于志芳，王君 . 城市新移民中的"老啃族"现象探析 [J]. 中国青年研究，2016（1）.

[64] 袁浩 . 上海新白领移民的社会网络构成、相对剥夺感与主观幸福感以上海市为例 [J]. 福建论坛（人文社会科学版），2015（04）.

[65] 赵巍 . 从留守儿童到三和青年新生代农民工的社会化与自我认同 [J]. 求索，2021（02）.

[66] 赵莹，林家惠，吕垠霏 . 城市移民的休闲涉入对社会融入的影响以广州市外来务工人员为例 [J]. 旅游论坛，2020,13（04）.

[67] 曾东林，吴晓刚，陈伟 . 移民的空间聚集与群体社会距离来自上海的证据 [J]. 社会，2021,41（05）.

[68] 张岳 . 农民工的社会交往内卷化了吗？基于对"内卷化"概念比较性的理解 [J]. 天府新论，2020（1）.

[69] 张振亭 . 城市老年人微信使用与之主观幸福感的关系研究以 N 市为例 [J]. 西南民族大学学报（人文社会科学版），2019（10）.

[70] 张文宏，雷开春 . 城市新移民社会认同的结构模型 [J]. 社会学研究，2009,24（04）.

[71] 郑欣 . 媒介的延伸新生代农民工城市适应研究的传播学探索 [J]. 西南民族大学学报（人文社会科学版），2016（6）.

[72] 郑欣，高梦媛 . 媒介化体验新生代农民工闲暇生活研究 [J]. 山西大学学报（哲学社会科学版），2017,40（04）.

[73] 周葆华，吕舒宁 . 上海市新生代农民工新媒体使用与评价的实证研究 [J]. 新闻大学，2011（02）.

[74] 周凯，李斐 . 社交媒体与政治参与一个理论框架的建构 [J]. 编辑之友，2017（07）.

[75] 周贤润 . 新生代农民工的消费认同与主体建构 [J]. 北京社会科学，2021（09）.

[76] 钟瑛，邵晓 . 新媒体使用对城市新移民与本地居民社会距离的影响研究基于心理资本中介作用的分析 [J]. 新闻大学，2021（1）.

[77] 朱妍，李煜 ."双重脱嵌"农民工代际分化的政治经济学分析

[J]. 社会科学 .2013（11）.

[78] 祝仲坤 . 过度劳动对农民工社会参与的 "挤出效应" 研究来自中国流动人口动态监测调查的经验证据 [J]. 中国农村观察, 2020（05）.

[79] 祝仲坤, 陶建平, 冷晨昕 . 迁移与幸福 [J]. 南方经济, 2019(03).